Die 55 schönsten E-BIKE-TOUREN in den NIEDERLANDEN

Die 55 schönsten E-BIKE-TOUREN in den NIEDERLANDEN

Impressum

1. Auflage 2021

Touren/Texte: Oliver Kockskämper, Köln

Titelfoto: © julia700702/AdobeStock, Patrizia Tilly/AdobeStock

Fotos Umschlagrückseite: © Tourist Info Urk , © VVV Alkmaar

Fotos: Oliver Kockskämper (S. 40, 47 oben, 47 unten, 71) sowie
© Tourist Info Urk (S. 9, 73), © Rudy and Peter Skitterians/Pixabay (S. 11), © Henk Visser Fotografie/ Marketing Enkhuizen (S. 12, 75, 76/77, 76), © Peter Schmidt/Pixabay (S. 14), © Evgeni Tcherkasski/Pixabay (S. 19, 21), © congerdesign/Pixabay (S. 20), © Cris Toala Olivares/CityMarketing DenHelder (S. 23, 24 oben, 25), © Peter van Aalst/CityMarketing DenHelder (S. 24 unten), © Gouwenaar/wikimedia (S. 27, 28, 32 unten), © Directdevice/wikimedia (S. 29), © Ritske Velstra /VVV Alkmaar (S. 31 oben), © VVV Alkmaar (S. 31 unten), © Tuxyso/wikimedia (S. 32/33, 145), © mel 88/Pixabay (S. 35), © Ertay Hayit/Pixabay (S. 37), © Daria Nepriakhina/Pixabay (S. 39), © Jiří Komárek/wikimedia (S. 41), © Hyejeong Park/Pixabay (S. 43), © Eveline de Bruin/Pixabay (S. 44), © Jos Poelmans/Pixabay (S. 45), © Mathewsky/Pixabay (S. 48), © Rob_Koster/wikimedia (S. 49), © user32212/Pixabay (S. 51), © MICHOFF/Pixabay (S. 52), © Asher Diem/wikimedia (S. 53), © Janneke Alkema/Pixabay (S. 55), © Ben Bender/wikimedia (S. 57, 61, 126, 218), © DominicusJohannesBergsma/wikimedia (S. 59), © hardscarf/wikimedia (S. 62), © TellyVision/AdobeStock (S. 63), © Ildigo/Pixabay (S. 65), © Bert Kaufmann/wikimedia (S. 66), © Insa Osterhagen/ Pixabay (S. 67), © HollandsHoogte ANP Foto (S. 69), © Zairon/wikimedia (S. 70, 121, 125 oben, 195), © Anja Stolwijk (S. 77), © Michielverbeek/wikimedia (S. 79, 137, 147, 177), © Ronn/wikimedia (S. 81), © AlkeMade/Pixabay (S. 83), © Dirkvanklinken/ wikimedia (S. 85), © The Hague and Partners (S. 87, 99, 101), © Den Haag (S. 88/89), © Manav Porwal/Pixabay (S. 91), © Hollandse Hoogte ANP Foto (S. 93), © Jan Bijl Fotografie (S. 95), © Herebedug/wikimedia (S. 96/97), © Pv pauline/wikimedia (S. 96), © w4media/Pixabay (S. 103), © Frans Berkelaar/wikimedia (S. 104), © P.H. Louw/wikimedia (S. 105), © Bjorn Mierop/wikimedia (S. 107), © franswillemblok/istockphoto (S. 109), © A. Beijer/wikimedia (S. 110), © PDC23_Pixabay (S. 111), © Michiel1972/wikimedia (S. 113, 151), © Mark de Rooij/Pixabay (S. 114/115), © Zet Watson/wikimedia (S. 117), © Quistnix/ wikimedia (S. 119), © Paul van de Velde/Wikimedia (S. 122), © Joop van Houdt/wikimedia (S. 123), © Massimo Catarinella/ wikimedia (S. 125 unten), © Johan Bakker/wikimedia (S. 127, 160, 211), © Davidh820/wikimedia (S. 129 oben), © Kleinleugenmors/wikimedia (S. 129 unten), © Koosg/wikimedia (S. 131), © AnneliesJasper/Pixabay (S. 133), © PublicDomainPictures/ Pixabay (S. 134/135), © Zairon/wikimedia (S. 139), © Bernd Huffziger/wikimedia (S. 140, 141), © 2427999/Pixabay (S. 143), © Dirk Enthoven/wikimedia (S. 144), © Nordhoernchen/wikimedia (S. 148), © Pa3ems/wikimedia (S. 149), © Kleuske/wikimedia (S. 150, 152), © Achim Hepp/wikimedia (S. 153), © dronepicr/wikimedia (S. 155 oben), © Henk Monster/wikimedia (S. 155 unten), © Fantaglobe11/wikimedia (S. 156/157), © Rolf Kranz/wikimedia (S. 159), © Marcoskv/wikimedia (S. 163), © Simone/wikimedia (S. 164), © Chris06/wikimedia (S. 165), © jeankaweyens/Pixabay (S. 167), © Bodoklecksel/wikimedia (S. 168), © Rene Hoegee/Pixabay (S. 169), © Takeaway/wikimedia (S. 171), © ErikRombaut/wikimedia (S. 172/173), © M. Minderhoud/wikimedia (S. 175), © Arch/wikimedia (S. 176), © 12222786/Pixabay (S. 179, 180, 184), © Velvet/wikimedia (S. 181), © Marc Ryckaert/wikimedia (S. 183), © LimoWreck/wikimedia (S. 185), © FrDr/wikimedia (S. 187 oben, 187 unten), © Dirk Van Esbroeck/wikimedia (S. 188/189), © Emma/AdobeStock (S. 191), © Tjeerd/AdobeStock (S. 192/193), © Ralf Roletschek/wikimedia (S. 197, 199), © Hikerbiker/wikimedia (S. 201), © RCE/wikimedia (S. 202), © dwlogons/Pixabay (S. 203), © Gijs Franken/ wikimedia (S. 205), © Ruben/AdobeStock (S. 206), © Yhoitink/wikimedia (S. 207), © amoklv/istockphoto (S. 209), © Arjandb/ wikimedia (S. 210), © giggel/wikimedia (S. 213), © Mino1997/wikimedia (S. 214), © Helfmann/wikimedia (S. 215), © Michael Gaida/Pixabay (S. 217), © Alupus/wikimedia (S. 219), © Thorsten de Jong/Pixabay (S. 221), © Pitlane02/wikimedia (S. 222), © JLB1988/Pixabay (S. 223).

Buch- und Umschlaggestaltung: www.krueckemeier-medien.de, Bielefeld

Kartografie: BVA BikeMedia

ISBN: 978-3-96990-069-7

Inhalt

Drenthe

Südholland

Utrecht

Gelderland

Overijssel

Seeland

Brabant

Limburg

Radeln in den Niederlanden – ein Traum wird wahr!

Einleitung

Hollandrad, Windmühlen, Grachten, Käse, Tulpen, Nordsee, Strand, freundliche und tiefenentspannte Menschen, Tomaten, Oranje, Monarchie, Multikulti, Frikandel Spezial, ... Diese Liste ließe sich noch beliebig fortsetzen. Ja, es gibt wohl kaum ein zweites Land in Europa, das so viele Klischees in sich vereint.

Und bei unseren 55 Radtouren durch unser Nachbarland werden wir feststellen: Es ist in der Realität noch schöner als es alle Klischees vermuten lassen. Die Niederlande sind ein kleines, aber ungemein abwechslungsreiches Land, das uns auf jeder Radtour neue Highlights bietet.

Die Niederlande und das Radfahren

Selbst hierzulande bekommen wir in den Läden das sogenannte „Hollandrad" zu kaufen. Wie das auszusehen hat, ist relativ klar definiert: Schwanenhalsrahmen, gemütlicher Lenker mit einen Kopfwinkel von genau 65°, geschlossener Kettenkasten, „Mantelschoner" über dem Hinterrad, Gepäckträger, Beleuchtung und keine Gangschaltung. Das Ganze kommt inzwischen auch gerne in knalligen Farben daher.

Zu Tausenden werden wir diese Art von Fahrrädern auf unseren Touren sehen, denn egal ob Jung oder Alt, ob männlich oder weiblich – vermutlich hat jeder Niederländer ein solches Fahrrad.

Statistisch gesehen hat er übrigens mehr als nur dieses eine, denn auf die 17 Millionen Einwohner kommen etwa 23 Millionen Fahrräder. Das liegt auch daran, dass es das Fortbewegungsmittel Nummer 1 ist. Rund 900 km legt jeder Niederländer im Schnitt pro Jahr mit dem Fahrrad zurück, das macht unterm Strich die erstaunliche Zahl von 15 Milliarden Kilometern.

Ganz so viele Kilometer werden wir auf unseren schönsten Touren in den Niederlanden sicherlich nicht zurücklegen. Und dabei ist ein E-Bike zwar nicht unbedingt erforderlich, doch sehr empfehlenswert. Zwar können wir in diesem meist flachen Land bestens radeln, doch bewährt sich eine Unterstützung durch unsere Elektromotoren immer wieder: Sehr oft radeln wir an der Küste, wo wir „gefühlt immer Gegenwind" haben, mal ist es eine längere Tour, die uns zu den schönsten Ecken des Landes führt und mal geht es doch auf und ab. Damit wir dies dann aber ohne größere Kraftanstrengungen genießen können, sollte das E-Bike beim Tourstart stets einen geladenen Akku haben.

Die Niederlande sorgen seit Jahrzehnten für eine exzellente Infrastruktur: Es gibt kaum eine größere Straße, die nicht mit einem Radweg versehen wäre. Oft verlaufen breite Radtrassen komplett separat mit einem Grünstreifen getrennt vom Straßenverkehr.

Die Orientierung fällt meist recht leicht, denn fast an jeder Ecke finden wir Radwegeschilder. An vielen Schildern gibt es zusätzlich einen sogenannten „Knooppunt". Diese Nummer weisen uns zuverlässig den Weg und auch in diesem Buch nehmen wir immer Bezug auf diese Nummern, wenn es diese entlang der Strecke gibt.

Ergänzt werden die Regionalradwege durch ein großes Netz an Themen- bzw. Fernradwegen, die mit einem „LF" und einer entsprechenden Nummer versehen sind. Auch mit diesen werden wir uns auf den Touren in diesem Buch bestens orientieren können.

Was wie ein Rad-Paradies klingt, ist tatsächlich auch eines, denn so entspannt wie

Ob auf oder neben dem Deich: Radeln ist in den Niederlanden immer ein Genuss!

hier lässt es sich vermutlich nirgendwo sonst radeln. Morgens allerdings, wenn sich die Schüler und Erwerbstätigen mit dem Rad auf den Weg machen, braucht es schon gute Nerven, denn dann sind sogar die breiten Radwege an ihrer Belastungsgrenze. Wer diese Stoßzeiten vermeidet, findet aber ideale Bedingungen.

Auch in den Großstädten gibt es fast an allen Straßen separate Radwege. Dass Gewusel um uns herum ist aber doch sehr gewöhnungsbedürftig: Gerade an den Ampeln und Kreuzungen kommt es zu Engpässen, so dass höchste Aufmerksamkeit gefragt ist. Doch Unfälle mit Fahrradfahrern gibt es angesichts der hohen Dichte nur sehr wenige. Und auch wir merken schon nach kurzer Zeit: Wenn man sich einmal an die Gegebenheiten gewöhnt hat, ist es ein Genuss, hier zu rollen!

Die Niederlande und ihre regionalen Besonderheiten

Beginnen wir mit einer Überraschung: Wenn wir die Stadtstaaten und Malta ausnehmen, sind die Niederlande das mit Abstand am dichtesten besiedelte Land Europas! Rund 17 Millionen Einwohner sorgen für eine Bevölkerungsdichte von 507 Einwohner pro qkm. Allein das wäre schon „viel", aber die Zahl wird noch beeindruckender, wenn man berücksichtigt, dass in der sogenannten „Randstad" rund 50% der Niederländer auf nur einem fünftel der Landesfläche leben. Als „Randstad" wird der Ballungsraum bezeichnet, in dem Amsterdam, Rotterdam, Den Haag, Delft, Haarlem Utrecht und Dordrecht umfasst.

Die Niederlande wurden in 12 Provinzen gegliedert. Alle 12 werden wir auf unseren Radtouren genießen und dabei feststellen: Keine Provinz ist wie die andere! Ganz im hohen Norden am Dollard liegen Groningen und daneben Friesland, mit einer teils ganz eigenen Sprache. Im Süden schließen sich daran Drenthe und Overijssel an, während westlich davon Flevoland liegt, eine Region, die dem Meer erst in den letzten Jahren durch viele Wasserbaumaßnahmen abgerungen wurde. Utrecht, Gelderland, Noord-Brabant und Limburg sind Provinzen im Binnenland, die für viel Wirtschaftskraft sorgen. Noord- und Zuid-Holland und natürlich Zeeland zeichnen den westlichen Küstenstreifen nach und sind damit die beliebtesten Urlaubsregionen.

Bei der Betrachtung der Niederlande sind auch die sogenannten „autonomen Landesteile des Königreichs" zu nennen – dies sind die in der Karibik liegenden Aruba, Sint Maarten und Curacao. Hingegen gelten Saba, Bonaire und Sint Eustatius als „besondere Gemeinden der Niederlande". Hier wird deutlich, dass die Niederlande auf eine lange Geschichte zurückblicken, in der auch durch den fragwürdigen Kolonialismus Geld in die Staatskassen gespült wurde.

Die Niederlande und ihre Monarchie

Wer die Niederlande rund um den „Königstag" besucht hat, ist eingetaucht in ein orangefarbenes Meer: In jeder Ecke des Landes werden Fahnen gehisst, Wimpel aufgehängt, Häuser dekoriert und viele Niederländer hüllen sich in „Oranje-Kleidung". Ja, die Niederländer verehren immer noch ihr Königshaus. Das Land wird seit 1815 mit einer institutionellen Monarchie geführt. Es gibt eine gleichberechtigte Thronfolge, ganz gleich, ob männlich oder weiblich. Das bedeutet, dass der König bzw. die Königin gemeinsam mit den Ministern das Land regieren.

Der Regierungssitz liegt in Den Haag. Hier tagen die zwei Kammern, die über das Verhältniswahlrecht vom Volk bestimmt werden. Als Hauptstadt der Niederlande wurde Amsterdam festgelegt.

Das Königshaus von Oranien-Nassau genießt auch nach dieser langen Zeit allerhöchste Beliebtheit in den Niederlanden – vermutlich deshalb, weil sich König bzw. Königin seit jeher als volksnah erwiesen haben.

Die Niederlande und ihre Wirtschaft – alles Käse oder was?

Was ist das wichtigste Wirtschaftsgut der Niederlande? Käse natürlich, lautet die naheliegende Antwort. Weit gefehlt, denn die Chemische Industrie, der Maschinenbau, Arzneimittel, Computer und Dienstleistungen sorgen dafür, dass das niederländische Bruttoinlandsprodukt pro Kopf deutlich höher liegt, als das deutsche. Aber auch die Landwirtschaft trägt zum Wohlstand bei – Tomaten, Gurken und andere Gemüsearten werden auf weiten Ackerflächen angebaut und natürlich zählen auch Blumen zu den absoluten Exportschlagern.

Noch ein paar Fakten zum Thema Käse gefällig? In den Niederlanden werden pro Jahr und Kopf 13 kg verzehrt, in Deutschland sind es 24 kg. Und auch bei der Käseherstellung sieht es ähnlich aus: In Deutschland werden pro Jahr 2.400 Millionen kg Käse produziert, in den Niederlanden ganze 866 Millionen kg.

Aber natürlich ist der Käse hier ganz besonders schmackhaft – und Sorten gibt es auch reichlich: Neben den bestens bekannten Sorten wie Gouda, Leerdamer und Edamer gibt es noch Maasdamer, Leydener, Limburger, Subenhara und Friesichen Käse.

Die Niederlande und ihre kulinarischen Genüsse

Wenn wir schon gerade beim Essen sind: Die Vielfalt der Käsesorten allein sorgt schon für reichlich Abwechslung.

Aber haben Sie schon mal etwas von „Eten uit de muur" gehört? Wer nun versucht, das zu übersetzen und glaubt, falsch zu lie-

Nur ein Klischee? Nein – Windmühlen gibt es in den Niederlanden überall! In Kinderdijk stehen besonders viele in Reih´ und Glied

gen: Nein, es heißt wirklich „Essen aus der Mauer". Gemeint sind die vielen Automaten, in denen man sich jederzeit eine Mahlzeit „ziehen" kann. Inzwischen gibt es hier nicht nur die berühmten „Kroket", die mit Fisch, Fleisch oder Käse gefüllt sind oder die „Frikandel", sondern auch gesunde Snacks.

Das Essen ist in den Niederlanden ehr als „deftig" zu bezeichnen. Neben den Frikandel Spezial und Pommes sind Stamppot, ein Eintopf aus Kartoffeln und Gemüse mit einer Wurst, oder eine Ertwensoep, eine Erbsensuppe, die Klassiker auf dem Tisch der Hausmannskost.

Beliebt bei Gästen und Einheimischen sind die vielen Fischgerichte, die hier in Meeresnähe natürlich immer ganz besonders frisch serviert werden können.

Wer´s lieber etwas feiner mag, genießt Austern oder Muscheln, die vor allem in Zeeland und im Wattenmeer frisch und delikat zubereitet werden.

Doch auch Vegetarier und Veganer müssen nicht hungern: In jeder größeren Stadt nimmt die Dichte der Restaurants zu, die mit fleisch- und fischlosen Gerichten um die Gunst der Gäste buhlen. Salate und Gemüse werden auf endlosen Feldern angebaut und können daher stets „knackfrisch" serviert werden.

Die Niederlande und ihre Unterkünfte

Und schon sind wir beim nächsten Klischee: Nein, nicht JEDE niederländische Familie fährt zum Campingurlaub! Camping steht bei den Niederländern hoch im Kurs – und zwar bei Urlauben im eigenen Land und bei Reisen außerhalb der eigenen Nation. Da auch Deutsche und viele andere Europäer diese Form dieses Urlaubs bevorzugen, ver-

Malerisch dümpeln die Boote im Hafen von Enkhuizen

wundert die unglaubliche Dichte an Campingplätzen nicht.

Viele Camper bevorzugen die küstennahen Gebiete, doch auch im Binnenland finden wir eine große Anzahl an Campingplätzen. Gerne besucht werden die weitläufigen Top-Anlagen mit bester Infrastruktur, Bade- bzw. Wellnesstempeln, Supermarkt, Restaurants und mehreren 100 Stellplätzen. Eine tolle Variante sind die „Mini-Campings". Hier haben Landwirte einige Parzellen rund um den Bauernhof geschaffen, die gute Sanitäranlagen, sonst nicht viel Luxus, dafür aber Familienanschluss und Stallbesuche bieten.

Eine andere, sehr beliebte Unterkunftsart für Niederlande-Touristen sind Ferienparks, die auf riesigen Arealen Ferienhäuser aller Art bereithalten und teils auch zu internationalen Ketten gehören. Auch in diesen Anlagen finden wir häufig Abenteuerschwimmbäder, Einkaufs- und Einkehrmöglichkeiten. Ebenso wie die Campingplätze liegen sie oft direkt in den Dünen oder an reizvollen Orten und Städten.

Selbstverständlich können wir in den Niederlanden auch in Jugendherbergen, Pensionen, Ferienwohnungen und Hotels übernachten. Von einfachen Zimmern in Privathäusern angefangen, reicht die Palette bis zum Luxus-Hotel, das dann meist auch in allerbester Lage steht.

Eines gilt übrigens für ALLE Unterkünfte, egal ob Minicamping oder Luxus-Resort: Eine frühzeitige Buchung ist unumgänglich! In den Ferien, an „Brücken"- oder Feiertagen ohne Reservierung in die Niederlande zu reisen, ist mehr als nur „mutig", denn die Auswahl ist insbesondere entlang der Küste dann verschwindend gering. Im Umkehrschluss bedeutet das aber auch: Die vielen Gäste kommen ja aus einem guten Grunde hierher: Es ist das perfekte Urlaubsland!

Die Niederlande und die Auswahl der Touren in diesem Buch

Das Niederländische Radwegenetz ist wie bereits oben erwähnt perfekt ausgebaut. Damit wir dieses herrliche Land in aller Ausführlichkeit kennenlernen können, werden wir durch alle Provinzen rollen.

Wir beginnen mit unseren Radtouren im Buch recht willkürlich im Nordwesten des Landes. Von hier orientieren wir uns zunächst südwärts und erkunden die Provinz Noord-Holland. Dabei entdecken wir neben der Urlaubsinsel Texel so eindrucksvolle Städte wie Alkmaar, Hoorn, Haarlem, Edam und natürlich das quirlige Amsterdam.

Nun geht es von der Orientierung in den Osten, genauer gesagt in die Provinzen Friesland und Groningen, die noch nördlicher liegen wie Noord-Holland und uns am Dollard eine Verbindung nach Deutschland bescheren.

Etwas südlicher liegen die „neuen" Provinzen Flevoland und Drenthe, bei denen es eher beschaulich und ländlich zugeht.

Die 55 schönsten E-Bike-Touren in den Niederlanden im Überblick

Nun wenden wir uns wieder der Nordseeküste zu und erkunden Südholland, das uns Traumstrände rund um Zandvoort und Scheveningen, aber auch optische Genüsse bei den Blumenfeldern rund um Leiden beschert. Delft, Den Haag, Dordrecht und Rotterdam sorgen für städtisches, aber auch historisches Feeling und in Kinderdijk bekommen wir gleich 19 Windmühlen auf engstem Raum zu sehen.

Zurück im Binnenland entdecken wir die Provinzen Utrecht, Overijssel und Gelderland, wo wir Niederlands größtes Naturschutzgebiet, größte Kirche, älteste wissenschaftliche Bibliothek, Universität, ältestes Steinhaus und ältesten Park entdecken können.

Nach so viel Sehens- und Wissenswertem ist wieder Erholung pur angesagt, denn wir entdecken Zeeland mit beliebten Badeorten wie Domburg, Renesse, Vrouwenpolder oder Breskens. In Middelburg und Hulst unternehmen wir zudem Ausflüge in die Vergangenheit.

Die Provinz Brabant ist bei Touristen bislang weniger im Fokus, denn sie rauschen leider oft nur vorbei an Eindhoven, Tilburg oder Breda. Umso wichtiger, dass wir uns hier auf die Räder setzen, um diesen weni-

Kaum eine Stadt vereint Modernes und Historisches so perfekt wie Rotterdam

ger bekannten Teil der Niederlande zu entdecken.

Die letzten drei Touren des Buches geleiten uns durch die Provinz Limburg, wobei wir jeweils in echten Touristen-Hotspots starten: Venlo, Roermond und Maastricht stehen zurecht bei deutschen Gästen hoch im Kurs und halten auch im Umland spannende Sehenswürdigkeiten für uns bereit.

Es sind 55 Radtouren, mit denen wir die Niederlande erschließen wollen. Viele der Touren lassen sich miteinander gut verbinden, so dass auch mehrtägige Ausflüge möglich werden.

Soweit möglich, starten alle Touren an einem Bahnhof, so dass die An- und Abreise auch mit der Bahn erfolgen kann.

Die Niederlande und der Gebrauch dieses Buches

Dieses Buch soll Ihnen „Appetit" machen auf das Radfahren in den Niederlanden. Wir haben versucht, die schönsten Radwege des Landes rund um besondere Städte bzw. um touristische Hochburgen ausfindig zu machen und sie anhand einer Kurzbeschreibung darzustellen.

Dabei wurde versucht, einen Spagat gleich in mehrere Richtungen hinzubekommen: Klar, besonders schön sollten sie in jedem Falle sein – wenn das Buch schon diesen Titel trägt! Familienfreundlichkeit stand ebenfalls an oberer Stelle der Auswahlkriterien. Zudem sollte aber auch eine einigermaßen gleichmäßige Verteilung der vorgestellten Touren in den Niederlanden erfolgen.

Ihnen hat die Beschreibung Appetit auf mehr gemacht? Sehr schön – der Verlag hält zu den meisten in diesem Buch beschriebenen Touren ADFC Regionalkarten im Maßstab 1:75.000 bereit, in denen ausführliche touristische Informationen enthalten sind. Damit dürfte die Streckenfindung kein Problem sein. Diese Karten gibt es übrigens auch als App (www.fahrrad-buecher-karten.de/rk-digital)! Zwei ADFC Radtourenkarten im Maßstab 1:150.000 decken die gesamte Fläche der Niederlande ab.

Weitere Anregungen zu unserem Pedal-Hobby liefern die Sammelwerke „Die 75 schönsten Urlaubstouren Deutschlands", „Die 44 schönsten Wochenendtouren Deutschlands"; „Die 50 schönsten Radfernwege Deutschlands", „Die 33 schönsten Flussradwege Deutschlands", „Die 111 schönsten Radtouren Deutschlands", „Die 55 schönsten E-Bike-Touren Deutschlands" oder „Die 50 schönsten Bahntrassen-Radwege Deutschlands".

Für eine schnelle Orientierung und Einstufung der Tour dienen die Infokästen zu Beginn jeder Beschreibung – wir haben sie „Niederlande-Touren-Info" getauft. Hier finden Sie die wesentlichen Eckpunkte zu jeder Tour, wie z.B. Distanz, Wegbeschaffenheit, Hinweise auf Beschilderungen, Start- und Zielpunkt sowie Touristen-Informationen.

Auf den meisten Strecken gibt es nur wenige Probleme, den rechten Weg zu finden. Wenn es komplizierter wurde, haben wir die Beschreibungen etwas genauer gestaltet. Auf eine allzu detaillierte Streckenbeschreibung wurde aus Platzgründen aber verzichtet. Bei den meisten Radwegen ist zudem die Beschilderung so perfekt, dass man sich kaum verfransen kann. Eine gute Radkarte (möglichst 1:75.000, sonst 1:150.000) gehört aber immer ins Reisegepäck.

Ein Hinweis ist immer besonders wichtig: Bitte betrachten Sie diese Distanz-Angaben als grobe Orientierung für Ihre Tour! Ein paar „Schlenker" zu Sehenswürdigkeiten, ein Abstecher in Innenstädte, einmal „verfahren" oder andere Kleinigkeiten führen schnell zu einer Abweichung der eigenen gefahrenen Kilometer.

Zu Gunsten der Übersicht ist jede Tour auf zwei bis vier Seiten reduziert. Die abgebildete Karte kann Ihnen im Zusammenspiel mit der in kursiv gedruckten Streckenbeschreibung helfen, sich vor Ort zurecht zu finden.

Ausführlicher werden die Sehenswürdigkeiten beschrieben – denn wir radeln ja nicht (nur) des Radelns wegen, sondern um die Gegend kennen zu lernen. Die Tipps weisen den Weg zu ausgefalleneren Attraktionen, die wir eventuell verpassen würden, weil sie etwas abseits liegen, nicht beschildert oder einfach wenig bekannt sind.

Die Niederlande – mit Kindern radeln

Die meisten der beschriebenen Radwege sind wie geschaffen für Familien mit Kindern. Meist rollen wir auf breit ausgebauten Radwegen mit besten Fahrbahnuntergründen und nahezu keinem Straßenverkehr. Wenn der Nachwuchs selbst radelt, ist zu beachten, dass kleinere Kinder nicht auf Straßen, sondern auf dem Bürgersteig fahren müssen.

Zwar sind die Touren mühelos auch mit kleineren Kindern zu bewältigen, doch verlangt der Nachwuchs auch nach anderen Beschäftigungsmöglichkeiten. Dies gilt vor allem dann, wenn Kleinkinder in entsprechenden Sitzen oder in einem Anhänger transportiert werden. Vergessen Sie niemals, die Kinder auf diesen Mitfahrgelegenheiten entsprechend zu sichern – der Helm dürfte ebenso selbstverständlich sein wie die Gurte. Vor allem in den Mitfahrgelegenheiten können sich die Kleinen nicht ausreichend bewegen, was bei niedrigen Temperaturen auch zu Unterkühlung führen kann – häufigere Pausen sind also angesagt!

In vielen Orten liegen immer wieder gut ausgestattete Spielplätze direkt am Wegesrand. Pausen werden ohnehin eingelegt, warum also nicht gleich hier? Aber es gibt noch viel mehr zu entdecken: Interessante alte Orte, die Spuren unserer Vorfahren, historische Technik und regionale Lebensarten in Museen, Tiere in Parks und Zoos und natürlich Badespass in den Frei- und Hallenbädern der Region. Auf viele dieser Aktivitäten wird im Buch hingewiesen.

Beachten Sie auch, dass die Räder deutlich kleiner, oftmals auch einfacher ausgestattet sind. Weshalb diese Binsenweisheit? Nun, nicht selten werden Familien gesichtet, bei denen die Eltern mit 26´´-Mountainbikes oder 28´´-Tourenrädern und einer 21-Gang-Schaltung vorweg brausen und die Kinder auf ihren kleinen Rädern mit Dreigang-Schaltung hinterher hecheln. Hier ist der Ärger vorprogrammiert. Und genau den wollen wir ja mit diesem Familienausflug vermeiden! Sie werden sehen: Wenn wir auf die Kinder eingehen, werden diese schnell Spaß an der sportlichen Betätigung mit Mama und Papa an der frischen Luft finden.

Die Niederlande und die beste Reisezeit

Die Radwege in den Niederlanden können ganzjährig gefahren werden, wobei der Winter eher selten die Wahl sein dürfte.

Ab Beginn des Frühlings kommt man vielfach bereits in den Genuss des milden Klimas – am stürmischen Meer kann es allerdings noch „frisch" werden. Dennoch ist der Frühling eine der optimalen Reisezeiten, vor allem wegen der nachstehenden Umstände: Im Sommer kann es mitunter recht heiß werden, vor allem, wenn wir im Binnenland radeln. An der Küste hingegen weht immer ein frisches Lüftchen, das das Radeln erträglich macht.

Ein Nachteil der Sommer-Radeltour ist sicherlich, dass wir nun wahrlich nicht alleine unterwegs sind. Es macht nur noch wenig Vergnügen, wenn wir ständig Acht geben müssen, uns nicht aus den Augen zu verlieren und mit keinem zu kollidieren. Der entspannte Plausch entfällt dann auch, denn nebeneinander radeln können Sie zur „Rushhour" getrost vergessen.

Daher der Tipp: Im Sommer auf die Wochentage ausweichen und an den Wochenenden auf die touristisch weniger überlaufenen Wege ausweichen – in diesem Buch werden Sie dafür reichlich „Stoff" finden.

Das Ausweichen auf die Woche gilt ganz besonders für die touristischen Hot-Spots wie Amsterdam, Rotterdam, Delft oder Haarlem, denn diese Städte quillen an Wochenende oft über an Besuchern. In der Woche ist es deutlich leerer, so dass wir die wunderschönen Sehenswürdigkeiten viel besser genießen können.

Der Herbst ist als Radelzeit beliebt und empfehlenswert zugleich. Die Wege sind lange nicht mehr so überladen, die Temperaturen sind im „goldenen Herbst" zumeist ideal. In vielen Orten finden – wie schon im Mai/Juni – nach Ausklang der Sommerferien Feste statt, was unsere Touren noch kurzweiliger ausfallen lässt.

Die Niederlande und der Rat zum Rad

Die beschriebenen Touren stellen keine besonderen Ansprüche an Mensch und Material. Da die Radwege in den Niederlanden bestens ausgebaut und fast nie Steigungen zu verzeichnen sind, reicht ein City- oder Tourenfahrrad mit drei Gängen aus. Für längere Strecken, mit Gepäck oder bei Gegenwind am Meer ist es allerdings angenehm, ein paar mehr Gänge oder ein E-Bike zur Verfügung zu haben. Wichtiger noch als die Anzahl der Gänge ist die Robustheit des Rades – was nützen die Gänge, wenn alle paar Kilometer Reparaturen vorgenommen werden müssen?

In den meisten größeren Städten, die wir tangieren, gibt es zwar Rad-Werkstätten, doch eine Panne tritt „bestimmt" während deren Mittagspause, nach Geschäftsschluss oder am Wochenende auf. Dass sich das Fahrrad in verkehrssicherem Zustand befindet, sollte Voraussetzung für jede Radeltour sein. Dazu gehören z.B. intakte Bremsen und Reifen, geschmierte Kette, Beleuchtung, Reflektoren, Schutzbleche, etc.

Vor dem Fahrtantritt sollten Sie Ihr Fahrrad kurz durchchecken – es kostet Sie vor der Fahrt gerade einmal 5 Minuten, eine Panne kann den ganzen Tag kaputt machen. Hier die einfachen Handgriffe:

- Vorder- und Hinterrad abwechselnd vom Boden heben und daran rütteln bzw. seitlich wackeln, um festen Sitz und Lagerspiel zu testen.
- Am Sattel drehen und ziehen – er muss absolut fest sitzen.

- Kontrollieren, ob die Schnellverschlüsse der Bremsen geschlossen sind, ferner, ob die Bremshebel sich nicht bis zum Lenker ziehen lassen und selbständig zurückgehen.
- Die Bremsbeläge auf Verschleiß prüfen.
- Vorderbremse ziehen und das Rad nach vorne Schieben, um das Steuerlager auf Spiel zu testen.
- Durchtesten aller Gänge im Reparaturständer.
- Luftdruck in den Reifen prüfen.

Wenn es bei aller Vorbereitung doch zur Panne kommt, sollte folgendes Bordwerkzeug mitgeführt werden:

- Faltdecke (»Mantel«) ● Schläuche
- Pumpe ● Inbusschlüsselsatz
- Nippeldreher ● Ventilverlängerung
- Öl ● Deckenheber ● Flicken
- Gummilösung ● Flickzeug

Noch ein Tipp zu diesem Thema: lassen Sie sich doch einfach von der Werkstatt Ihres Vertrauens mit den wichtigsten Handgriffen vertraut machen.

Und ein ganz wichtiger Hinweis noch: Hoffen wir, dass Sie es niemals brauchen, aber ein kleines Erste-Hilfe-Täschchen gehört IMMER ins Gepäck, auch bei jedem noch so kleinen Ausflug.

Die Niederlande und die beste Rad-Bekleidung

Ein Blick in die Textilecke des Fahrradladens reicht aus, um zu erkennen: Das Angebot der Fahrradbekleidung ist unüberschaubar! Seit einigen Jahren bieten auch Discount-Märkte rechtzeitig zur Saison entsprechende Artikel an. Was Sie wählen, hängt nicht zuletzt auch von Geschmack und Geldbeutel ab, doch unbedingt zu empfehlen ist folgende Ausstattung:

- Helm (absolut unverzichtbar!)
- Radhose in kurzer und langer Version
- Radtrikot in kurzer und langer Version
- Handschuhe
- Radbrille (gegen UV-Strahlung und Insekten)
- Leichte, faltbare Regenjacke / -hose

Darüber hinaus gibt es weitere sinnvolle Accessoires, wie z.B. Funktionsunterwäsche, Windweste, Armlinge und Beinlinge.

GPS

Immer mehr Freizeitradler nutzen die Vorteile der elektronischen Medien. Internet und GPS-Geräte gehören bei vielen schon zum Standard, wenn es darum geht, eine Fahrradtour vorzubereiten. So können die Touren präzise am PC bzw. am Notebook geplant und jeder Weg gefunden werden. Je exakter die Klicks im Internet, umso genauer das Ergebnis für die Länge der Tour und das passende Höhenprofil. Böse Überraschungen können so deutlich minimiert werden – und das alles, ohne jemals vorher da gewesen zu sein. Auch für dieses Buch möchten wir Ihnen als zusätzliche Hilfestellung die Nutzung auf ihrem GPS-Gerät anbieten: Für jede der im Buch aufgeführten Touren finden Sie auf unserer Internetseite entsprechende Track-Daten für Ihr Mobilgerät. Mit Hilfe des Zugangscodes **EBIKENL-01-069-517-RF** stehen Ihnen die Daten auf der Seite **www.fahrrad-buecher-karten.de/gps-tracks** kostenlos zum Download zur Verfügung.

Die Niederlande und die Optimierung dieses Buches

Die in diesem Buch enthaltenen Informationen wurden sorgfältig nach bestem Wissen und Gewissen zusammengetragen. Dennoch gibt es in unserer schnelllebigen Zeit ständig Veränderungen: Straßennamen und Wegführungen werden verändert, ebenso Anschriften und Öffnungszeiten. Helfen Sie uns mit, dieses Buch ständig aktuell zu halten, in dem Sie uns etwaige Änderungen unter buecher@bva-bikemedia.de mitteilen. Unser Dank ist Ihnen so gewiss wie der Dank der anderen Leser!

Zum Abschluss bleibt nur noch eines:

VIEL SPASS BEIM RADELN!

1 Relaxen auf Texel

Rundtour von t´Horntje über Texel

Niederlande-Touren-Info 1

ca. 55 km ohne Abstecher, gute, regionale Radweg-Beschilderung. Die Route führt meist über separate Rad- und Feldwege bzw. auf wenig befahrenen Nebenstraßen, einige Passagen auf losem Untergrund.

Start und Ziel: Hafen t´Horntje

Info: VVV Texel in Den Burg, Tel. +31 (0)222/314741, www.texel.net

Insel-Feeling pur genießen wir auf dieser recht langen Rundfahrt, bei der wir Texel einmal komplett umrunden. Das Eiland steht auch bei deutschen Urlaubern seit Jahren hoch im Kurs. Als Radler werden wir hautnah zu spüren bekommen, dass Texel eine flache Insel in der Nordsee ist, denn es weht fast immer eine sehr steife Brise und gefühlt kommt der Wind natürlich immer von vorne. Da freuen sich die, die ein E-Bike lenken dürfen! Viele Texel-Gäste kommen immer wieder hierher, denn schon beim Verlassen der Fähre stellt sich unmittelbar eine Tiefenentspannung ein. Das Leben auf Texel ist deutlich relaxter als auf dem Festland. Vielleicht trifft das Wortspiel im Tourtitel ja den Nagel auf dem Kopf?

Der hohe Berg – so wurde Texel einst genannt. Das lag daran, dass sich vor rund 100.000 Jahren ein bis zu 15 m hoher Hügel in der Nordsee formte. Später sprach man vom „t gouwden Boltje", dem **goldenen Hügel**, was schon viel schöner klang. Doch es dauerte lang, bis Touristen dieses Eiland für sich entdeckten. Zuvor waren es Bauern, die Wälle um ihre Wiesen herum errichteten, um diese vor den Naturgewalten der Nordsee zu schützen. Wer genau hinsieht, erkennt noch an einigen **Bauernhöfen** Mauern aus Erdklumpen, die in Form von Ziegel zu den Barrieren aufgeschichtet wurden.

Und dennoch gab es immer wieder große Überschwemmgen auf Texel, denn die kleinen Deiche waren gegen die teils heftigen Stürme machtlos. Und so wurde vom Meer her immer mehr Sand auf die Insel getragen, wodurch die herrlichen **Dünen** entstanden, die wir noch heute genießen können.

Auch auf Texel wurden Windmühlen gebaut, um das Land zu entwässern

Tipp: Sie sind ein wichtiger Blickfang und ein beliebtes Fotomotiv für jeden Texel-Besucher: Die unzähligen, gemütlich grasenden **Schafe**. Sie sorgen dafür, dass wir uns hier mit dicken Decken, Wollsocken, **Pullovern** und vielem mehr versorgen können, falls es denn doch mal zu kalt oder zu windig wird. Wegen des rauen Klimas auf der Insel gehören die Schafe übrigens zu einer besonders widerstandsfähigen Rasse.

Natürlich steht **Lammfleisch** demzufolge auch auf vielen Speisekarten der Restaurants auf Texel. Und die salzige Luft sorgt für einen unverwechselbaren Geschmack. Wer die Tierchen lieber lebendig auf dem Deich stehen sieht, kostet dann besser den **Texeler Boerenkaas**, der aus Schafs- und Ziegenmilch hergestellt wird. Die Zutaten lassen schon erahnen, dass es ein eher kräftiger Käse ist.

Zum Nachtisch oder zum Kaffee genießen wir den hier sehr beliebten **Spekulatiuskuchen** und nach der Tour widmen wir uns den ebenfalls meist süßen Schnäpsen und **Likören**. Sie merken: An Kalorienmangel werden wir bei dieser Tour eher nicht leiden!

Los geht's am Hafen von t´Horntje den wir nach links über den Landsdiep verlassen, um kurz darauf die breite Straße nach links zu queren. Wir folgen den Radwegschildern 6, 8, 9, 10, 11 und 15 über Den Hoorn und De Westen nach Westermient. Die Schilder 46, 16, 17, 20, 21, 21, 22, 27, 28, 29 und 31 bringen uns via De Koog an die Nordspitze der Insel.

Gleich zu Beginn unserer Radtour steuern wir die niederländisch-reformierte Kirche von De Hoorn an. Der strahlend weiße **Turm** dient nicht nur den Schiffen zur Orientierung, sondern auch den Besuchern als Motiv.

Texel gehört ebenso wie die Inseln Vlieland, Terschelling, Ameland und Schiermonnikoog zu den „**Waddenlanden**". Ein Blick auf die Landkarte verrät, dass die niederländischen Wattinseln sich in eine Inselkette einreihen, zu der auch die deutschen bzw. die ostfriesischen Inseln gehören.

Jede der Inseln hat ihren ganz eigenen Charakter. Einige sind autofrei, ja sogar komplett unter Naturschutz gestellt. Texel ist nicht nur die **älteste, größte und beliebteste Insel**, sondern auch die mit der größten Infrastruktur.

1

Schöner Wohnen auf Texel

Auf unserer Tour entlang der Küste halten wir immer wieder an und blicken über die Strände auf die raue See. Ab und an entdecken wir noch einen der „**Strandräuber**", die sogenannten Jutter. Früher gehörte es zum Überleben der Inselbewohner, nach einem Sturm an den Strand zu gehen und zu schauen, was angespült wurde. Heute sind es nur noch wenige, die sich meist mit dem Fahrrad und einem Fernglas „bewaffnet" auf den Weg zum Strand machen.

Tipp: Auf Texel gibt es nicht allzu viele Museen, daher gehört der Besuch im **Schipbreuk- en Juttersmuseum Flora** zum Pflichtprogramm. Hier wird von den „Strandräubern" ein Teil der Fundstücke ausgestellt. Dass wir hier eine große Anzahl an Rettungsringen, Fendern usw. finden, überrascht nicht. Einige der Stücke lassen uns aber doch verzückt die Augenbrauen hochziehen.

An unserem Wegesrand liegt auch der Kindernaturpaad. Hier wird kindgerecht erklärt, was es in der Texeler Natur zu entdecken gibt. Das ist so unterhaltsam, dass auch wir Erwachsene Spaß daran finden.

Unsere Radtour wird begleitet von unzähligen **Vögeln**, denn auf Texel brüten mehr als 300 unterschiedliche Vogelarten, von denen einige zu den bedrohten Tierarten zählen. Also legen wir auch einen Stopp am sogenannten **Vogel-Boulevard** ein, der sich an mehreren Seen und am Deich entlang zieht.

Weiter geht´s von der Nordspitze Texels, die wir nach De Cocksdorp (32) verlassen. Die Schilder 34, 35, 36, 37, 38, 39, 40 und 25 bringen uns stets an der Küste entlang. So gelangen wir zielsicher wieder zurück zum Hafen von t´Horntjie, wo unsere Rad-Runde endet.

Auf unserem Weg entlang der Ostküste kommen wir auch durch den Ort Oosterend. Der

Bei diesen Farben stellt sich sofort Urlaubsfeeling ein!

Name kommt nicht von ungefähr, denn einst war die Insel hier tatsächlich „am Ende". Erst durch die Landgewinnung kam jene Region dazu, die wir soeben noch unter den Pneus hatten. Oosterend ist einer der ältesten Orte auf Texel, und so wundert es auch nicht, dass wir hier eine der ältesten Kirchen finden, deren Turm wir schon von Weitem im Blick hatten. Rund um die **Kirche**, die seit dem 12. Jh. den Mittelpunkt des Ortes bildet, finden wir schöne alte **Fischerhäuser**.

In Oudeschild schauen wir uns das quirlige Treiben im Hafen an. Der blickt auf eine lange Geschichte zurück, denn im 17. Jh. lagen hier die großen niederländischen Schiffe vor Anker, bevor sie sich auf die Reise in die Überseegebiete machten. Ganz in der Nähe finden wir das Museum **Kaap Skil,** ein weiteres Maritim- und Juttersmuseum. Schon die Architektur des Museums lohnt eine längere Betrachtung!

Tipp: Bei Oudeschild können wir am Schild 39 rechts abzweigen und den Rückweg mit einem lohnenswerten Umweg über Den Burg verlängern. Auf dem Weg zur „Insel-Hauptstadt" kommen wir an einer **Brauerei** vorbei. Rund 6.400 Einwohner von Den Burg begrüßen jedes Jahr ein Vielfaches an Gästen, denn es ist wirklich schön hier: Wir suchen uns auf dem **Steenplatz** vor den herrlichen Hausfassaden einen Platz im Biergarten und genießen das Leben um uns herum.

Fort Lunette, Fort Redoute, Fort De Schans… auf den letzten Kilometern unserer Tour bekommen wir noch einen Eindruck davon, welch strategische Bedeutung Texel einst hatte. Unter Napoleon wurden diese **Befestigungsanlagen** angelegt, die uns bis heute durch ihre Details beeindrucken.

Kartentipp:
ADFC-Regionalkarte Nord-Holland/Amsterdam,
1:75.000, ISBN 978-3-96990-008-6, € 9,95
Digital für Smartphones und Tablets:
www.fahrrad-buecher-karten.de/rk-digital

ADFC-Regionalkarte
Nord-Holland
Amsterdam
1:75.000

2 Echt spitze - Hollands Norden

Rundtour von Den Helder über Callantsoog

Niederlande-Touren-Info 2

ca. 53 km ohne Abstecher, gute, regionale Radweg-Beschilderung, teils Beschilderung als Fernradweg LF Kustroute. Die Route führt meist über separate Rad- und Feldwege bzw. auf wenig befahrenen Nebenstraßen, einige Passagen auf losem Untergrund.

Start und Ziel: Bahnhof Den Helder

Info: CityMarketing Den Helder, Tel. +31 (0)223 / 674601, www.denhelder.online

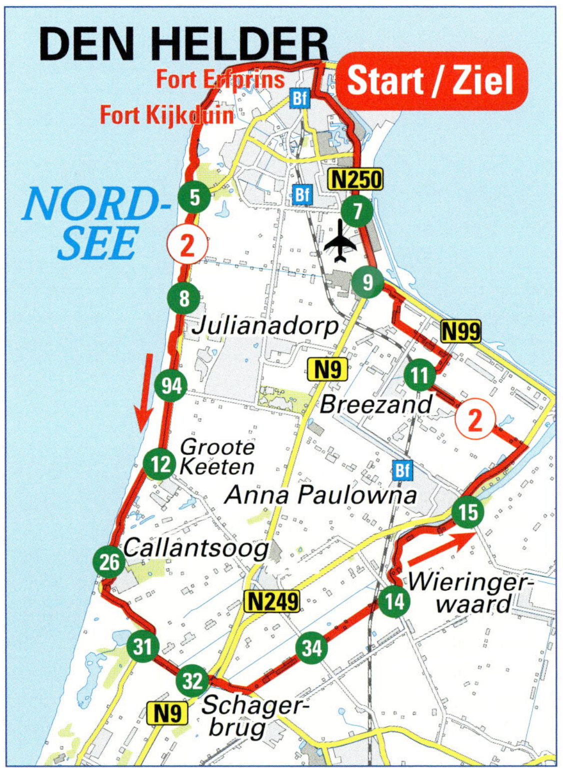

Unsere Rundtour führt uns an der Nordspitze des niederländischen Festlandes zunächst durch die herrliche Dünenlandschaft der Küste. Später lernen wir einige typische große und kleine Orte der Region kennen, ehe wir uns wieder Den Helder widmen können. Unsere Kalorien führen wir uns dann bei einer Einkehr am Museumshafen zu, was dort „mit allen Sinnen" möglich ist.

Ganz an der Nordspitze Hollands liegt das kleine, wunderschöne Städtchen Den Helder. Dass hier viele Touristen direkt den Hafen ansteuern, um mit der Fähre nach Texel überzusetzen, kommt schon fast einer Sünde gleich.

So können wir auf einer **Hafenrundfahrt** einen näheren Einblick in den quirligen Schiffsbetrieb gewinnen und uns im Nationalen Rettungsmuseum namens „**Dorus Rijkers**" über das Thema Hochseerettung informieren. Besonders eindrucksvoll ist hier ein Besuch des Fahrsimulators oder Windtunnels.

Allein **Willemsoord**, eine außer Betrieb genommene Schiffswerft, lässt den Aufenthalt in Den Helder im Nu verfliegen. Eine ganze Reihe historischer Gebäude aus dem 19. Jh. stehen hier eng beisammen. Zum Glück wurden sie, nachdem sie nicht mehr für die Werft gebraucht wurden, nicht abgerissen, sondern aufwändig saniert. So finden wir hier heute spannende Verwaltungsgebäude, ein

Aus der Luft wird die „zackige" Gestaltung von Fort Erfprins deutlich

Spieleland für die Kids und tolle Einkehrmöglichkeiten mit Biergärten. Wenn wir uns hier niederlassen, blicken wir direkt auf die historischen Schiffe, die im **Museumshafen** vor sich hindümpeln. Einige von ihnen sind begehbar und eröffnen uns tiefe Einblicke in das einst beschwerliche Arbeiten auf hoher See.

Tipp: Direkt neben der ehemaligen Werft gab es einst ein Lager für Sprengstoffe. Hier zog im Jahre 1966 das **Marinemuseum** ein, das als Schwerpunkt die Kriegsmarine ab 1813 anhand zahlreicher Exponate darstellt. Das „Innenleben" von Schiffen und U-Booten können wir auch hautnah erleben. Und das ist durchaus wörtlich gemeint, denn größer gewachsene Besucher werden sich vermutlich mehr als einmal den Kopf anstoßen, wenn sie sich durch das **U-Boot** „Tonjin" bewegen. Dieses Unterwasserfahrzeug, das übersetzt den Namen „Thunfisch" trägt, stammt aus dem Jahr 1966 und klärt uns auch über alltägliche Fragen auf, die mit der Unterbringung und Verpflegung der Matrosen zu tun haben.

Die Innenstadt von Den Helder empfängt uns mit einer kleinen, einladenden **Fußgängerzone** mit allerlei Shopping- und Einkehrmöglichkeiten. Nicht vergessen dürfen wir, die Dünen von Den Helder aufzusuchen, denn hier entstanden zwischen 1980 und 2006 interessante Stahlskulpturen. Es erschließt sich ab und an zwar nicht auf den ersten Blick, was uns der 2006 verstorbene Künstler van de Wint mit der Kunst sagen wollte, dennoch ist das Gesamtkunstwerk namens „**De Nollen**" eine genauere Betrachtung wert. Das gilt auch für das Museum, in dem weitere Werke van de Wints ausgestellt werden.

Los geht's am Bahnhof von Den Helder, den wir nach links, über die mehrspurige Straße hinweg und dann nach rechts verlassen. Direkt hinter der Brücke links und schnurgeradeaus zur Meeresküste. Hier treffen wir auf den Fernradweg LF Kustroute, dem wir nach links folgen. Wir passieren Julianadorp, Groote Keeten und gelangen nach Callantsoog.

Kaum sind wir losgeradelt, gibt es schon wieder Grund für einen Stopp, denn zunächst kommen wir am planvoll angelegten Fort Erfprins vorbei, dann erhebt sich beim Dorf Huisduinen **De Lange Jaap**, ein Leuchtturm, in den Himmel. Wunderbar ist der Weitblick über das Festland in die eine und über die See in die andere Richtung. Von hier erkennen wir auch bestens die Insel Texel, die durch die Wasserstraße namens **Marsdiep** von uns getrennt ist und doch zum Greifen nah scheint.

Für „een kopje koffie" ist immer Zeit

Tipp: Nur wenige Pedalumdrehungen weiter an der Küste entlang liegt **Fort Kijkduin**, das seinerzeit auf Geheiß Napoleons errichtet wurde. Wenn wir uns einer der Führungen anschließen, entdecken wir Bunkeranlagen und verzweigte unterirdische Gänge. Ein Bereich des Bunkers wird als **Seeaquarium** genutzt, so dass wir einen guten Einblick in das Leben im Wasser erhalten.

Der 69 m hohe Leuchtturm ist eines der Wahrzeichen der Region und steht an der langen Zeepromenade. Die ist genau genommen gar keine Promenade, sondern ein 10 km langer Deich. Der Deich hat natürlich den Auftrag, die Nordküste Hollands vor Überflutungen zu schützen und seine wirklichen Ausmaße hält er gut versteckt: Sage und schreibe 60 m ragt er nach unten ins Meer bzw. in den Boden hinein, um dort im wahrsten Sinne als Fels in der Brandung zu fungieren.

Unsere Radtour führt uns auf dem Fernradweg namens „Nordzeeroute" vorbei an endlos erscheinenden Stränden, die zu einem Sprung ins kalte Nass verführen. Nur ein paar Meter landeinwärts erstreckt sich der Naturpark namens **Donkere Duinen**, Hier stehen

Ein guter Fang – frisch aus der See

Am Deich radeln kann anstrengend sein!

die Dünen unter besonderem Schutz und schaffen damit ein Refugium für Ruhe und Erholung, Das wissen auch die Camper zu schätzen, die mit ihrem rollenden Heim gerne hierherkommen.

Weiter geht´s von Callantsoog, das wir auf dem Radweg entlang der N502 verlassen. Am Radschild Nr. 31 links, bei 79 geradeaus, bei 32 links, bei 44 geradeaus und dann schräg links. An 34 vorbei gelangen wir nach Oudesluis, um mit Linksabbiegen bei Nr. 15 nach Anna Paulowna zu radeln. Hier ein Stück entlang der N249, dann links via Paulowna zur 11. Nachdem wir an dem Schild rechts und kurz darauf links abgebogen sind, streben wir auf Den Helder zu. Hier folgen wir einfach den Schildern ins Centrum, wo unsere Tour am Bahnhof (Station) endet.

Am Wegesrand bieten sich mit mehreren **Windmühlen** immer wieder schöne Fotomotive, so auch rund um Oudesluis.

Tipp: Bei Knotenpunkt 11 rollen wir wieder auf dem Radweg LF Kustroute, der uns immer an der Küste entlang nach Lust und Laune bis nach Den Oever bringt, wo der mächtige **Abschlussdeich** beginnt und das Wattenmeer abtrennt.

Es klingt eher wie eine berühmte Dame als ein Ortsname: Anna Paulowna. Und in der Tat, der Name stammt von einer ehemaligen **Königin**, die ihre Wurzeln in Russland hatte und sich eigentlich Pawlowna schrieb. Der Ort, den wir heute durchradeln, wuchs im 19. Jh. auf einem Polder.

Kartentipp:
ADFC-Regionalkarte Nord-Holland/Amsterdam,
1:75.000, ISBN 978-3-96990-008-6, € 9,95
Digital für Smartphones und Tablets:
www.fahrrad-buecher-karten.de/rk-digital

3 Tourabschluss mit dem Blick auf den Afsluitdijk

Rundtour von Den Oever über Medemblik

Niederlande-Touren-Info 3

ca. 60 km ohne Abstecher, gute, regionale Radweg-Beschilderung, teils Beschilderung als Radfernweg LF Kustroute bzw. Zuiderzeeroute. Die Route führt meist über separate Rad- und Feldwege bzw. auf wenig befahrenen Nebenstraßen, einige Passagen auf losem Untergrund.

Start und Ziel: Busstation bzw. Parkplatz von Den Oever

Info: Touristinformation (VVV) Den Oever, Tel. +31 (0)227510467, www.hollandbovenamsterdam.com

„Hollands Kroon" nennt sich die Gemeinde, in der wir unsere Rad-Runde drehen. Und ganz am Ende wird dem Sehenswerten wirklich noch die Krone aufgesetzt, wenn wir den Abschlussdeich näher kennenlernen und erfahren, welch grandiose Leistung die niederländischen Wasserbau-Experten hier abgeliefert haben. Dazwischen liegt eine recht lange, aber gut zu radelnde und vor allem entspannte Tour, die uns auch nach Medemblik führt, das die älteste Stadt Westfrieslands ist.

Wir sind in „Hollands Kroon" unterwegs, eine Gemeinde, die zur Provinz Nordholland gehört. Unser Start- und Zielort Den Oever zählt nur rund 2.000 Einwohner. Und doch machen wir uns hier auf zu einer der eindrucksvollsten Touren dieses Buches. Der Grund liegt direkt neben der Ortschaft: Der unglaubliche **Afsluitdijk**, den wir uns bis zum Ende dieser Tour „aufsparen".

Tipp: Wer nach einem ganz außergewöhnlichen Stellplatz für´s Wohnmobil sucht: Direkt am Wasser steht es sich relativ ruhig, vor allem aber mit bester Aussicht aus erster Reihe auf das Treiben in der Schleuse.

Der Leuchtturm von Den Oever ist nicht zu übersehen

Einen großen Teil der Stadtfläche von Den Oever nimmt der Hafen ein. Der Anblick der großen Fischhallen ist zwar kein Highlight, der frische **Fisch**, den wir hier teils auch im Brötchen kaufen können, dafür umso mehr.

Schöner anzusehen ist hingegen die **Windmühle** „De Hoop", die vermutlich woanders erbaut und erst 1845 an diese Stelle versetzt wurde. Dass in dieser Region auch einst die Wikinger aktiv waren, erfahren wir im **Vikinginformatiecentrum** von Den Oever.

Los geht's an der Busstation bzw. am Parkplatz von Den Oever, ganz in der Nähe des Radschildes 66, den wir nach links über den Havenweg verlassen, der gleich darauf links abknickt. An der nächsten T-Kreuzung rechts in den Gesterweg und dann links in den Oosterkruisweg. Nun haben wir wieder eine Radroute unter den Pneus, so dass wir den Schildern 23, 67, 76 und 21 folgen können. Auch die Schilder des LF Kustroute begleiten unseren Weg. So umrunden wir das Amstelmeer und zweigen beim Schild 19 links ab. Die Schilder 47,60, 59, 69, 62 und 63 nach Medemblik.

Auf den ersten Kilometern kommen wir durch die **typisch nordholländischen Orte** Oosterund Westerklief sowie durch Westerland, das allerdings deutlich weniger mondän daherkommt, wie das deutsche Pendant auf Sylt.

Nachdem wir die Küste verlassen haben, rollen wir am Ufer des **Amstelmeers** entlang. Dahinter folgen wir für mehrere Kilometer einem der endlos scheinenden Kanäle, in diesem Falle ist es der Groetkanaal.

Die rund 8.000 Einwohner zählende Kleinstadt Medemblik wurde schon im 10. Jh. gegründet. Im Jahre 1289 wurden die Stadtrechte verliehen, was Medemblik zur ältesten Stadt der Region kürt.

Tipp: Das **Medemblik Stadsmuseum** erzählt uns auf anschauliche Weise, auf welch wechselvolle Geschichte die Stadt zurückblicken kann.

Ansehen müssen wir uns unbedingt das 1282 erbaute **Kasteel Radboud,** das auch als Gefängnis und Stadtverwaltung diente, bevor es verfiel. Erst Ende des 19. Jh. erfolgte ein Wiederaufbau, so dass wir die Burg zwar nicht im Originalzustand, aber doch in einer fotogenen Weise vorfinden.

Um uns für die weitere Fahrt zu stärken, finden wir in Medemblik reichlich **Einkehrmöglichkeiten**. Die **Oude Bakkerei** ist hier ein

Was für ein Anblick: Kasteel Medemblik

besonderer Tipp, weil es hier nicht nur Leckeres gibt, sondern auch eine Ausstellung mit alten Exponaten zum Bäckerhandwerk.

Weiter geht´s von Medemblik, das wir vom Radwegschild 98 aus an der Küste des Ijsselmeers entlang verlassen. Ein „Verfransen" ist nun ausgeschlossen, denn der Radweg folgt dem Verlauf des Deichs, passiert die Radschilder 97, 28, 25 sowie 66 und bringt uns so schnurgerade zurück nach Den Oever. Hier steuern wir wieder die Busstation an, wo unsere Tour endet.

Hinter Medemblik radeln wir entlang des Wieringermeerdijks.

Tipp: Der Fernradweg, dem wir hier folgen, ist die Fietsroute LF Zuiderzeeroute. Wenn wir dieser nicht wie hier beschrieben in nördlicher, sondern in südlicher Richtung folgen, bringt sie uns stets am Ijsselmeer entlang bis zu den Toren von Amsterdam.

Ziemlich zu Beginn unseres Buches dürfen wir Ihnen einen Eindruck über die unglaublichen Wasserbauwerke vermitteln. Mit dem **Afsluitdijk** haben sich die niederländischen Ingenieure ein Kapitel in den Geschichtsbüchern gesichert: Mit sage und schreibe 32 km Länge und 90 m Breite verbindet der Abschlussdeich die Provinzen Friesland und Nordholland. Der Anlass, dieses Projekt zu realisieren, war aber keinesfalls eine kurze Straßenverbindung zu schaffen: Durch die steigenden Meeresspiegel dehnte sich die Nordsee in die sogenannte **Suiderzee** aus und formte eine riesige Bucht. Wie in vielen Küstenregionen, so sorgten auch hier Sturmfluten immer wieder für verheerende Katastrophen. Es galt also, Mensch und Tier vor den Naturgewalten zu schützen. Zudem war in den Niederlanden das Land für Ackerbau und Viehzucht, aber auch zum Wohnen, stets eine knappe Angelegenheit. Und so entschloss man sich, nachdem die Technik dies zuließ, zwischen 1927 und 1932 diesen eindrucksvollen **Deich** zu errichten, der sogar

Sagenhafte 32 km lang ist der Afsluitdijk

aus dem Weltall zu sehen sein soll. Der 1854 in Amsterdam geborene Wasserbauingenieur Cornelis Lely setzte das um, wovon seit Jahrhunderten geträumt wurde.

Mit **Schleusen**, Steindämmen und vielen weiteren technische Finessen wurden das Wasser gezähmt und das **Ijsselmeer** geschaffen.

Tipp: Auch wenn der Wind gefühlt immer von vorne bläst: Ein paar Kilometer sollten wir dem großartigen **Afsluitdijk** folgen. Dabei haben wir zu unserer Rechten stets freie Sicht auf das Ijsselmeer, während wir Linkerhand auf den Deich blicken, der mit Gras zugewachsen ist. Wenn wir eine der Möglichkeiten nutzen, auf den Deich zu steigen, blicken wir von dort hinunter auf das Wattenmeer. Noch besser ist der Blick von der Plattform des **Turms**, der genau an der Stelle erbaut wurde, an der der Deich seinerzeit geschlossen wurde. Wer den Deich komplett beradeln möchte, kann auch mit dem Schiff wieder retour fahren.

Direkt neben dem Abschlussdeich erhebt sich der knallrote und damit kaum zu übersehende Leuchtturm. Das „**Den Oever Lighthouse**" wurde 1885 erbaut, aber erst zu einem späteren Zeitpunkt an die Stelle gerückt, an der wir ihn heute finden.

Ebenfalls unübersehbar ist das „**Monument op de Afsluitdijk**", das uns durch seine tollkühne Architektur begeistert.

Kartentipp:
ADFC-Regionalkarte Nord-Holland/Amsterdam,
1:75.000, ISBN 978-3-96990-008-6, € 9,95
Digital für Smartphones und Tablets:
www.fahrrad-buecher-karten.de/rk-digital

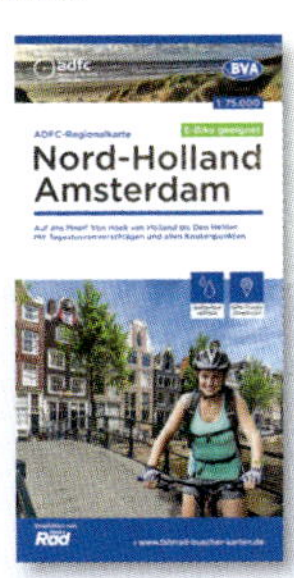

4 All you need is... Alkmaar

Rundtour von Alkmaar über Bergen aan Zee

Niederlande-Touren-Info 4

ca. 38 km ohne Abstecher, gute, regionale Radweg-Beschilderung, teils Beschilderung als Radfernweg LF7 und LF Kustroute. Die Route führt meist über separate Rad- und Feldwege bzw. auf wenig befahrenen Nebenstraßen, einige Passagen auf losem Untergrund.

Start und Ziel: Bahnhof Alkmaar

Info: Alkmaar Marketing, Tel. +31 (0)72 511 22 54, www.visitalkmaar.com

Diese Tour ist eine echte Herausforderung: Nicht etwa wegen der Streckenlänge von 38 km, die in der meist komplett ebenen Region zu meistern sind. Vielmehr wegen der vielen Sehenswürdigkeiten, die es uns schwer machen, in Alkmaar los zu radeln. Und dann rollen wir auch noch durch das Naturreservaat der Schoorlse Duinen und besuchen zwei beliebte Seebäder.

Etwas mehr als 100.000 Einwohner zählt die Stadt Alkmaar, womit sie schon zu den größeren Städten des Landes gehört. Die Menschen können sich hier auch bestens wohlfühlen – genau wie wir, denn die von **Grachten** umschlungene **Altstadt** ist lebens- und liebenswert.

In der Geschichte war das nicht immer so, denn 1573 wurde die Stadt von den spanischen Truppen belagert. Um sie zu vertreiben, öffneten die Alkmaarer kurzerhand die Schleusen, fluteten damit die Innenstadt und vertrieben die Eindringlinge. Natürlich geht das Stadtmuseum auch auf diesen Teil der Geschichte ausführlich ein.

In direkter Nachbarschaft erhebt sich die **Grote Kerk**, auch Laurentiuskerk genannt. Von hier aus machen wir uns auf den Weg durch die **Fußgängerzone** und kommen dabei auch am **Stadthuis** vorbei, das mit seiner spätgotischen Fassade und dem Renaissance-Inneren einen spannenden Bogen durch die Architekturgeschichte schlägt.

Tipp: Natürlich – es ist in erster Linie ein Spektakel für die Touristen. Dennoch gehört es zu einem Besuch von Alkmaar dazu, sich freitags auf den **Waagplein** zu begeben. Zwischen April und September werden wir hier wahrlich nicht die einzigen sein, denn dann steigt hier der **historische Käsemarkt**. Rund 50 Tonnen Käse werden auf dem großen Platz sauber und ordentlich positioniert, damit die potentiellen Käufer sich

Alkmaar – farbenfroh…

einen guten Überblick verschaffen können. Natürlich werden die Käselaibe auch beprobt, es wird verhandelt und per Handschlag ein Verkauf besiegelt. Dann kommen die ganz in weiß gewandten **Käseträger** mit ihren Strohhüten und Käsetragen, um die verkaufen Käse abzutransportieren. Dabei werden schon seit 1751 sehr strenge Regeln eingehalten und ein echter Kraftakt ist es noch dazu, denn eine Käsetrage wiegt bis zu 160 kg!

Neugierig geworden und Lust auf „mehr Käse"? Dann ab ins **Käsemuseum**, das sich direkt am Waagplein befindet. In dem Gebäude aus dem 14. Jh. erfahren wir alles über die Käseproduktion – von der Kuh bis zum Käserad.

Nachdem wir uns die vielen schönen historischen Häuser der Altstadt angesehen haben, machen wir einen Abstecher zur **Molen van Piet**. Die Getreidemühle aus dem Jahre 1769 ist bis heute nicht nur in Familienhand, sondern auch noch wie früher in Betrieb, um Korn zu mahlen.

…und gut für´s Image

Eher etwas für das Ende der Tour ist der Besuch des **Nationalen Biermuseums De Boom**, das gar nicht weit weg vom Waagplein liegt. Nachdem wir uns über die Art und Weise informiert haben, wie hier Bier gebraut wird, können wir freilich auch kosten – und stellen fest: Zum Käse schmeckt nicht nur Wein!

Los geht's am Bahnhof von Alkmaar, den wir nach rechts über die Kruseman van Eltenweg und vor dem Kanal nach links verlassen.

4

Die bis zu 54 m hohen Schoorlse Duinen stehen unter Naturschutz

Beim Schild 71 biegen wir links ab und folgen in Bergen den Schildern 49 und 48 bzw. dem Fernradweg LF7, um nach Schoorl zu gelangen. Hier biegen wir bei 45 links ab und radeln durch das Naturreservaat der Schoorlse Duinen zur Küste. Hier bei der 46 links und weiter auf dem LF Kustroute nach Bergen aan Zee.

Wir folgen auf den ersten Kilometern den Radwegschildern des **Oeverlandradwegs**, der als LF7, wie der Name verrät, einmal quer durch Nordholland nach Amsterdam führt. Später begleitet uns die neue LF Kustroute (ehemals LF1).

Tipp: Unterwegs kommen wir durch das **Naturreservaat der Schoorlse Duinen**.

Unglaubliche 5 km breit sind die Dünen in dieser Region, darunter auch die 54 m hohe Radardüne. Keine ist höher in Holland! Also heißt es „absteigen vom Rad, das Rad sichern und ab mit den Füßen in den Sand".

Im Jahr 1906 wurde Bergen aan Zee gegründet, um den Einwohnern des Ortes Bergen ihr eigenes Seebad zu verschaffen. Heute gibt es hier Unterkünfte aller Preisklassen und nette Lokale. Besuchenswert ist auch das Seeaquarium.

Weiter geht´s von Bergen aan Zee auf dem LF Kustroute erst entlang der Küste, dann durch´s Hinterland, nach Egmond aan den Hoef. Bei Schild 31 links und via 32 und 33

Weiß und schlank ist der Leuchtturm von Egmond an Zee

nach Heiloo, wo wir wieder links abbiegen. Wir rollen wieder auf dem LF7, der uns zielsicher zurück nach Alkmaar bringt. Hier steuern wir den Bahnhof (Station) an, wo unsere Tour endet.

In Egmond aan den Hoef hatten einst die Grafen van Egmond ihren Sitz, was wir noch heute an der **Schlossruine** erkennen können.

Tipp: Bei Schild 4 oder kurz darauf bei 31 können wir einen kleinen Abstecher nach **Egmond aan Zee** unternehmen. Viele Touristen kommen jedes Jahr wieder hierher, um das Flair dieses kleinen aber feinen Ortes zu spüren. Kleine Häuschen, die genauso aussehen, wie wir uns das hier vorstellen, gruppieren sich zu einem hübschen Ortskern und auch das Foto von einem strahlend weißen und schlanken **Leuchtturm** können wir auf der Speicherkarte festhalten.

Die See ist rau und unberechenbar – das bekamen auch die Egmonder immer wieder zu spüren. Immer wieder gab es größere Überflutungen. Auch ein Grund dafür, dass es hier, wie auch in vielen anderen Orten an der Küste, sowohl einen Ortsteil gibt, der an der See liegt, und einen im Landesinneren. **Egmond-Binnen** heißt er in diesem Falle und geht auf eine alte Abtei zurück.

Tipp: In der „Kultural Corner" von Alkmaar finden wir Restaurants in außergewöhnlichem, teils sprödem, Ambiente. Ebenso liegt hier das tolle **Beatles-Museum**. Nicht nur für Beatles-Fans ist dies ein unvergessliches Erlebnis, doch diese kommen hier ganz besonders auf ihre Kosten: Schallplatten und Merchandise-Artikel, wohin wir sehen! Und welche Musik uns hier beschallt, ist auch klar!

Nachdem wir uns im Beatles-Kino von der Radtour erholt haben, kehren wir zurück in die **Innenstadt** und genießen die vorzüglichen Einkehr-Möglichkeiten von Alkmaar.

Kartentipp:
ADFC-Regionalkarte Nord-Holland/Amsterdam,
1:75.000, ISBN 978-3-96990-008-6, € 9,95
Digital für Smartphones und Tablets:
www.fahrrad-buecher-karten.de/rk-digital

5 Wie gehören Nordholland und Südamerika zusammen?

Rundtour von Hoorn über Enkhuizen

Niederlande-Touren-Info 5

ca. 46 km ohne Abstecher, gute, regionale Radweg-Beschilderung, teils Beschilderung als Fernradweg LF Zuiderzeeroute. Die Route führt meist über separate Rad- und Feldwege bzw. auf wenig befahrenen Nebenstraßen, einige Passagen auf losem Untergrund.

Start und Ziel: Bahnhof Hoorn

Info: Toeristen Informatie Punt Hoorn, Tel. +31 (0)229855761, www.hallohoorn.nl

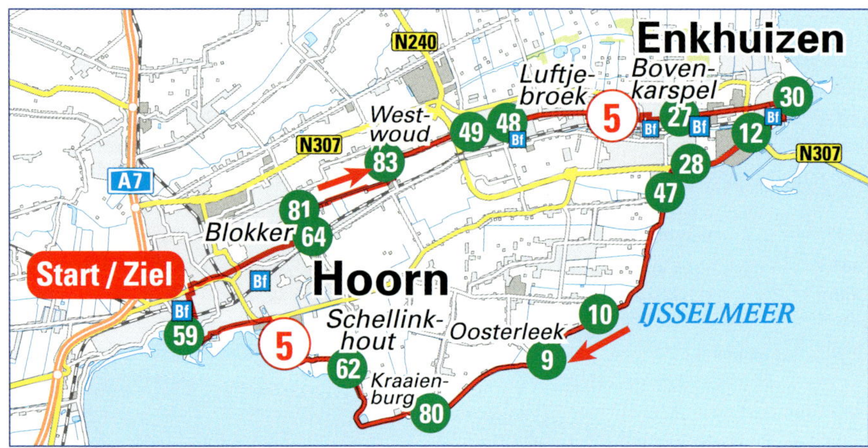

Die wunderschöne und historisch bedeutende Stadt Hoorn bildet das Intro zu einer abwechslungsreichen Rad-Runde. Auf der ersten Hälfte radeln wir durch weites, landwirtschaftlich geprägtes Land. Nachdem wir in Enkhuizen wieder in die Vergangenheit entführt wurden, verläuft der zweite Streckenteil stets in der Nähe des Ijsselmeers.

Unser Start- und Zielort Hoorn ist in vielerlei Hinsicht einzigartig: Von den 53 qkm Fläche sind 33 qkm mit Wasser bedeckt – und dennoch leben hier mehr als 70.000 Menschen. Und die genießen eine einzigartige Mischung aus historischen Gebäuden und maritimem Flair am Hafen.

Schon im 12. Jh. war in einigen Dokumenten von dem Ort zu lesen – woher der Name jedoch stammt, ist nach wie vor offen. So richtig Schwung in die Geschichte kam im Jahre 1602, als die **Niederländische Ostindien-Kompanie**, kurz VOC genannt, gegründet wurde. Sie war ein Zusammenschluss verschiedener Kompanien, die dafür sorgte, dass Handel, Festungsbau, Landerwerb aber auch Kriegsführung zusammengeführt wurden. Das meiste Geld wurde auf der „Gewürzroute" zwischen Europa und Hinterindien in die Kassen gespült. Hier in Hoorn war einer der Sitze der VOC, was den Wohlstand der Bürger garantierte.

Seefahrer? Da war doch noch was? Na klar: **Kap Hoorn**! Und dieser Name geht auf

Von Hoorn aus stachen berühmte Entdecker in See

den Seefahrer Willem Cornelisz Schouten zurück, der seinerzeit den südlichsten Punkt Südamerikas entdeckte und diesem einfach den Namen seines Heimathafens gab.

Tipp: In den Museen von Hoorn können wir uns lange aufhalten, denn alle haben ihren eigenen Reiz: Das **Westfries Museum** widmet sich der Historie der umliegenden Region, das **Dampfstraßenbahnmuseum** ist nicht nur etwas für Schienen-Fans und das **Museum van de Twintigste Eeuw** präsentiert uns Entwicklungen, die sich vorwiegend im 20. Jh. entwickelten. Alte Möbel, Elektronikartikel und vieles mehr entführen uns in unsere Kindheitsjahre.

Historische Gebäude entdecken wir auf dem Stadtgebiet von Hoorn an vielen Stellen, denn das alte Zentrum ist fast noch so erhalten, wie es im 17. Jh. entstand. Eines der eindrucksvollsten ist das **Hoofdooren**: Der „Hauptturm" wacht seit 1532 über den Hafen. Direkt nebenan legen auch öfters historische Schiffe an – wer mag, kann hier auch mitfahren. Toll ist auch der Blick von hier über den Hafen hinüber zur **Oude Doelenkade**: Eine Kaimauer mit stolzen Schiffen, darauf Tische und Stühle, beschützt von alten Häusern und eine strahlend weiße Klappbrücke schließt sich direkt an.

Auch rund um „**De ronde Steen**", einem der größeren Plätze von Hoorn, lässt es sich vor alten Hausfassaden trefflich einkehren. Dabei blicken wir dann auch auf die **Historische Käsewaage** mit ihrem unglaublich filigran gestalteten Dach.

Ansehen müssen wir uns unbedingt die **Grote Kerk**, die schon lange keine Kirche mehr ist. Anstatt sie abzureißen, wird sie inzwischen im Erdgeschoss als Kaufhaus genutzt, während die oberen Etagen als Wohnungen vermietet sind.

Los geht's am Bahnhof von Hoorn, den wir nach links über den Stationsweg verlassen, um rund 400 m später links in den Koepoortsweg, wieder 500 m weiter rechts in Vredehofstraat abzubiegen. Kurz darauf links in den Radweg, mit dem wir die breite Straße que-

5

ren, um dahinter rechts durch den Park weiter zu radeln. In grober Richtung rollen wir immer geradeaus, bis wir auf das Radwegeschild 64 treffen. Hier links, bei 81 rechts, 82 links, 83 rechts und dann geradeaus via 49, 48, 27 und 30 ins Herz von Enkhuizen.

Nachdem wir Hoorn durch einen Park verlassen haben, rollen wir durch die Ortschaften Blokker, Westwoud, Lutjebroek und Bovenkarspel, Alle vermitteln uns einen schönen Eindruck davon, wie hier seit Jahrhunderten Ortschaften entstanden und sich weiterentwickelten. Und immer wieder entdecken wir schöne **Windmühlen**, wie die Mühle „De Krijgsman" im Osten von Blokker. Die schönen kleineren **Bauernhofanlagen**, die noch in typischer „Pyramidenform" errichtet wurden, sind inzwischen oft in der Hand von „Privatiers", da die moderne Landwirtschaft größere Flächen fordert.

Tipp: In Enkhuizen dürfen wir es nicht versäumen, uns das **Flessenscheepjesmuseum** anzusehen. Wer es geschafft hat, den komplizierten Namen fehlerfrei auszusprechen, fragt sich: „Was ist denn wohl ein Flessenscheepjesmuseum?" In Norddeutschland würde man es mit „Buddelschiffmuseum" übersetzen. Hier stehen wir mit großem Staunen vor den Glasflaschen und bewundern die filigran gearbeiteten Schiffe im Innern. Natürlich erfahren wir im Museum auch, wie die Schiffe in die Flasche gelangen und mehr über die Geschichte des Hobbies, was viel Geduld und ruhige Finger erfordert.

Direkt vor dem Hafen von Enkhuizen liegt das **Navidukt Krabbersgat**, dessen Bedeutung wir bereits in der Tour zuvor beschrieben haben.

Weiter geht´s von Enkhuizen, das wir am Hafen entlang am Radschild 12 vorbei verlassen. Nun bleiben wir einfach stets in der Nähe des Ijsselmeers und folgen den Schildern 28, 47, 10, 09, 80, 62 und 59, wo wir rechts abbiegen und geradeaus auf unser Ziel zusteuern.

Hinter Enkhuizen rollen wir stets am Ufer des Ijsselmeers entlang. Am Wegesrand liegen wieder typische kleine Orte wie Oostergouw, De Weed, Oosterleek oder Kraaienburg.

Tipp: Unseren Weg entlang des Ijsselmeers begleitet uns der Fernradweg LF Zuiderzeeroute. Seit 2019 gibt es auch neue LF-Schilder im Feld. Die LF Maasroute, die LF Kustroute und die LF Zuiderzeeroute sind die ersten Routen mit dieser neuen Beschilderung. Die Zeichen sind etwas kleiner und haben einen einfachen, klaren Druck.

Das „Drommedaris" von Enkhuizen

Im Straßendorf Schellinkhout können wir uns das **Stadhuis** ansehen, das gemeinsam mit der Kirche ein schönes Fotomotiv abgibt. Bei unserer Fahrt auf dem **Deichweg** fragen wir uns immer wieder, warum dieser so kurvig verläuft. Die Erklärung liegt lang zurück: Der Deich entstand zwischen dem 11. und dem 13. Jh. Durch die vielen Sturmfluten brach er an verschiedenen Stellen immer wieder ein, so dass Ausbesserungen notwendig wurden. Für uns hat das aber auch den Vorteil, dass der Wind nicht immer von vorne bläst.

Kartentipp:
ADFC-Regionalkarte Nord-Holland/Amsterdam,
1:75.000, ISBN 978-3-96990-008-6, € 9,95
Digital für Smartphones und Tablets:
www.fahrrad-buecher-karten.de/rk-digital

6 Drehorgeln und PS-Boliden

Rundtour von Haarlem über Zandvoort

Niederlande-Touren-Info 6

ca. 39 km ohne Abstecher, gute, regionale Radweg-Beschilderung, ein kurzes Stück auf dem LF Kustroute. Die Route führt meist über separate Rad- und Feldwege bzw. auf wenig befahrenen Nebenstraßen, einige Passagen auf losem Untergrund.

Start und Ziel: Bahnhof Haarlem

Info: VVV Haarlem, Tel. +31 (0)235317325, www.visithaarlem.com

Nachdem wir die großartige Stadt Haarlem mit allen Sinnen ausführlich genossen haben, starten wir zu einer vielseitigen Rundtour. Zunächst rollen wir schnurgerade an den kilometerlangen Kanälen vorbei, ehe sich die Landschaft dramatisch verändert: Endlos erscheinen die herrlichen Dünen, durch die wir radeln, ehe wir ins fast schon mondäne Zandvoort kommen. Mit bestem Blick auf´s Strandleben kehren wir ein zu einem Mittagsimbiss oder einem Kaffee, bevor es den Radschildern folgend wieder retour nach Haarlem geht.

Idyllische **Grachten** umfließen die herrlichen historischen Gebäude der **Altstadt**, es gibt reichlich Einkehr- und **Shoppingmöglichkeiten** in ausgefallenen Boutiquen sowie eine Vielzahl von Museen. Wer nun glaubt, die Rede ist von Amsterdam, sieht sich getäuscht: Auch Haarlem bietet diese Fülle an Besuchenswertem, nur mit weniger Menschen auf den Straßen. Uns noch eines ist erstaunlich: Haarlem ist **eine der ältesten Städte** der Niederlanden, denn sie tauchte schon im 10. Jh. in den Geschichtsbüchern auf.

Erfürchtiger Blick hinauf zur Grote Kerk von Haarlem

Tipp: Zum Pflichtprogramm gehört das **Frans Hals Museum**. Die Ausstellung, die einem der berühmtesten Maler der Niederlande gewidmet ist, präsentiert uns einige seiner aufregendsten Werke – die Tiefe und Farbgebung ist einfach unglaublich. Sehr exotisch ist das **Draaiorgelmuseum** Haarlem, das im Jahr 1958 entstand, als für eine wirklich große Orgel aus Roermond eine neue Heimat gesucht wurde. Hier in Haarlem wurde für sie ein eigenes Fundament gegossen und im Laufe der Jahre kamen weitere Drehorgeln hinzu. Wer dann genug hat von den doch eher eigenwilligen Klängen, wechselt ins Historische **Museum Haarlem**.

Das Herz von Haarlem schlägt am **Grote Markt**, wo auch das **Denkmal** von L.J. Coster steht. Kennen Sie nicht? Immerhin hat er mit Gutenberg zusammen den Buchdruck erfunden! Coster steht nicht nur im Schatten des guten Theodor, sondern auch im Schatten der **Grote Kerk**, die genauso großartig ist, wie sie heißt. Im Innern schauen wir uns die **Orgel** an, die schon von Mozart zum Klingen gebracht wurde.

Das **Rathuis** erhebt sich auch an diesem tollen Platz – und zeigt uns seinen Glockenturm, der als Wahrzeichen Haarlems gilt. Wenn wir durch die teils engen Straßen und Gassen schlendern, kommen wir an der ehemaligen **Fleischhalle** und der ehemaligen **Fischhalle** vorbei. Heute bieten beide Gebäude einen würdevollen Rahmen für besondere Kunst. Und immer wieder entdecken wir ein weiteres der sogenannten **Hofjes**. Hier gruppieren sich kleine Häuser um einen meist begrünten Innenhof und spendieren den Bewohnern ein ganz spezielles Lebensgefühl.

Los geht's am Bahnhof von Haarlem, den wir zur Gracht heraus und dann nach rechts über die Straße Prinsen Bolwerk verlassen. Vor der

6

Beste Einkehrmöglichkeiten mitten in Haarlem

Brücke bei Radschild 23 links auf den Spaarndamseweg und einige Kilometer an Straße und Kanal entlang. Bei Schild 09 links, am nächsten Kanal entlang und an den Sportanlagen vorbei. Dahinter zunächst schräg links, dann mit der N208 über den Kanal und mit einer Schleife gleich wieder weg von der mehrspurigen Straße und wieder über zwei Brücke hinweg. Bei Schild 34 rechts und an der N208 links. Die Schilder 39 (links), 04 (links) und 92 (links) bringen uns in die Duin En Kruidberg. Im Zickzack rollen wir durch die Dünen, während uns die Schildern 06, 66, 18 und 79 nach Zandvoort geleiten.

Wir haben das **Stadtgebiet** von Haarlem noch gar nicht verlassen, da bekommen wir durch unsere Strecke an den Kanälen entlang einen weiteren guten Eindruck vom genialen Wasserbau der Niederländer. Auch an großen **Sportanlagen** kommen wir vorbei – wer Glück hat, kann ein Baseball-Spiel der Haarlem Sparks erleben. Hierzulande ist die Sportart deutlich populärer als in Deutschland.

Tipp: Etwas abseits unserer Strecke liegt der **Badeort** Bloemendaal aan Zee. Die Haarlemer kommen gerne hierher, um die Sommerfrische am Meer zu genießen.

Die Dünenlandschaft, durch die wir rollen, ist einfach einmalig – unglaublich schön, Sand, soweit das Auge reicht und im Ohr haben wir schon das Meeresrauschen. Duin En Kruidberg oder **Kennemerduinen** sind die wohlklingenden Namen dieses Naturschauspiels, das als **Nationalpark Zuid Kennemerland** unter Schutz gestellt wurde. Wer genau hinsieht, entdeckt in den Dünen grasende Hochlandrinder und Shetlandponys.

Weiter geht´s von Zandvoort, das wir vom Kreisel mitten in der Stadt auf der Straße namens Grote Krocht verlassen. An der Querstraße links und beim nächsten Kreisel schräg links auf dem kleinen Radweg, der weiter entlang der Burgemeester Nawijnlaan verläuft. Bei Schild 77 links, bei 37 rechts, bei 36 geradeaus, bei 21 links und bei 01 rechts und nach einem guten Stück bei 22 links. So gelangen wir wieder zurück zum Bahnhof von Haarlem, wo unsere Tour endet.

Nach Scheveningen ist Zandvoort die Nummer zwei auf der Hitliste der beliebtesten niederländischen **Badeorte.** Das war übrigens schon im 19. Jh. der Fall, als die ersten Erholungssuchenden, unter ihnen auch Österreichs Kaiserin „Sissi“, den Weg hierher an die Küste fanden.

Der Nationalpark Zuid-Kennemerland wirkt nur auf den ersten Blick wenig einladend

Die Lage ist aber auch ideal: Perfekt erreichbar von den größeren Städten des Landes finden wir hier eine kleine, aber sehr feine **Fußgängerzone** vor. In den Cafés und **Biergärten** lässt es sich bestens einkehren und beim Shopping findet man auch immer wieder außergewöhnliche Stücke. Auch Freunde des Motorsports werden sicherlich hier einen passenden Laden finden.

Tipp: Etwas außerhalb liegt die Erklärung für den merkwürdig klingenden Tourtitel: Mitten in den Dünen wurde nach dem Zweiten Weltkrieg der **Circuit Park Zandvoort** angelegt. Auf rund 4,2 km Länge rasen hier die Motorradpiloten um die teils engen Kurven des Rennkurses. Zwar gastiert die Formel 1 hier nicht mehr, dennoch gibt's für Freunde des PS-Sports mehr als genug zu erleben.

Kartentipp:
ADFC-Regionalkarte Nord-Holland/Amsterdam,
1:75.000, ISBN 978-3-96990-008-6, € 9,95
Digital für Smartphones und Tablets:
www.fahrrad-buecher-karten.de/rk-digital

Die Flaniermeile zieht sich ein wenig den Berg hinauf, kreuzt eine Straße und gibt den Blick frei auf das, was die Gäste immer wieder gerne hierher zieht: Der 15 km lange **Strand** mit feinstem Sand wird eingerahmt von größtenteils unter Schutz stehenden **Dünen**, die eine Fläche von 3.600 ha bedecken.

Und mehr noch: Am Strand zieht sich eine tolle **Promenade** entlang, die das **Casino** – wo wir übrigens mit Meerblick das Geld verjubeln können – mit zahlreichen Beachclubs und Strandcafés verbindet. Herrlich ist es, hier einzukehren!

7 Nördlich vom Noordzeekanaal

Rundtour von Zaandam über Beverwijk

Niederlande-Touren-Info 7

ca. 33 km ohne Abstecher, gute, regionale Radweg-Beschilderung. Die Route führt meist über separate Rad- und Feldwege bzw. auf wenig befahrenen Nebenstraßen, einige Passagen auf losem Untergrund.

Start und Ziel: Bahnhof Zaandam

Info: Gemeinde Zaanstad, Tel. +31 (0)75 681 6969, www.zaanstad.nl, www.holland.nl

Wir machen uns auf in eine weitere Zeitreise: Start ist im modernen Zaandam, das uns mit seinem phantastischen Hotel begeistert, in dem 70 typische Zaan-Häuser offenbar wild übereinander gebaut wurden. Nach einer abwechslungsreichen Tour durch die Region kommen wir zum Zaanse Schans. Hier wurden historische Mühlen, Häuser und vieles mehr aus der Region zusammengetragen, um uns einen Eindruck davon zu vermitteln, wie hier einst ein typischer Ort aussah.

Ein gewisser Peter Michailow erlernte um das Jahr 1697 herum über vier Jahren lang in Zaandam den Beruf des Schiffsbauers und des Zimmermanns. Was damals keiner ahnte: Der Zimmermann war niemand anders als **Zar Peter der Große**, der sich hier einer der härtesten, aber auch wichtigsten Ausbildungen der damaligen Zeit stellte. Zar Nikolaus II. wollte im Jahr 1911 an diese Zeit erinnern und schenkte der Stadt ein **Denkmal**, das ebenso an seinen Ahn erinnert wir das **Czaar-Peterhuisje**.

Bei dem Hotel in Zaandam reiben wir uns verwundert die Augen

Inzwischen werden hier keine Schiffe mehr gebaut und Zaandam wurde mit 8 anderen Ortschaften zur Gemeinde Zaanstad zusammengefasst.

Tipp: Was für ein Bau! Das dürfte wohl so ziemlich jeder ausrufen, wenn er zum ersten Mal vor dem phantastischen, bunt gestrichenen und mit unzähligen Giebeln versehenen Haus steht. Das **Hotel Zaandam** ist eine der neueren Sehenswürdigkeiten, aber ohne Frage eine der spektakulärsten. Im Jahre 2010 wurden fast **70 „Zaan-Häuser“** (die wir im Original später noch kennenlernen werden) „übereinandergestapelt“. Heraus kam eine Architektur, die modern und historisch zugleich ist. Wer also mal sehr ausgefallen übernachten möchte, ist hier genau richtig!

Einige der alten Mühlen sind zum Glück erhalten geblieben, wie die **Wassermühle De Opievaar**, die malerisch in der Nähe der **Südbrücke** steht oder die **Holzmühle** Held Josua. Toll anzusehen sind auch die Oud-Katholieke-Kerk und die **Accjinshuisjes.** Hier waren im 18. Jh. die Zöllner untergebracht. Schnell übersehen hat man die aufwändige Gestaltung der **Schleuse** von Zaandam, die mit den beiden Häuschen ein tolles Motiv abgibt.

Los geht's am Bahnhof von Zaandam, den wir nach links über den Houtveldweg verlassen. Wenig später biegen wir rechts in den kleinen Aris van Broekweg, der in den Westzanerdijk übergeht. Dieser verläuft parallel zum Wasserlauf „Dijksloot“ und bringt uns hinaus aus der Stadt. Ab Radwegeschild 69 bleiben wir schräg links versetzt in Richtung geradeaus, gleiches gilt an den Schildern 67, 10, 99, 07 und 08. Bei 39 links, 40 rechts und 37 wieder rechts. An der Ecke bietet sich nach links ein kurzer Abstecher ins Zentrum von Bewerwijk an.

Gleich zu Beginn der Tour bekommen wir einen weiteren tollen Eindruck dazu, welch hohen Stellenwert der Fahrradverkehr in den Niederlanden genießt, denn direkt neben unserem Weg steht das **Fietsenpakhuis**. Hier können wir unsere Fahrräder und andere Besucher ihre Roller und Mopeds sicher abstellen, um in der Stadt Shoppen zu gehen.

Die Region, durch die wir radeln, wird gerne als „**erstes Industriegebiet in Europa**“ genannt. Der Anblick muss im 17. Jh. einfach unglaublich gewesen sein: Hunderte

7

von Windmühlen prägten das Land und sorgten für die Produktion von Holzplanken, Senf, Kakao und vielem mehr.

Tipp: Es sind nur wenige Kurbelumdrehungen vom Radschild 37 ins Zentrum von Beverwijk. Schlank und auffällig steht er da, der Turm der **Grote Kerk**, die den Mittelpunkt der 40.000-Einwohner-Stadt markiert. Ansehen können wir uns auch den **Beeldenpark Een Zee van Staal**. Im Schatten eines großen Stahlwerkes entstand hier ein Skulpturenpark. Hier bewiesen die Künstler, dass man mit dem harten Werkstoff Stahl sanfte Formen schaffen kann – und so heißen die Monumente auch „Playing waves" oder „La Casa di Mare":

Der Zaanse Schans entführt uns in vergangene Tage

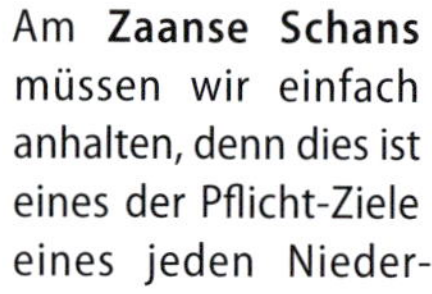

Weiter geht´s vom Radwegeschild 37 vor den Toren Beverwijks. An den Schildern 38, 66 und 68 geradeaus, am Schild 63 rechts und wenige Meter später schräg links am Bahnhof vorbei bis zum Flussufer. Für einen kleinen Abstecher radeln wir weiter über die Brücke zum Punkt 73 und erreichen Zaanse Schans. Wieder zurück über die Brücke fahren wir links auf der Hoogstraat parallel zum Fluss und hinter der Autobahn links wieder über die Zaan zum Schild 71. Links am Ufer entlang, bei 70 rechts und ab 55 zurück zum Bahnhof von Zaandam, wo unsere Tour endet.

Am **Zaanse Schans** müssen wir einfach anhalten, denn dies ist eines der Pflicht-Ziele eines jeden Niederlande-Besuchers. Privatleute sorgten dafür, dass **historische Gebäude** aus der Region nicht einfach abgerissen wurden, wenn sie nicht mehr benötigt wurden. Vielmehr zerlegte man sie sorgsam und baute sie an dieser Stelle wieder auf. Und zwar so perfekt, dass ein Ortsbild entstand, wie es einst im Zaanland üblich war. Grün getünchte Holzwände, ein rotes Ziegeldach, davor eine **Gracht** mit Brücke… genauso stellen wir uns die Region aus jeder Epoche vor. Natürlich können wir hier Andenken kaufen, aber dann bitte stilecht: Denn sogar einen originalgetreuen

Immer wieder entdecken wir andere Windmühlen-Konstruktionen

Kolonialwarenladen gibt es hier. Rund um die Häuser wird wie anno Dazumal Handwerk und Gewerbe betrieben, **Windmühlen** drehen sich im Wind und viele Menschen mit Tracht sind zu erkennen.

Tipp: Das **Zaans Museum** erzählt uns mehr von dieser Region, in der das Zeitalter der Industrie ins Leben gerufen wurde. Hier erfahren wir auch, dass es allein 250 Sägemühlen waren, auf denen hier Holz verarbeitet wurde.

Kartentipp:
ADFC-Regionalkarte Nord-Holland/Amsterdam,
1:75.000, ISBN 978-3-96990-008-6, € 9,95
Digital für Smartphones und Tablets:
www.fahrrad-buecher-karten.de/rk-digital

Am Zaanse Schans sind wir schon fast am Ende unserer Rundtour. Also warum nicht mal die Räder sichern und auf ein **Ausflugsboot** umsteigen? So können wir das alles aus einer noch interessanteren Perspektive betrachten. Und der Charme der Kapitäne ist in den Niederlanden sowieso unschlagbar!

8 Markige Tour um die Gouzzee

Rundtour von Edam über Monnickendam

Niederlande-Touren-Info 8

ca. 33 km ohne Abstecher, gute, regionale Radweg-Beschilderung, teils Beschilderung als Fernradweg LF21. Die Route führt meist über separate Rad- und Feldwege bzw. auf wenig befahrenen Nebenstraßen, einige Passagen auf losem Untergrund.

Start und Ziel: Großparkplatz am Stadtrand von Edam

Info: VVV Edam-Volendam, Tel. +31 (0)299 / 315125, www.vvvedamvolendam.nl

Diese Radtour ist eine echte Zeitreise: Schon in Edam und dem benachbarten Volendam entdecken wir viele historische Gebäude. Nachdem wir uns in Monnickendam mit geräuchertem Fisch gestärkt und dem Gegenwind auf dem Deich gestellt haben, tauchen wir ein ins Idyll von Marken, wo die Zeit stehen geblieben zu sein scheint. Den gelungenen Abschluss markiert dann eine kleine Schiffstour zurück nach Edam.

An einem Damm am Flüsschen Ee, so leitet sich der Name jener Stadt ab, die wir als Start- und Zielort dieser Tour festgelegt haben, doch eigentlich bringt sie jeder direkt mit Käse in Verbindung: Die Rede ist vom rund 7.000 Einwohner zählenden Städtchen Edam. Und in der Tat: Noch heute werden die Käselaibe per Boot gebracht und auf dem **Käsemarkt** feilgeboten. Auch wenn dieses Ritual nur noch für uns als Touristen durchgeführt wird – es gehört zu einem Besuch von Edam einfach dazu.

Neben dem Käsehandel war die Heringsfischerei einst eine wichtige Einnahmequelle in der Stadt. Und auch der Schiffsbau, denn hier in Edam wurden Teile der Kriegsflotte zusammengebaut, die später einen Sieg gegen die Engländer erringen sollte. Auch bei der Belagerung Alkmaars zeichneten sich Edamer aus und wurden von Willem von Oranien dafür 1573 belobigt.

Tipp: Bei der Geschichte und dem Städtenamen gehört der Besuch der **Käsewaage** natürlich zum Pflichtprogramm. Neben den „echten" Gewichten zur Vermessung der Käselaibe erfahren wir hier mehr darüber, wie aus Milch der köstliche Käse entsteht. Und probieren können wir ihn auch gleich.

Edam – mal maritim…

… mal blumig

Die Innenstadt von Edam können wir am besten genießen, wenn wir die Fahrräder abstellen und uns zu Fuß durch die teils engen kopfsteingepflasterten Straßen begeben. Dabei entdecken wir das **Raadhuis** am Damplein, das uns mit großartigen Wandmalereien im Innern und einer Kuppel am Dach empfängt. Gleich gegenüber liegt die **Damsluis**, die Schleusenbrücke mit ihrem filigranen Geländer. Und noch eine Besonderheit in der Nachbarschaft: Die Marienkirche suchen wir hier vergeblich, weil sie abgerissen wurde. Ihren Turm aber gibt es heute noch, denn hier werden die Glocken an Feiertag gespielt. Die **Grote Kerk**, auch Nicolaas Kerk genannt, gefällt uns ebenfalls mit den aufwändigen Glasmalereien.

Unsere weitere Fuß-Tour durch die Innenstadt bringt uns durch teils enge, verwinkelte **Gassen** mit tollen historischen Wohnhäusern, die sich im Wasser der **Grachten** spiegeln. Einer der Höhepunkte ist der alte **Hafen**, wo die Skipper gerne festmachen, weil sie hier quasi mitten in der Stadt sind.

8

Der Käsemarkt von Edam ist eine Touristenattraktion

Los geht's am Großparkplatz am Stadtrand von Edam, den wir über die Gracht hinweg auf der Straße „Matthijs Tinxgracht" verlassen. Direkt vor der nächsten querenden Gracht links auf der Straße „Voorhaven" und beim Hafen rechts über die beiden tollen kleinen Brücken – Vorsicht, es ist hier sehr schmal! Auf der anderen Seite angekommen, folgen wir weiter der kleinen Straße, die dem Kanal folgt und sich schließlich nach rechts an den Verlauf des Ijsselmeers schmiegt. Der Zuidpolderzeedijk begleitet uns, wenn wir an Volendam vorbei nach Monnickendam radeln.

Edam geht nahtlos in Volendam über, das sich inzwischen sehr dem Tourismus verschrieben hat. Es gibt hier aber auch wunderbare Fotomotive, denn die Bewohner tragen gerne noch **Tracht** und präsentieren sich damit gerne vor den **historischen Häusern**.

Tipp: Wie sah es einst in einer Wohnstube aus? Oder in einer Schule? Welche Tracht wurde zu welchem Anlass getragen? Dies und noch viel mehr erfahren wir im **Volendams Museum**, das mit den tollen Fensterläden schon von außen ein Hingucker ist.

Nachdem wir das Ufer des Ijsselmeers erreicht haben, rollen wir auf dem LF21, der den Verlauf des Ijsselmeeres nachzeichnet und bestens ausgebaut ist. Und so kommen wir rasch in den nächsten Ort.

Der Name lässt es erahnen: Mönche gründeten im 12. Jh. den Ort Monnickendam, der schon im Jahre 1355 die Stadtrechte erhielt. Durch seine perfekte Lage in der damaligen Zuiderzee entwickelte sich ein florierender **Hafenort**, der mit dem wachsenden Amsterdamer Hafen aber seine Bedeutung verlor. Heute wird er gerne von den Freizeitkapitänen angelaufen, die über das Ijsselmeer kreuzen. Wer nach der kurzen Strecke schon Hunger verspürt, kann diesen gleich am Hafen stillen, denn Monnickendam ist bekannt für seine **Fischräucherei**. Bei unserer Stadtbesichtigung kommen wir auch am **Waterlandsmuseum de Speeltoren** vorbei. In jeder Stunde entdecken wir am Spielturm eine Reitergruppe, während unten im Haus die regionale Geschichte präsentiert wird.

Weiter geht´s von Monnickendam, das wir am Waterlandse Zeedijk entlang verlassen, um am Radschild 54 links abzuzweigen Richtung Marken. Die Schilder 53 und 52 bringen uns zum langen Deich, über den wir hinüber nach Marken rollen. Hier steuern wir den Hafen an und lassen uns mit der Fähre bequem wieder nach Volendam hinüber-

Der Leuchtturm Paard van Marken gehört zum Pflichtprogramm

schippern. Dort angekommen, fahren wir auf derselben Strecke wieder zu unserem Parkplatz in Edam zurück, auf der wir herkamen.

Rund 1,6 km lang und 36 m breit ist der **Deich**, über den wir nun Richtung Marken rollen. Dabei merken wir rasch, dass auch am Ijsselmeer ein rauer Wind wehen kann, der sich beim Radeln in unseren Waden deutlich bemerkbar macht. Unser Ziel ist ein Ausflug in längst vergangene Zeiten.

Der große Parkplatz am Ortseingang lässt es erahnen: Diese Idylle wird gerne besucht – und zwar von bis zu 1 Million Gästen pro Jahr. Wir sollten also möglichst nicht an Sonn- oder Feiertagen hierher kommen!

Tipp: Ganz allein werden wir auch hier nicht sein, aber einen Abstecher zum **Leuchtturm Paard van Marken** sollten wir uns nicht entgehen lassen. Der strahlend weiße Turm wurde 1839 erbaut und das Wohnhaus daneben ist – natürlich – im typischen Grün gehalten.

Nachdem wir Deich und Parkplatz hinter uns gelassen haben, schauen wir uns um auf der 2,68 qkm großen Insel, wo gerade einmal knapp 2.000 Menschen leben. Einige von ihnen wohnen in einem ganz besonderen Umfeld, denn das einstige **Fischerdorf** Marken konnte so erhalten werden, wie es einst aussah: Wunderschöne, meist **grün gestrichene und mit Holz verkleidete Häuser** gruppieren sich um den **Hafen**, der nicht nur von „unserer" Fähre, sondern auch von Wassersportlern gerne genutzt wird. Wer sich den Gassen widmet, die etwas abseits des Hafens liegen, findet dann doch seine Ruhe und trotzdem schöne Fotomotive und vielleicht auch das eine oder andere Souvenir.

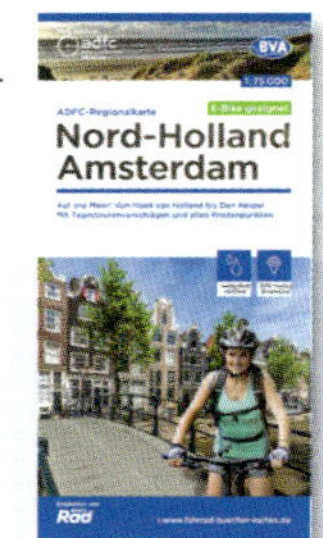

Kartentipp:
ADFC-Regionalkarte Nord-Holland/Amsterdam,
1:75.000, ISBN 978-3-96990-008-6, € 9,95
Digital für Smartphones und Tablets:
www.fahrrad-buecher-karten.de/rk-digital

9 Amsterdams hipper Norden

Rundtour von Amsterdam über Zuiderwoude

Niederlande-Touren-Info 9

ca. 40 km ohne Abstecher, gute, regionale Radweg-Beschilderung, teils Beschilderung als Fernradweg LF7 bzw. LF Zuiderzeeroute. Die Route führt meist über separate Rad- und Feldwege bzw. auf wenig befahrenen Nebenstraßen, einige Passagen auf losem Untergrund.

Start und Ziel: Hauptbahnhof Amsterdam

Info: I Amsterdam Visitor Centre, Tel. +31 (0)793633970 , www.iamsterdam.com

Diese Tour kostet Überwindung, sich in Amsterdam auf die Fahrräder zu schwingen und los zu radeln. Der Grund: Amsterdam ist einfach sooo schön! Entlang der funkelnden Grachten erheben sich zahlreiche historische Hausfassaden, ausgefallene Museen buhlen um unseren Besuch, es gibt Shopping- und Einkehrmöglichkeiten ohne Ende und wem das alles mal zu trubelig wird, der besucht einen Park. Dennoch machen wir uns auf, um einen Abstecher in den Norden Amsterdams zu unternehmen, der sich so ganz anders und doch wunderschön präsentiert.

Schon der Amsterdamer **Hauptbahnhof** ist die erste Attraktion unserer Stadtbesichtigung: Wenn wir nicht wüssten, dass es sich hier um die 1889 auf einer Insel erbaute Centraal Station handelt, könnten wir auch mutmaßen, vor einem prachtvollen Schloss zu stehen.

Von hier machen wir uns auf zu einer Reise in eine andere Welt, so wie es pro Jahr 18 Millionen Touristen auch erleben. Ja, allein werden wir hier meist nicht unterwegs sein, wenn wir die Stadt der Superlative erkunden: Mehr als **8.000 Baudenkmäler**, **160 Grachten**, die von über **1.000 Brücken** überspannt wer-

Amsterdam – zu Land und zu Wasser einfach wunderschön!

den und so die **90 Inseln** verbinden. Die Häuser selbst stehen auf **Pfählen**, die bis zu 18 m tief durch Schlamm und Moor in den Sand getrieben wurden. **Hunderte von Hausbooten** dümpeln in den Kanälen, während sich die Ausflugsboote ihren Weg durch die teils engen Wasserwege bahnen.

Tipp: Wir haben die Wahl zwischen vielen erstklassigen Museen, die einen Tag schnell vergehen lassen. Wir müssen uns entscheiden, denn es gibt so viel zu sehen, z.B. im Tulip Museum, Cheese Museum, **Rembrandthuis**, van Gogh Museum, Amsterdam Museum, **Madame Tussauds**, Woonboot Museum, Bijbles Museum, Tropenmuseum und natürlich ganz besonders dem **Rijksmuseum**, das auf dem Pflichtprogramm stehen sollte. Komplett „exotisch" sind das **Hash- Marihuana & Hemp Museum**, das Sexmuseum oder die **Heineken Experience**, die Bezug auf das leckere Bier nimmt. Hochprozentiger wird's dann im **House of Bols**, das uns in die Welt der Liköre entführt.

Vorbeischlendern müssen wir an den drei berühmtesten Grachten: **Heren-, Keizers- und Prinsengracht** gehören zum geschützten Grachtengürtel und eröffnen uns die Möglichkeit, uns an wunderbaren alten **Grachtenhäusern** satt zu sehen. Viele von ihnen sind sehr schmal, was an der damaligen zu zahlenden Abgabe lag. Daher sind die Treppen äußerst eng, so dass die Möbel meist von außen über Flaschenzüge hinein gehievt wurden. Da haben wir den Grund, warum die Fassaden nach vorne geneigt sind.

Tipp: An der Prinsengracht finden wir auch das wichtigste Museum der Stadt: Im **Anne-Frank-Haus**, erleben wir die dramatische Geschichte jenes Mädchens hautnah nach. Ein Schauer läuft uns den Rücken hinunter, wenn wir jene Kammer sehen, in der das berühmteste Tagebuch der Welt entstand, das in 60 Sprachen übersetzt wurde.

Wir schauen uns das **Koninklijk Palais** an, wo die Staatsoberhäupter residieren, keh-

Fotografieren ist schneller, aber das Bild ist schöner!

ren auf einem der Märkte ein, die es gefühlt jeden Tag und an jeder Ecke gibt und lassen uns nieder zu einem Tässchen Kaffee, um die ganze Szenerie auf uns wirken zu lassen. Und vielleicht sehen wir uns auch das Umfeld der **Oude Kerk** an, denn auch das steht bei fast allen Besuchern auf dem Plan – ein Rotlichtviertel rund um eine Kirche, das gibt's auch nicht überall.

Irgendwann stellen wir fest: Es gibt dermaßen viel zu sehen, dass wir mehrere Tage in Amsterdam verbringen müssen. Dann bleibt auch die Zeit, sich auf die Räder zu schwingen und unserer Tour zu folgen.

Los geht's am Hauptbahnhof von Amsterdam, den wir zur Rückseite hin verlassen, wo uns das Radwegschild 05 und die Fähre empfangen. Mit der Fähre setzen wir über und radeln dahinter ein Stück geradeaus weiter am Noordhollandsch Kanaal entlang, den wir mit der nächsten großen Brücke überqueren. Am Ende der Brücke links, an der großen Kreuzung geradeaus und dann entlang der Straße Nieuwendammerdijk. Nachdem wir insgesamt rund 6,5 km zurückgelegt haben, zweigen wir bei Radwegschild 47 links ab und gelangen via 45, 43, 42, 76, 75 und 57 nach Zuiderwoude.

Kaum sind wir auf dem anderen Ufer der Ijs von der Fähre gerollt, kommen wir uns vor wir in einer anderen Welt, denn es gibt deutlich weniger Touristen und in den ehemaligen **Werften** entdecken wir die kreative Seite Amsterdams. Drum herum erheben sich phantastische Neubauten, wie das **A´dam Toren**. Wer völlig übermütig ist, fährt nach oben und nutzt **Europas höchste Schaukel**.

Tipp: Das **EYE Filminstitut**, das nicht ohne Grund „der weiße Wal" genannt wird, ist einen Besuch wert. Im Innern des außergewöhnlichen Gebäudes finden wir ein Filmmuseum, das die Historie des Films komplett nachzeichnet.

Auf unserer weiteren Tour entdecken wir einige grüne Flecken neben unserer Strecke, während wir dem **Noordhollandsch Kanaal** folgen. Der Eindruck bleibt uns erhalten, denn nachdem wir den Kanal überquert haben, liegen rechterhand der Park **Vliegenbos** bzw. der **Volkstuinpark Buitenzorg**.

Kunst und Grün im Vliegenbos

In Zuiderwoude kommen wir uns vor, als wären wir nach der nur kurzen Strecke schon in einer anderen Welt: Kleine Kanäle, bunte kleine Holzhäuschen, eine strahlend weiße Zugbrücke. Nichts fehlt in der typisch niederländischen Welt.

Weiter geht´s von Zuiderwoude, das wir von Schild 57 zum Schild 54 verlassen. Hier rechts, bei 53 geradeaus, bei 52 rechts und dann rollen wir entspannt am Ijsselmeer entlang. Den Schildern 77, 79, 47, und kommen wieder zum Schild 47. An der 46 vorbei und links mit der Brücke über das Wasser hinweg. Ein Stück weiter entlang der Straße und hinterm Campingplatz rechts bzw. beim Schild 52 links. Wir folgen der Ausschilderung zum Punkt 5, die uns parallel zur Straße bzw. zu den Schienen zurück zum Hauptbahnhof Amsterdams bringt, wo unsere Tour endet.

Unser Radweg folgt für mehrere Kilometer dem Verlauf des Ijsselmeers. Dabei passieren wir Uitdam, das sich zu einem herrlichen Urlaubsort entwickelt hat. Tolle **Ferienhäuser**, davor perfekte **Anlegestege** für Freizeitkapitäne und einen **Strand** gibt es auch direkt beim Jachthafen.

Der Ort mit dem verheißungsvollen Namen Holysloot liegt etwas linkerhand unseres Radweges. Der Abstecher lohnt sich, denn wir finden hier mit **Zugbrücke**, kleinen Siedlungshäusern und ganz viel Wasser weitere Fotomotive.

Das gilt auch für Durgerdam, wo die Häuser in Reih und Glied stehen und besonders schöne Giebel haben. Die **Kirche** steht in einer sehr exponierten Lage am Ijsselmeer.

Zum Ende der Tour wird es spannend, wenn wir mit der **Brücke**, auf dem der **Zuiderzeeweg** verläuft, die Binnenijssel überqueren. Unter uns verläuft der 946 m lange **Zeerburgertunnel**.

Kartentipp:
ADFC-Regionalkarte Nord-Holland/Amsterdam,
1:75.000, ISBN 978-3-96990-008-6, € 9,95
Digital für Smartphones und Tablets:
www.fahrrad-buecher-karten.de/rk-digital

10 Faszinierender Abschlussdeich

Rundtour von Harlingen über Zurich

Niederlande-Touren-Info 10

ca. 40 km ohne Abstecher, gute, regionale Radweg-Beschilderung, teils Beschilderung als Radfernweg LF Kustroute. Die Route führt meist über separate Rad- und Feldwege bzw. auf wenig befahrenen Nebenstraßen, einige Passagen auf losem Untergrund.

Start und Ziel: Bahnhof Harlingen

Info: VVV Harlingen, Tel. +31 (0)517430207, www.harlingenwelkomaanzee.nl

Herrlich: **Historische Segelboote** schaukeln im **Hafen**, drum herum flanieren die Besucher vor sehenswerter Kulisse und wir kehren ein, um die regionale Küche zu genießen. So werden wir in Harlingen empfangen, der einzigen Stadt mit Hafen, die am Wattenmeer liegt.

Tipp: Wer Zeit und Lust, vor allem aber, wem der Sinn nach viel Ruhe und Erholung steht, der steigt auf eine der Fähren und lässt sich von Harlingen aus auf die Inseln **Terschelling** oder **Vlieland** übersetzen, die im niederländischen Wattenmeer liegen.

Der Abschied aus Harlingen fällt schwer, denn die kleine Hafenstadt im hohen Norden des Landes ist einfach wunderschön. Gut, dass wir am Ende der Tour wieder hierher zurückkehren, um alles nochmals genießen zu können. Dazwischen liegt eine entspannte Radtour, die im ersten Teil stets am Deich und im zweiten Teil durch das sehr beschauliche Hinterland verläuft.

Die Innenstadt Harlingens präsentiert uns eine bestens erhaltene Altstadt mit stolzen **Giebelhäusern**. Mittendrin erhebt sich das **Stadthuis** mit seinem prunkvollen Ratssaal. Gar nicht weit entfernt steht seit 1775 die **Grote Kerk**. Sie steht genau an der Stelle, wo einst Harlingen auf einer Warft gegründet wurde. In einem der ältesten Häuser der Stadt finden wir das **Museum Hannemahuis**.

Harlingen ist ein Hot-Spot für Segler

Schiffsmodelle, Gemälde und vieles mehr entführen uns in eine vergangene Zeit.

Los geht's am Bahnhof von Harlingen, den wir nach links zum Kreisel hin verlassen. Durch diesen geradeaus und weiter bis zum Hafen. Dort bei Schild 51 links und immer am Deich entlang bis Zurich.

Unser Radweg begleitet den Verlauf des Caspar De Roblesdijk und den Verlauf der Autobahn. Jenseits der A31 liegt Kimswerd mit seiner stolzen **St. Lawrence Church**. Auch die **Windmühle De Eendracht** bietet ein schönes Fotomotiv.

So kann´s gehen: Nach kurzer Radelzeit sind wir von Nordholland in der Schweiz? Doch nicht, denn „unser" **Zurich** hier schreibt sich anders und hat auch nur knapp 200 Einwohner. Und es liegt malerisch am hohen Deich, der es vom brausenden Wattenmeer auf der anderen Seite schützt.

Weiter geht´s von Zurich, wo wir den LF Kustroute bei Schild 59 nach links verlassen. Nachdem wir die A31 gequert haben, ein Stück zurück und bei 53 weiter nach Pingjum. Via Witmarsum und Lollum gelangen wir nach Tzum. Hier bei Schild 72 links und durch Hitzum wieder zurück nach Harlingen, wo unsere Rundtour am Bahnhof endet.

Bei Zurich haben wir auch die Gelegenheit, uns ein Ende des unglaublichen **Abschlussdeichs** anzusehen. Er trennt auf 32 km das Ijssel- vom Wattenmeer ab. Mehr darüber erfahren wir auf unserer Tour rund um Den Oever.

Tipp: Bei Tzum können wir einen lohnenswerten Abstecher ins Herz von Franeker unternehmen. Die von **Grachten** durchzogene Stadt ist seit dem 11. Jh. ein echtes Juwel. Im **historischen Stadtkern** sind wir von der filigranen Schönheit des **Rathauses** überwältigt und auch die Martinikirche weiß zu gefallen. Das Highlight aber ist das **Königliche Eise-Eisinge-Planetarium.** Es ist vermutlich das älteste Planetarium der Welt!

Etwas mehr als 1.000 Einwohner zählt der Ort Tzum, der zum Schutze vor Überflutungen auf einer **Warft** errichtet wurde. Fotografieren müssen wir den **Kirchturm**, denn einen höheren gibt es weit und breit nicht.

Kartentipp:
ADFC-Radtourenkarte NL1 Niederlande-Nord,
1:150.000, ISBN 978-3-87073-946-1, € 9,95

11 Tänzerin, Liebhaberin oder doch Spionin? Wer war Mata Hari?

Rundtour von Leeuwarden über Grou

Niederlande-Touren-Info 11

ca. 57 km ohne Abstecher, gute, regionale Radweg-Beschilderung. Die Route führt meist über separate Rad- und Feldwege bzw. auf wenig befahrenen Nebenstraßen, einige Passagen auf losem Untergrund.

Start und Ziel: Bahnhof Leeuwarden

Info: VVV Leeuwarden, Tel. +31 (0)582347550, www.visitleeuwarden.com

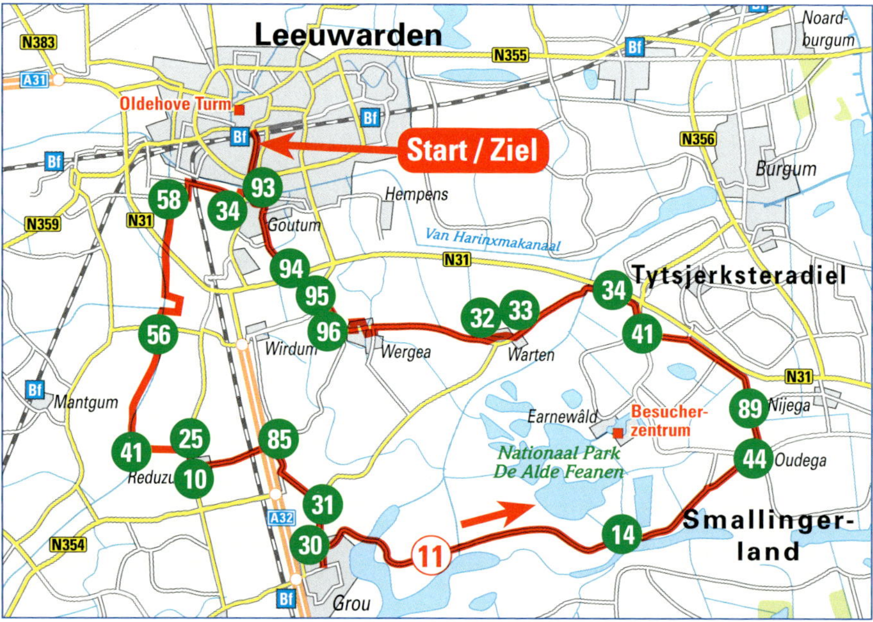

Wir sind ein weiteres Mal in der Provinz Friesland unterwegs. Hier können wir uns bei den Einwohnern schon beliebt machen, wenn wir unseren Start- und Zielort Leeuwarden richtig aussprechen: „Le-u-warden" begeistert uns zudem mit viel Sehenswertem – nicht umsonst wurde es 2018 zur europäischen Kulturhauptstadt gekürt. Unsere Rundtour führt uns in eine richtig „feuchte Gegend", die teils als Nationaal Park De Alde Feanen unter Schutz gestellt wurde.

Im Jahre 1435 schlossen sich drei umliegende Siedlungen zur „neuen" Stadt Leeuwarden zusammen. Und das lohnte sich, denn in der Folge nahm der Handel im Ort deutlich zu und der Stadthalter von Friesland wählte Leeuwarden für seinen Amtssitz. Nachdem der Seehafen wegen Versandung verloren ging, sank auch die Bedeutung der Stadt. Das änderte sich spätestens 2018, als Leuuwarden zur **Europäischen Kulturhauptstadt** geadelt wurde. Die Impulse, die seinerzeit gesetzt wurden, sehen

In Leeuwarden speisen wir fast schon im Wasser

wir noch heute: In frischem Gewand präsentieren sich die rund **600 Denkmäler**, die sich auf dem Stadtgebiet versammeln.

Tipp: Ansehen müssen wir uns unbedingt den **Oldehove Turm**. Er wurde als Kirchturm konstruiert, doch schon beim Bau bemerkte man, dass der Untergrund dies nicht zuließ. Der untere Teil des Turms wurde schon „schief" gemauert, um das Absinken auszugleichen, später wurde der Turm schiefer und auf eine weitere Bebauung wurde verzichtet. Der **Aufstieg** auf den 40 m hohen Turm lohnt sich also nicht nur wegen der großartigen Aussicht!

Zu den sehenswerten Gebäuden gehört auch das **Stadthuis**, das 1715 im schmucken Barock errichtet wurde. Im Innern lohnt sich ein Blick nach oben, denn die Bildnisse wichtiger Persönlichkeiten der Stadt wurden unter der Decke verewigt.

Vielleicht nicht die wichtigste, aber die vermutlich berühmteste Persönlichkeit war **Mata Hari**. Sie wurde 1876 als Tochter des Hutmachers Zelle geboren. Die Stadt war ihr schnell zu „eng" und so heiratete sie mit 18 den 38-jährigen Offizier MacLeod, um mit ihm in die niederländische Überseeregion auszuwandern. Nach der Scheidung startete sie eine einmalige Karriere als Tänzerin und Liebhaberin. Dass sie sich dabei den Namen Mata Hari zulegte und eine indonesische Geschichte dazu dichtete, war nur der Anfang. Mit ihrer Schönheit und Freizügigkeit eroberte sie die Herzen vieler Militärs, Politiker und anderer wichtiger Personen. Als Agentin H21 soll sie für die Deutschen spioniert und im Ersten Weltkrieg sogar als Doppelagentin fungiert haben. 1917 halfen alle gegenteiligen Beteuerungen nichts – Mata Hari wurde durch die Franzosen zum Tode verurteilt und erschossen.

Und so gehört das **Geburtshaus** von Mata Hari an der **Gracht** namens De Kelders zu den „Muss-Sehenswürdigkeiten". Auch das **Museum He Princessehof** sollten wir uns ansehen, denn die in einem Adelshaus untergebrachten Exponate wie Keramiken sind außergewöhnlich. Wem das dann doch „zu fragil" ist, der besucht das **Fries Museum**, das auf die Kulturgeschichte der Region eingeht.

11

Los geht's am Bahnhof von Leeuwarden, den wir nach links über den Hollanderdijk verlassen. An der nächsten Ecke rechts in die Straße „Schrans" und mit dieser durch die Rechtskurve. Nun immer geradeaus aus der Stadt heraus, über den Van Harinxmakanaal hinweg und direkt dahinter mit einem Linksbogen unter der Hauptstraße durch. Am Punkt 34 biegen wir rechts ab, bei 58 links, fahren bei 56 geradeaus, bei 41 links, 25 rechts, 10 links und hinter der Autobahn bei 85 rechts. Noch einmal bei 31 rechts abbiegen gelangen wir bei Punkt 30 nach Grou.

Etwa 5.600 Einwohner fühlen sich im Örtchen Grou wohl, das am **Prinses Margrietkanaal** liegt. Im Niederländischen lautete der Ortsname übrigens Grouw. Erst seit 1989 verwendet man den westfriesischen Namen Grou.

Tipp: Wer Zeit und Lust hat, folgt den Knotenpunkten 45-46-42-92-70-74-77-86-34 (-33) noch weiter in südlicher Richtung. Auf besten Wegen gelangen wir so nach Heerenveen. Die recht große Stadt lockt mit einer **Shoppingmeile** zum entspannten Einkaufen und Einkehren. Schön anzusehen sind das turmgeschmückte **Gemeentehuis** und das **Herrenhaus** Crackstate.

Ein längerer Stopp sollte in Grou auf alle Fälle eingeplant werden, denn im Ortszentrum finden wir wunderschön verzierte **Backsteinhäuser**, die sich farblich perfekt an die **Kirche Sint Pieter** anpassen. Auch der **Hafen** lockt zu einem Aufenthalt, vielleicht sogar mit einer Einkehr und einem Blick auf das geschäftige Treiben auf dem Wasser.

Weiter geht´s von Grou, das wir vom Radschild 30 ein Stück zurück fahrend verlassen. Rechts in „Garde Jagerswei", das sich kurvig durch das Industriegebiet und vorbei an dem Jachthafen schlängelt und in „Yn´e Litje" übergeht. Diese endet vor dem Wasser. Also rauf auf die Fähre und übergesetzt. Dahinter bleiben wir auf unserem Radweg, der nach einer weiteren kurzen Fährfahrt an Sitebuören vorbeiführt. An Schild 14 geradeaus, in Oudega bei Schild 14 links-rechts-links, bei 89 geradeaus, ein Stück parallel zur N31, bei 41 rechts, der Straße mit dem Linksbogen folgen, bei Punkt 34 der Straße weiter rechts folgen, über den Fluss, durch Wartena hindurch (Knotenpunkt 33 + 32) und weiter geradeaus nach Warga. Am Ortsende bei 96 geradeaus, ebenso bei 95 und 94, durch Goutum, beim Punkt 93 wieder auf die Hauptstraße über den Kanal und dann rollen wir zielstrebig wieder ins Zentrum von Leeuwarden zurück, wo unsere Rundtour am Bahnhof endet.

Im Jahre 2006 wurde der **Nationaal Park De Alde Feanen** gegründet. Seitdem werden die großen Wasserflächen, Heideregionen und Moore besonders geschützt. Das war auch

Wasser, Moor und Heide prägen den Nationaal Park De Alde Feanen

sinnvoll, denn dort, wo es **Moore** gibt, wird auch Torfabbau betrieben. In dieser Gegend sogar schon seit rund 3.500 Jahren. Wenn wir Glück haben, können wir einen der putzigen **Otter** bei seiner „Arbeit" beobachten.

Tipp: Mehr über den Nationaal Park De Alde Feanen erfahren wir im **Besucherzentrum**. Hier bekommen wir auch detaillierte Karten für Exkursionen per pedes oder per **Kanu**. Toll gemacht ist die interaktive Gestaltung des Besucherzentrums, wo wir „mit allen Sinnen" erfahren, was diesen Nationalpark ausmacht.

Kartentipp:
ADFC-Radtourenkarte NL1 Niederlande-Nord, 1:150.000, ISBN 978-3-87073-946-1, € 9,95

Nachdem wir den Nationalpark wieder verlassen haben, passieren wir nochmals den **Prinses Margrietkanaal**, der ein weiteres Beispiel der beeindruckenden Wasserbaukunst hier in den Niederlanden ist. Er durchschneidet auf 65 km Länge seit 1938 diesen Teil von Friesland, um eine schiffbare Verbindung zwischen Lemmer und Groningen zu schaffen. 1965 wurde die Fahrrinne nochmals vertieft, damit größere Schiffe auf ihm fahren können.

12 Warmradeln im hohen Norden

Rundtour von Uithuizen über den Emshafen

Niederlande-Touren-Info 12

ca. 38 km ohne Abstecher, gute, regionale Radweg-Beschilderung, teils Beschilderung als Dollard-Route, sowie als Fernradweg LF Kustroute. Die Route führt meist über separate Rad- und Feldwege bzw. auf wenig befahrenen Nebenstraßen, einige Passagen auf losem Untergrund.

Start und Ziel: Bahnhof Uithuizen bzw. Uithuizermeeden

Info: Touristische Informatie Groningen, Tel. +31 (0)50 / 3139741, www.visitgroningen.nl

Eine unserer ersten Tour in den Niederlanden führt uns natürlich auch durch die nördlichste Region dieses wundervollen Landes. Und hier treffen wir auch schon auf erste Herausforderungen: Die Ortsnamen lassen sich teils gar nicht mal so leicht aussprechen! Dafür ist die Orientierung erste Klasse: Die Radwege sind bestens ausgebaut und oftmals gekennzeichnet mit Nummern. Und weil es so schön ist, wird´s gleich noch besser: Auch die Beschilderung der Fernradwege „Dollardroute" und „Waddenzeeroute" belgeiten uns auf weiten Teilen des Rundkurses.

Wir sind in der Provinz namens Groningen unterwegs, die nicht nur die nördlichste, sondern auch eine der ältesten niederländischen Provinzen ist. Aufgrund des fruchtbaren Bodens wird hier viel **Landwirtschaft** auf teils weitläufigen Höfen betrieben. Einst erstreckten sich hier ausgedehnte **Moorgebiete**, die entwässert und damit für den Menschen nutzbar gemacht wurden. Die Region ist recht dünn besiedelt, so dass wir schon bei der ersten Tour über längere Strecken nur wenigen Menschen und damit auch wenigen Autos begegnen. Eine ideale Landschaft zum „Entschleunigen".

Und wir beginnen gleich mit einer „weniger sportlichen" Herausforderung: Wer schafft es, unseren Start- und Zielort namens „Uithuizen" fehlerfrei auszusprechen? Also hier zum ersten Üben: „Öithöisen" lautet die korrekte Aussprache.

Die Menkemaborg ist ohne Frage eine der schönsten Burgen des Landes

Tipp: Bei Uithuizen müssen wir uns unbedingt ausführlich der **Menkemaborg** widmen, die ohne Frage eine der schönsten Burgen Nordhollands ist. Malerisch schmiegen sich die drei Hauptgebäude aneinander gekuschelt um einen **Wassergraben**. Sie entstanden zwischen dem 15. und dem 17. Jh., um dem friesischen Bauernadel eine standesgemäße Wohnstätte zu bieten. Im Innern der Burg finden wir wertvolle Fayencen, Möbel und andere Gegenstände, während uns die umliegenden **Gärten** in ein Blütenmeer entführen. Wo einst die Dienstboten wohnten, können wir heute bestens speisen – **Schathoes** nannten sich die Wohnungen einst die nun als Restaurant genutzt werden.

Die Gemeinden Uithuizermeeden und Uithuizen war lange Zeit eigenständig, ehe sie 1979 als Gemeinde Hefshuizen zusammengeschlossen wurden. Später kamen weitere Orte hinzu und seit 1992 ist der Name „**Eemsmond**" nicht nur auf dem Papier vorhanden. Er gibt uns auch schon einen Hinweis darauf, dass wir in der Region unterwegs sind, wo die **Ems** in die Nordsee mündet. Ansehen müssen wir uns auch die schöne **Mühle** von Uithuizen, die auf den Namen „De jonge Jan" getauft wurde.

Los geht's am Bahnhof von Uithuizermeeden, den wir nach rechts auf der Stationsstraat und an der nächsten Ecke wieder rechts entlang der Hoofdstraat verlassen. Dann machen wir zum ersten Mal Bekanntschaft mit der tollen Radwege-Beschilderung der Niederlande: Ein Teil unserer Tour ist als „Dollard-Route" mit einem DOLL markiert, weiterhin können wir uns an den „Nummernschildern" bestens orientieren. Bei dieser Tour folgen wir den Schildern 74, 65 ,64 und 45 in grober Richtung geradeaus, um bei 76 rechts abzubiegen. An der 59 links direkt bei der 60 rechts und an der 61 wieder rechts. So gelangen wir an den Verlauf der Nordseeküste, dem wir via 68 und 69 nach 43 am Emshafen folgen.

12

Die Ortsnamen bleiben kompliziert, denn nach wenigen Minuten durchradeln wir „´t Lage van de Weg“ und später „Usquert“.

Und genau dieses Örtchen Usquert empfängt uns komplett von Deichen umgeben mit seinem prachtvollen **Rathaus**. Hendrik Petrus Berlage zeichnete sich für den Bau verantwortlich – es sollte eines seiner letzten Projekte werden, nachdem er sich auch schon an der Amsterdamer Börse verewigt hatte. Die Geschichte von Usquert geht übrigens noch viel weiter zurück, denn einst gab es hier einen Johanniterorden. Der war an der Stelle ansässig, wo heute zwei große **Bauernhöfe** stehen. Einer von ihnen, der Kloosterijtwerd, erinnert vom Namen und vom Kamin her an jene Zeit. Sehenswert sind auch die **Kirche**, die schon seit dem 12. Jh. hier steht, und die **Mühle** namens „Eva“. Und tatsächlich, es gibt eine Mühle namens „Adam“ – wir finden sie auf einer der nächsten Touren in Delfzijl.

Tipp: Wenn wir bei Noordpolderzijl am Punkt 61 dem LF Kustroute nach Westen folgen, gelangen wir nach Pieterburen. In der **Zeehondencrèche Pieterburen** werden Seehunde versorgt, die ihre Eltern verloren haben oder nach einer Krankheit wieder aufgepäppelt werden müssen.

Wohnqualität in Pieterburen

Noch ein Stück weiter nach Süd-Westen kommen wir nach Houwerzijl. Der etwas längere Abstecher lohnt sich, denn hier finden wir in einer ausgemusterten Kirche eine **Teefabrik** mit angeschlossenem Museum. Nachdem wir uns über den Anbau und die Weiterverarbeitung von Tee informiert haben, können wir aus sage und schreibe 300 Sorten den für uns geschmacklich Besten auswählen und käuflich erwerben.

Weiter geht´s von Eemshaven, das wir am Schild 43 nach 71 über die Dollard-Route verlassen. Die Schilder 72, rechts 16 und bei 73 links bringen uns wieder zurück nach Uithuizermeeden, wo unsere Tour am Bahnhof endet.

Der Eemshaven sorgt für Energie und Arbeitsplätze

Wie der Name schon verrät, ist Eemshaven einer der wichtigen Häfen, die an der Ems liegen. Direkt an der Emsmündung gelegen, handelt es sich um einen großen **Seehafen**. Der ist mit dem **Doekegatkanaal** mit der „tiefen“ Nordsee verbunden, so dass auch große Schiffe anlegen können. Die richtig dicken Pötte nehmen dabei gerne einen Lotsen zu Hilfe.

In den 1970er Jahren wurde der Eemshaven nach und nach erschlossen, eine Erweiterung sollte erfolgen, wurde aus wirtschaftlichen Erwägungen aber bislang nicht realisiert. Dafür wird hier die Gewinnung grüner **Windenergie** vorangetrieben, was auch für uns bei den vielen Windrädern unübersehbar ist.

Tipp: Wem der Sinn nach einer kleinen „Seereise“ steht, steigt auf die **Fähre** und lässt sich in 50 Minuten auf die deutsche **Insel Borkum** gondeln.

Kartentipp:
ADFC-Radtourenkarte NL1 Niederlande-Nord, 1:150.000, ISBN 978-3-87073-946-1, € 9,95

13 Tolle Tour zum Dollard

Streckentour von Groningen nach Delfzijl

Niederlande-Touren-Info 13

ca. 35 km ohne Abstecher, gute, regionale Radweg-Beschilderung, teils Beschilderung als Fernradweg LF9 bzw. LF Kustroute. Die Route führt meist über separate Rad- und Feldwege bzw. auf wenig befahrenen Nebenstraßen, einige Passagen auf losem Untergrund.

Start: Bahnhof Groningen

Ziel: Bahnhof Delfzijl

Info: Touristische Informatie Groningen, Tel. +31 (0)503139741, www.visitgroningen.nl

Unsere kurze Radtour führt uns von der wunderschönen Provinz-Hauptstadt Groningen durch typische kleine niederländische Orte. Dabei kommen wir auch durch Appingedam mit den überraschenden „Hangenden Keukens". Wenn die Zeit nach der Erkundung des kleinen Städtchens Delfzijl am Dollard noch reicht, radeln wir wieder retour oder nehmen einfach die Bahn.

Rund 100.000 Einwohner zählt die Metropole Groningen im Norden Hollands und empfängt uns mit einer tollen Symbiose aus Jung und Alt: Die großen **Universitäten** sorgen dafür, dass viele junge Menschen die Straßen der Stadt bevölkern und natürlich auch für ein gutes Nightlife sorgen. Die meisten Gebäude der Stadt hingegen entführen uns mit ihren **historischen Fassaden** in eine längst vergangene Epoche.

Und diese Epoche sorgte seinerzeit für großen Wohlstand in der Stadt, denn schon früh trat das 1040 erstmals genannte Groningen in die **Hanse** ein, was dazu beitrug, dass hier einer der bedeutendsten europäischen Handelsorte heranwuchs.

Auch die Innenstadt von Groningen wird vom Wasser geprägt

Tipp: Noch heute können wir bestens nachvollziehen, dass Groningen ein wichtiger Handelsplatz ist, denn es gibt gleich mehrere **Märkte** verteilt in der Stadt. Und so vergeht kaum ein Tag, an dem wir nicht frische Waren auf dem Markt einkaufen können. Besonders eindrucksvoll ist das am **ehemaligen Fischmarkt**, auf dem inzwischen insbesondere Lebensmittel und Blumen angeboten werden. Auch die ehemalige **Getreidebörse** steht hier, wobei diese inzwischen von einer großen Supermarktkette genutzt wird. Das historische, helle Ambiente sorgt dafür, dass wir in einem der schönsten Supermärkte des Landes shoppen können. Wenn wir schon hier sind, können wir uns auch direkt die farbenfrohe „**Aa-Kerk**" mit ihrer wertvollen Ausstattung ansehen.

Unsere Stadtbesichtigung beginnen wir am besten am **Martinitoren**, der auch liebevoll der „Alte Graue" genannt wird. Der Turm der **Martinikerk** ragt 97 m in die Höhe. Wenn wir auf die Aussichtsplattform hinaussteigen, können wir uns einen perfekten Überblick über Groningen und die Region verschaffen, durch die wir gleich radeln werden. Die Basilika selbst stammt aus dem 13. Jh., wobei sie später nochmals verändert wurde. Direkt nebenan entdecken wir mit dem **Grote Markt** einen weiteren Marktplatz.

Zu unseren Füßen erstreckt sich die Innenstadt, die zum Shoppen und Einkehren einlädt. Herestraat, De Zwanestraat-Kromme Elleboog und Folkingestraat markieren die nachweislich **schönste Einkaufszone des ganzen Landes.**

Wer sich lieber den architektonischen Schönheiten hingeben mag, der schlendert entlang der **Oude Boteringestraa**t, wo wir die ältesten und auch schönsten Häuser der Stadt finden. An deren Ende liegt die ehemalige Wache, in der sich einst die Offiziere im beheizten Obergeschoss und die Wachleute in den kalten Arkaden aufhielten. Natürlich sehen wir uns auch das Gebäude der **Reichsuniversität** an, die die zweitälteste Uni des Landes ist. Darüber und über noch viel mehr informiert das **Universitätsmuseum**, in dem auch Aletta Jacobs ein Andenken gesetzt wird, die seinerzeit die erste Frau des Landes mit abgeschlossenem Studium war.

„Hängende Küchen" gibt es in Appingedam

Wenn der Wissensdurst nun noch nicht gestillt ist, widmen wir uns dem **Groninger Museum**, das in einem modernen Gebäude auf einer Museumsinsel am Hafen untergebracht ist. Der prachtvolle Turm in der Mitte und die farbenfrohe Innengestaltung lassen die Kunstobjekte fast in Vergessenheit geraten.

Los geht's am Bahnhof von Groningen, den wir mit zwei Brücken über das Museumseiland zum anderen Ufer des Kanals hin verlassen. Dort angekommen rechts, am Kreisel geradeaus und dann, von zwei kleinen Links-Schlenkern abgesehen, immer am Wasser entlang. Dabei folgen wir den Schildern des Fernradwegs LF9, der Maasroute. Bei Radschild 91 links, bei 90 rechts und dann schnurgerade via 94 vorbei an Noorddiijk, Bovenrijge und Ten Boer über 56-6-7-58-89-60-69-66 nach Appingedam.

Kaum gestartet, passieren wir das **Museums-Eiland**, um dann für mehrere Kilometer dem Eemskanaal zu folgen.

Kurz vor Ende unserer Tour rollen wir durch Appingedam. Hier ist nochmals ein längerer Aufenthalt angesagt, denn wir müssen uns unbedingt die **Hangende Keukens van Appingedam** ansehen! Hier machte man aus der (Raum-) Not eine Tugend und verlagerte die Küchen kurzerhand aus dem Haus heraus. Sie hängen nun an der Fassade der Häuser direkt über dem Wasser des Damsterdieps – einfach klasse!

Aber auch der Rest von Appingedam kann sich sehen lassen, denn rund um die **Nicolaikerk** finden wir eine Altstadt, die uns wie lebendiges Mittelalter vorkommt. Nachdem wir uns beim Betrachten der **Deckenmalereien** in der Kirche den Nacken verrenkt haben, widmen wir uns dem **Rathaus**. Das wurde 1630 eigentlich als Gericht erbaut und zählt vermutlich deswegen zu den kleinsten Renaissance-Rathäusern des ganzen Landes.

Weiter geht´s von Appingedam, das wir den Schildern 26, 79 und 83 folgend verlassen, um nach Delfzijl zu radeln, wo unsere Tour am Bahnhof endet.

Wir sind an der Mündung der Ems, die hier Eems genannt wird, angekommen. Der Fluss, der hier eine lange Reise durch weite Teile Deutschlands hinter sich hat, durchfließt an dieser Stelle auch eine etwa 90 qkm große Bucht, die „**Dollard**" genannt wird.

Tipp: Wenn wir schon hier sind, steuern wir den **Punt van Reide** an. Der ist rund 3

Weite Landschaften am Dollard

km lang sowie 800 m breit und bildet eine Halbinsel aus, die den **Dollard** ganz offiziell „abschließt". Früher war diese Landzunge deutlich größer, so dass es hier sogar zwei Dörfer und ein Kloster gab. Heute ist sie ein Teil des Naturschutzgebiets Dollard und markiert die „nasse" Grenze zu Deutschland.

Schon seit dem 13. Jh. gibt es an der Stelle, wo unsere Streckentour endet, im Groninger Marschgebiet eine kleine Stadt namens Delfzijl. Genau genommen war es stets eine Art „Vorhafen" von Groningen. Aufgrund der guten Lage entwickelte sich eine florierende **Hafenstadt** mit Industriebetrieben. Kennen Sie noch die Kriminalromane mit Inspektor Maigret? Der Autor Goerges Simenon schuf diese Figur einst hier im Hafen auf einem Segelschiff, woran noch heute ein **Denkmal** erinnert.

Ebenfalls in Hafennähe liegen das **Heimatmuseum** und das **Seeaquarium**, in dem wir heimische Fische kennenlernen können.

Deutlich auffälliger ist allerdings die Mühle „**Adam**", die sich in der Innenstadt von Delfzijl erhebt und inzwischen eine Kunstgalerie beherbergt. Zu ihren Füßen finden wir in der Innenstadt einige Einkehrmöglichkeiten, wo wir uns für die Rückfahrt per Bahn oder Rad stärken können.

Kartentipp:
ADFC-Radtourenkarte NL1 Niederlande-Nord, 1:150.000, ISBN 978-3-87073-946-1, € 9,95

Tipp: Die Strecke ist mit 35 km nicht allzu lang und gewohnt eben. So ist es durchaus eine Überlegung wert, sich in Delfzijl ordentlich zu stärken und statt mit der Bahn mit unseren Fahrrädern die **Rückreise** anzutreten. Wer dann doch zwischendurch müde Waden bekommt, kann bei Enzelens nach Loppersum oder bei Ten Boer nach Bedum abzweigen. Hier besteht jeweils die Möglichkeit, in die Bahn umzusteigen.

14 Von der Festungsstadt zur Fehnstadt

Rundtour von Bourtange über Papenburg

Niederlande-Touren-Info 14

ca. 58 km ohne Abstecher, gute, regionale Radweg-Beschilderung, teils Beschilderung als Fernradweg „UCTP: United Countries Tour - Pionier Route" sowie als Dortmund-Ems-Kanal bzw. Emsradweg. Die Route führt meist über separate Rad- und Feldwege bzw. auf wenig befahrenen Nebenstraßen, einige Passagen auf losem Untergrund.

Start und Ziel: Großparkplatz am Festungsgraben von Bourtange

Info: Touristikinformation (VVV) Bourtange, Tel. +31 (0)599 / 354600, www.bourtange.nl

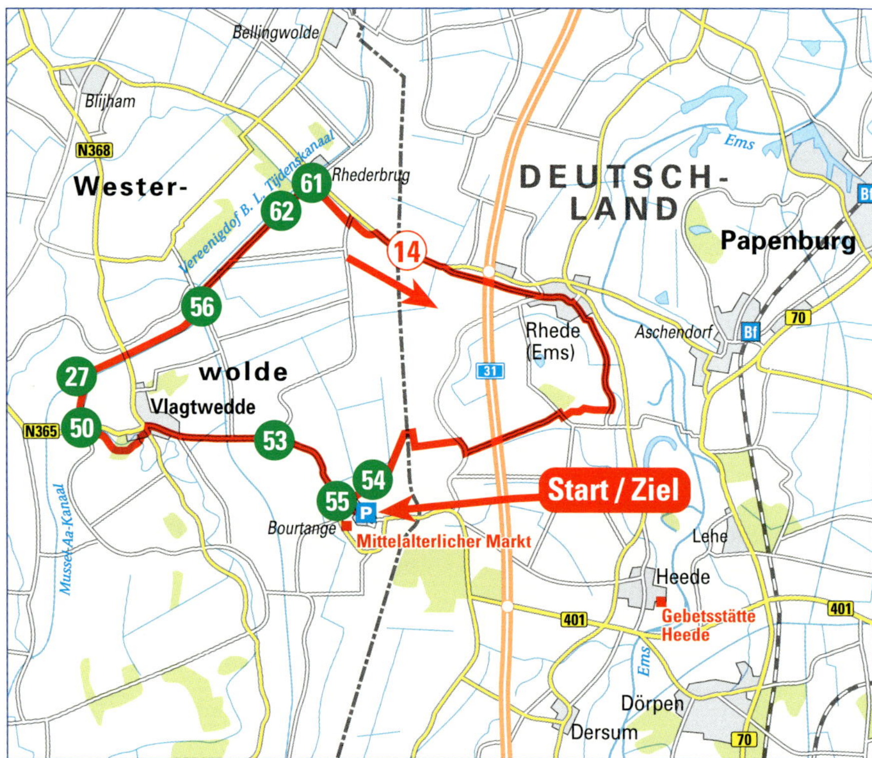

Unsere Rundtour startet in einem ganz außergewöhnlichen Ort: In Bourtange haben wir an jeder Ecke das Gefühl eine Zeitreise ins Mittelalter zu unternehmen. Mitten in der Festung mit ihren fünf Ecken können wir uns dem quirligen Treiben ergeben, ehe es auf den Fahrrädern hinaus auf´s Land geht. Entlang der Straßen bzw. auf separaten Radwegen cruisen wird durch die Ebenen. Nach einem kleinen Ausflug über die deutsche Grenze rollen wir entspannt zurück in die Festungsstadt.

Sensationell – Bourtange aus der Vogelperspektive…

Ein Blick auf die Karte genügt, um zu erkennen, dass unser Start- und Zielort Bourtange etwas ganz Besonderes ist: Mit ihren fünf Ecken ist es nicht nur eine der aufwändigsten Verteidigungsanlagen Europas, sondern auch noch eine bewohnte **Festung** dazu. Die fünf spitzen Ecken wurden übrigens so gewählt, um die Angreifer auf alle Fälle sehen zu können – egal, aus welcher Richtung sie kommen. Wenn wir hier durch die engen und verwinkelten Gassen streifen und die perfekt restaurierten Wälle bestaunen, unternehmen wir eine Reise ins Mittelalter.

Ob man die Einwohner bei den teils doch recht vielen Touristen immer beneiden mag, bleibt offen. Gleichwohl hauchen die Bewohner dem Dorf, das sich mitten in den Befestigungsanlagen befindet, jeden Tag neues Leben ein.

Tipp: Innerhalb der großartigen Stadtmauern finden wir in einer bezaubernden Umgebung einen **mittelalterlichen Markt**, wo wir sogar in der „richtigen" Kleidung bedient werden.

Mehrere **Museen** erzählen uns mehr über die Vergangenheit, die 1580 begann, als Prinz Willhelm von Oranien den Befehl gab, auf einer hochwassergeschützten Warft ein Bollwerk zu errichten. Damit sollte die Straße von Westfalen nach Groningen geschützt und die Spanier dazu gebracht werden, das besetzte Groningen zurückzugeben. Nur 13 Jahre später vollendete Wilhelm Ludwig zu Nassau das Werk. Doch nur wenige Monate später musste sich Groningen doch endgültig den Spaniern ergeben.

Im Verlaufe der Jahre entstanden fünf weitere **Bastionen** auf dem Sandrücken – sehr zum Verdruss des damaligen Münsteraner Bischofs.

Die lange Zeit als unantastbar geltende Festung wurde im 18. Jh. nochmals erweitert, bevor sie zunächst in eine Art Dornröschenschlaf verfiel. Erst in den 1980er Jahren machte man sich auf, dieses einzigartige Denkmal wiederherzustellen. Ein sehr guter Schachzug, denn Bourtange zieht täglich viele Besucher aus nah und fern an – es ist aber auch einfach schön hier!

...und auch aus unserer Sicht beeindruckend

Los geht's am Großparkplatz am Festungsgraben von Bourtange, den wir nach rechts über die Willem Lodewijkstraat verlassen. Beim Radwegschild 55 geradeaus entlang der Straße, bei 53 ebenso. In Vlagtwedde-Mitte schräg links, nochmal links und gleich wieder rechts auf den „UCTP: United Countries Tour - Pionier Route", einem beschilderten Fernradweg, der bei Schild 50 geradeaus über die N365 hinweg führt. Am Schild 27 rechts, und dann am Mussel-Aakanaal entlang. Mit einem Links-Rechts-Abbiegen bei 56 kommen wir an den Vereenigdof BL Tijdenskanaal und folgen 62, 61 nach Rhederbrug, wo wir rechts abbiegen. Immer der Straße entlang erreichen wir jenseits der Grenze Rhede.

Die Gemeinde Vlagtwedde wurde aus vier umliegenden **Kirchendörfern** geformt, die alle viele Jahrhunderte alt und auf großen Sandvorkommen erbaut sind. Bei unseren ersten Kilometern fallen die riesigen **Bauernhöfe** auf, die es in dieser Region gibt – wir werden an vielen von ihnen vorbeiradeln.

Nachdem wir Vlagtwedde verlassen haben rollen wir erst am schnurgeraden **Mussel-Aakanaal**, dann am Vereenigdof BL **Tijdenskanaal** entlang.

Einfach, aber doch interessant sieht die **Alte Rheder Kirche** aus, der in der Spätgotik aus Ziegeln gefertigt wurde. Deutlich imposanter ist da die **Pfarrkirche St. Nikolaus** mit ihren vielen Ecken und Kanten.

Tipp: Ab Rhede können wir einen lohnenswerten Abstecher nach Papenburg unternehmen, denn es gibt hier reichlich zu sehen: Scheinbar endlose **Kanäle** durchziehen die Stadt wie ein Spinnennetz und sorgen mit den **Backstein-Gebäuden** am Ufer für echtes „Amsterdam-Flair". Die Kanäle werden mit blumengeschmückten **Klapp- und Zugbrücken** überquert, während im Wasser an verschiedenen Stellen **historische Schiffe** ankern, darunter auch das **Museumsschiff Brigg Frederike.** Viele Jahre überdauert haben auch das **Papenbörger Hus**, die **Meyers Mühle**, die Alte Werft und die **Bockwindmühle**. Dem Charme dieser Stadt kann niemand widerstehen – also wollen wir auch mehr wissen und gehen ins Heimatmuseum und ins Freilicht-Museum namens Van-Velen-Anlage.

Zurück in Rhede können wir uns im **Landwirtschaftsmuseum** einen Eindruck darüber verschaffen, wie wichtig Muskelkraft einst beim Bestellen der Felder war.

Weiter geht´s von Rhede, das wir entlang der Borsumer Straße verlassen, um kurz darauf die A31 zu queren. Die Straße bringt uns wieder in die Niederlande und mit der „United Countries Tour" zu den Toren von Bourtange. Bei 54 geradeaus, bei 55 links und wir sind wieder zurück beim Großparkplatz am Festungsgraben von Bourtange, wo wir die Tour beenden.

Tipp: Rhede liegt am **Dortmund-Ems-Kanal**. Der Radweg entlang dieser großen deutschen Wasserstraße ist nicht nur bestens ausgeschildert, sondern auch gut befahrbar. Wenn wir ihm ein wenig in südlicher Richtung folgen, kommen wir vorbei an der **Leher Mühle** und an der **Gebetsstätte Heede**. Im Jahre 2014 wurde ganz offiziell mitgeteilt, dass hier **Deutschlands größter Baum** in Heede steht. Die rund 1.000 Jahre alte Linde hat einen Stammumfang von mehr als 18 m – das ist auch europäischer Rekord! In der **Kaffeerösterei Heede** wird ausgesuchter Rohkaffee von Biofarmen aus Mittel- und Nordamerika direkt importiert und zu einem Feuerwerk der Sinne verarbeitet. Wer mehr erfahren möchte, nimmt an einem der 1,5-stündigen Kurse teil. Von Heede aus können wir dann auf direktem Wege wieder zurück nach Bourtange radeln. Dabei lockt hinter Heese noch ein Aufenthalt an der **Wasserski- und Freizeitanlage blue day**.

Kartentipp:
ADFC-Radtourenkarte NL1 Niederlande-Nord, 1:150.000, ISBN 978-3-87073-946-1, € 9,95

Die Frederike dümpelt direkt vor´m Rathaus

Nachdem wir die A31 gequert haben, kommen wir kurz vor der Grenze am „Kleinen Meer" vorbei. Das Wasser ist hier aber weniger auffällig als der **Campingplatz** in „Neuengland".

15 Schnurgerades Rollen am Ijsselmeer

Rundtour von Urk über Lemmer

Niederlande-Touren-Info 15

ca. 51 km ohne Abstecher, gute, regionale Radweg-Beschilderung. Die Route führt meist über separate Rad- und Feldwege bzw. auf wenig befahrenen Nebenstraßen, einige Passagen auf losem Untergrund.

Start und Ziel: Großparkplatz am Hafen von Urk

Info: Tourist Info Urk, Tel. +31 (0)527684040, www.touristinfourk.nl

Diese Tour ist eine echte Erholungs-Tour, denn zum einen rollen wir in der ersten Hälfte auf bester Trasse direkt am Ijsselmeer entlang und zum anderen ist ein Verfransen" fast unmöglich. Wir können uns also bestens auf unser Bike, auf die Gegend und die gute Luft konzentrieren.

Ein wunderschöner, strahlend weißer **Leuchtturm** ziert unseren Start- und Zielort Urk. Dabei blickt er auf das rege Treiben im Hafenbecken, an dem wir auch einen „lebensechten" **Orka** bestaunen können. Ein Besuch lohnt sich im **Museum het Oude Raadhuis**, in dem wir mehr über die Region erfahren.

Tipp: Um vor der Tour die Satteltaschen oder nach der Tour den Magen zu füllen, bietet sich ein Besuch in **„De Oude Bakkerij"** an. Das Ambiente ist auf alt getrimmt, die leckeren Backwaren könnten frischer aber nicht sein!

Nicht versäumen dürfen wir, uns **die Kerkje aan de Zee** anzusehen, gar nicht weit entfernt steht das **Vissersmonument**, das an die Fischer Urks erinnert, die nicht lebend vom Fang zurückkehrten.

Nachdem wir uns auch der **Bethelkerk** gewidmet haben, schauen wir uns den **Ommelebommelesteen** an. Rund 30 m vor der Küste liegt der auch „Hummelstein" genannte Fels umspült vom Ijsselmeer. Der Sage nach werden Kinder aus diesem Stein „geboren".

Los geht's am Großparkplatz am Hafen von Urk, den wir über die Handelskade verlas-

Der Deich schützt Urk vor den Wogen der Nordsee

sen. An der nächsten Ecke links in die Raadhuisstraat und mit Rechts-links-rechts-links-Abbiegen weiter in die Prins-Hendrikstraat. An deren Ende links, bei nächster Gelegenheit rechts und wir sind auf unserem Radweg am Deich. Nun ist es ganz einfach, denn wir bleiben einfach immer am Ufer und kommen über die Radwegeschilder 25-86-6-72-55-9-29 vor die Tore von Lemmer.

Rund 10.000 Einwohner zählt der Ort Lemmer inzwischen. Und die fühlen sich hier richtig wohl, denn in der Hafenstadt am **Ijsselmeer** geht es beschaulich zu. Rund um den **Hafen**, der übrigens eine besonders **enge Einfahrt** besitzt, entdecken wir eine tolle **Altstadt**.

Tipp: Lemmer hat sich zu einem echten Urlaubs-Hotspot entwickelt. Die Gäste finden wirklich außergewöhnliche Unterkünfte: In einem Halbkreis errichtete **Ferienhäuser**, alle mit einer Terrasse direkt am Wasser und mit eigenem Bootssteg. Was gibt's Schöneres, als schon beim Frühstuck auf die funkelnden Wogen zu blicken? Nachdem wir uns die pittoresken Backsteinhäuser und die Kirche mit ihrem interessanten Turm angesehen haben, widmen wir uns dem **Dampfpumpwerk**. Es ist eines der letzten seiner Art auf der Welt und wurde deshalb unter UNESCO-Schutz gestellt.

Kartentipp:
ADFC-Radtourenkarte NL1 Niederlande-Nord, 1:150.000, ISBN 978-3-87073-946-1, € 9,95

Weiter geht´s vom Radwegeschild 29, das wir neben der N712 entlang verlassen. Wir folgen den Schildern 8, 57, 91, 84, 92, 32, 79, 4, 11, 53, 89 und 36, um zum Hafen von Urk zu gelangen, wo unsere Tour am Großparkplatz endet.

Hinter Lemmer rollen wir auf schnurgeraden Wegen durch die typischen kleinen Dörfer wie **Rutten**, das 1952 als 1.000-Einwohner-Dorf von einem Ingenieur geplant wurde und noch heute kaum mehr Einwohner zählt. Seinerzeit wurden auch die Betriebe und Läden des Ortes mit geplant, so dass sich genau vier Quadrate ergaben, in denen alles untergebracht wurde.

16 Der Abschlussdeich des Markermeers

Rundtour von Enkhuizen über Lelystad

Niederlande-Touren-Info 16

ca. 69 km ohne Abstecher, gute, regionale Radweg-Beschilderung. Die Route führt meist über separate Rad- und Feldwege bzw. auf wenig befahrenen Nebenstraßen, einige Passagen auf losem Untergrund.

Start und Ziel: Bahnhof Enkhuizen

Info: VVV Enkhuizen e.o., Tel. +31 (0)228313164, visitenkhuizen.n

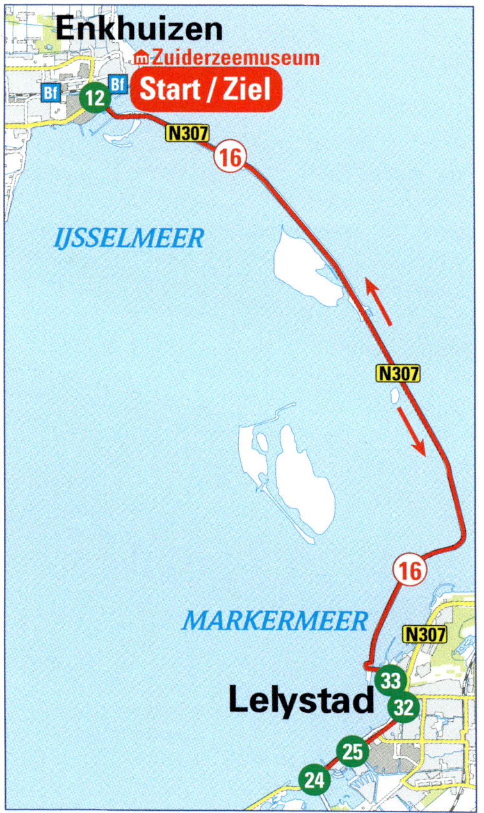

Endlich mal eine Tour, auf der es fast unmöglich ist, sich zu „verfransen“: Nahezu auf der kompletten Distanz rollen wir auf dem schnurgeraden Radweg des Abschlussdeichs und hoffen, dass der Wind immer schön von hinten weht! Dabei könnte die Tour kaum schöner beginnen: Nachdem wir die geschichtsträchtige Innenstadt von Enkhuizen, die auch zum Shoppen und Einkehren einlädt, genossen haben, rollen wir am gerne besuchten Hafen vorbei. Am „Umkehrpunkt“ unserer Tour statten wir Lelystad einen Besuch ab – eine der wenigen Städte, die den Namen eines Ingenieurs tragen!

Fast 20.000 Einwohner leben in Enkhuizen, das in den Sommermonaten zusätzlich durch eine große Anzahl von Gästen „gefüllt“ wird. Es ist aber auch einfach schön hier: Enkhuizen ist bestens mit Auto oder Bahn zu erreichen. Das Wasser spielt hier seit jeher eine bedeutende Rolle. Um 1600 herum waren **Heringsfischer** hier ansässig, die mit bis zu 300 Schiffen auf Fang gingen. 1602 wurde die **Niederländische Ostindien-Kompanie** aufgebaut. Von diesen Übersee-Aktivitäten profitierte auch Enkhuizen. Und heute? Heute steuern Freizeitkapitäne den **Hafen** von Enkhuizen besonders gerne an, denn er liegt ideal am Ende des Ijsselmeers. Rund um den Hafen kann man bestens **einkehren** und den Blick auf die herrlichen Jachten genießen.

Tipp: Gar nicht weit entfernt vom Hafen liegt das **Zuiderzeemuseum**. Es setzt sich aus einem Binnen- und einem Außenmuseum zusammen. Das Buiten-, also **Frei-**

Blühender Hafen in Enkhuizen

lichtmuseum beherbergt eine echte Gracht, Klappbrücke, ein Kirchdorf, Handwerkerhäuser und vieles mehr, was eine Stadt in dieser Region schon immer ausmachte. Historische Lagerhäuser beherbergen das **Binnenmuseum**, in dem wir mehr über die Fischerei, aber auch über das Leben in dieser Region erfahren. Die Kombination der Museen war Grund genug, dass das Zuiderzeemuseum 1984 von der EU als Museum des Jahres ausgezeichnet wurde.

Wie beschrieben war der Hafen immer von großer Bedeutung für Enkhuizen. Klar, dass der besonders geschützt werden musste. Und so entstand schon 1540 das **Drommedaris**, ein mit Schießscharten ausgestatteter „Doppelturm" direkt an der Hafeneinfahrt.

Sehr abwechslungsreich ist auch ein Spaziergang entlang der **Westerstraat**, die als Flanier- und Shoppingmeile beliebt ist. Sie zieht sich schnurgerade vom Wasser bis hin zum **Koepoort**, einem schmucken Stadttor. Ansehen müssen wir uns auch die jeweils im 15. Jh. erbaute Wester- und die Zuiderkerk und natürlich das **Stadhuis**, das erst im 17. Jh. entstand.

Los geht's am Bahnhof von Enkhuizen, den wir nach rechts zum Wasser hin verlassen. Immer an den Hafenbecken entlang kommen wir zum Abschlussdeich, der sich wuchtig vor uns auftürmt. Das Radschild Nr. 12 signalisiert uns, dass wir links abbiegen und auf den Deich fahren können. Mit einem eleganten Linksbogen endet der Deich bei Radschild 34. Von hier können wir noch in die Ortsmitte von Lelystad weiterradeln.

Gleich zu Beginn unserer Deich-Tour liegt rechts neben uns das **Naviduct Krabbersgat**. Der außergewöhnliche Name stammt von den Begriffen Aquädukt und Navigation. Es beschreibt einmal mehr eine echte Meisterleistung der Wasserbauer: Der Deich schließt das Markermeer vom Ijsselmeer bzw. von der Nordsee ab und sorgt mit seiner Fernstraße für einen regen Straßenverkehr auf der Deichkrone. Gleichwohl liegen im **Markermeer** zahlreiche Häfen, die besonders bei Freizeit-

Wer bekommt hier kein Fernweh?

Ein Blütenmeer begleitet uns im Frühling

Skippern äußerst beliebt sind. Damit diese „durch" den Deich kommen, wurde 2003 das Naviduct für die stolze Summe von 55 Millionen Euro fertiggestellt. Nun können sich Kapitäne am Kontrollturm anmelden und ihre Boote bzw. Schiffe durch die Schleuse steuern.

Unsere Radstrecke über den Deich verläuft etwas unterhalb, um den Wind so gut wie möglich von uns fern zu halten.

Tipp: Auf etwa halber Strecke erblicken wir neben uns einen kleinen **Aussichtsturm**. Es lohnt sich, die Räder anzuschließen und auf den Turm zu steigen, denn von hier haben wir einen herrlichen Weitblick über das Ijsselmeer in der einen und das Markermeer in der anderen Richtung.

Ein paar Meter neben dem Aussichtsturm gibt es einen kleinen **Sandstrand**, wo wir uns ausstrecken oder ins kühle Nass springen können. Direkt nebenan, jenseits des großen Parkplatzes, liegt der **Trintelhaven**, in dem Boote geschützt vor Anker gehen können.

Weiter geht´s von Lelystad den Radwegschildern folgend einfach wieder auf derselben Strecke retour, auf der wir herkamen. Also von Lelystad-Mitte wieder zurück zur Küste bei Radschild 34. Von hier rollen wir durch den weiten Rechtsbogen auf den Deich. Mit hoffentlich gutem Rückenwind kurbeln wir wieder zurück nach Enkhuizen. Hier peilen wir den Bahnhof an, wo unsere Radtour endet.

Cornelis Lely zeichnete sich als „Macher" der Zuiderzeewerke aus. Grund genug, ihm gleich eine ganze Stadt zu widmen. Das 1967 gegründete Lelystad hat inzwischen fast 80.000 Einwohner, was vor allem an der ausgezeichneten Infrastruktur liegt,

Tipp: Wenn die Zeit zu knapp oder die Waden zu müde sind, können wir die Rückfahrt auch mit dem **Bus** absolvieren. Aber aufgepasst: Der Bus mit der Nummer 650 fährt bei Weitem nicht jeden Tag und dann auch meist nur einmal am Tag! Also vorher bitte im Internet schauen, ob und wann der

Das Naturschutzgebiet Oostvaardersplassen ist auch ein Refugium für Pferde

Bus verkehrt. Geht alles glatt, sind wir in nur 37 Minuten auf der anderen Seite.

Wer sich weiterbilden möchte, kann in Lelystad das **Poldermuseum** oder die **Bataviawerft** besuchen. Hier werden historische Schiffe mit den Werkzeugen gebaut, die früher schon zur Verfügung standen. Wer Platz in den Satteltaschen hat, besucht das **Outlet-Center** und wem eher der Sinn nach Ruhe steht, der rollt hinaus ins **Naturschutzgebiet Oostvaardersplassen**.

Kartentipp:
ADFC-Regionalkarte Nord-Holland/Amsterdam,
1:75.000, ISBN 978-3-96990-008-6, € 9,95
Digital für Smartphones und Tablets:
www.fahrrad-buecher-karten.de/rk-digital

17 Ketelmeer, Vossemeer, Ijsselmeer und noch viel mehr

Streckentour von Lelystad nach Kampen

Niederlande-Touren-Info 17

ca. 48 km ohne Abstecher, gute, regionale Radweg-Beschilderung. Die Route führt meist über separate Rad- und Feldwege bzw. auf wenig befahrenen Nebenstraßen, einige Passagen auf losem Untergrund.

Start: Bahnhof Lelystad

Ziel: Bahnhof Kampen Zuid

Info: VVV Batavia Stad in Lelystad, Tel. +31 (0)320292900, www.vvvlelystad.nl

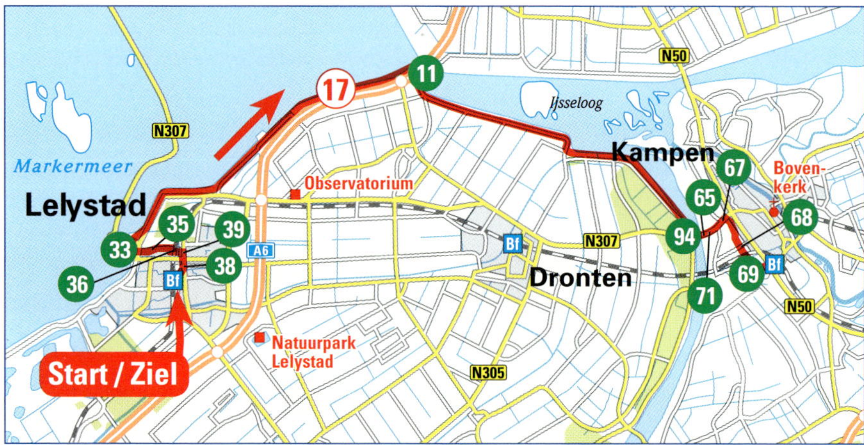

Wir machen uns auf zu einer einfachen Streckentour. Einfach deshalb, weil es fast immer nur geradeaus geht: zunächst am Deich des Ijsselmeers, dann am Deich des Ketelmeers entlang. Eingerahmt wird die Tour von zwei sehenswerten Kleinstädten.

Cornelis Lely: Nach einem der berühmtesten Männer der Niederlande wurde die 1967 gegründete Stadt, in dem wir unsere Tour beginnen, benannt. Lely war nicht etwa Seefahrer oder Politiker, nein, er war Ingenieur und zeichnete sich verantwortlich für den Bau der **Zuiderzeewerke**, mit denen die Wasserfläche, an der wir später entlang radeln werden, von der Nordsee abgetrennt wurde. Das riesige System aus Pumpen und Deiche sorgte für viel neues Land und für die Entstehung des Ijsselmeers.

Und so wundert es uns auch nicht, dass Lelystad auf einem **Polder** steht, das einst durch seinen Namensgeber erschaffen wurde. Mehr zu diesem Thema erfahren wir im **Poldermuseum**, das wir am Hafen finden. Gar nicht weit entfernt steht „**De Hurkende Mann**", eine 25 m messende Skulptur.

Lichtdurchflutet empfängt uns der **Bahnhof** von Lelystad mit seiner großen Glasfassade. Er macht deutlich, dass wir in einer jungen Stadt starten, die viele moderne Gebäude zu bieten hat.

Tipp: Zwei Attraktionen von Lelystad liegen etwas außerhalb: Das **Observatorium** wurde vom Minimalismus-Künstler Robert Morris geschaffen. Der 91 m messende Kreis ist vor allem bei der Sonnenwende beeindruckend. Im **Naturpark Lelystad** steht das Wandern im Vordergrund. Dabei können wir noch allerlei putzige Tiere im Tierpark beobachten.

Kampens schmucker Hafen

Los geht's am Bahnhof von Lelystad, den wir nach Norden verlassen. Nun folgen wir den Schildern 37 (rechts, dann mehrfach im Wechsel abbiegen), 38 (geradeaus), vor (!) der 39 links in die Straße Kofschip, 36 sowie 35 (jeweils geradeaus), so dass wir zum Hafen gelangen. Hier zweigen wir bei Schild 33 rechts ab und bleiben nun einfach stets am Isselmeerdijk. Hinter dem Schild 78 treffen wir auf die Ketelbrug.

Die 800 m lange **Ketelbrug** verbindet Felvopolder und Noordoostpolder miteinander. Der Verkehr auf der darüber verlaufenden A6 muss halten, wenn große Schiffe ankommen, denn dann wird ein Teil der Brücke hochgeklappt.

Das Ketelmeer und das Vossemeer gehen ineinander über. Große Teile sind inzwischen als **Naturschutzgebiet** ausgewiesen. Ganz anders ist es auf der **Ijsseloog**, die wir vom Ufer aus entdecken. Die runde Insel wurde angelegt, um potentiell giftigen Schlamm aus dem Ketelmeer aufzunehmen.

Weiter geht´s am Schild 11 vorbei. Wir bleiben aber auf unserer gewohnten Seite und folgen nun dem Ketelmeerdijk. Vorbei am gleichnamigen Hafen gelangen wir beim Schild 94 zur nächsten Brücke. Hier biegen wir links ab und erreichen via 65, 71, 67, 68 und links in den Spoorpad den Bahnhof von Kampen, wo unsere Tour endet. Die Rückfahrt erledigen wir bequem mit der Bahn.

Die Kleinstadt Kampen ist nicht wirklich mit ihrem Pendent auf Sylt zu vergleichen, denn hier geht es deutlich ruhiger und weniger elitär zu. Das war nicht immer so, denn Kampen blickt auf eine lange Mitgliedschaft in der Hanse zurück, was seinerzeit für Wohlstand sorgte. Gut nachvollziehen können wir das beim Anblick des stolzen **Koornmarktspoort**, einem der noch drei erhaltenen Stadttore.

Tipp: Es lohnt sich ein Blick ins Innere der Bovenkerk, denn dort entdecken wir eine tolle **Orgel**, die 1741 durch den Spezialisten Antonius Hintz restauriert und erweitert wurde. Wenn wir Glück haben, läuft gerade eine Probe.

Die **Bovenkerk** ragt weit über die Skyline Kampens hinaus. Dabei blickt sie auch auf das **Gotische Haus**, die ehemalige Synagoge und das reich ausgestattete **Rathaus**.

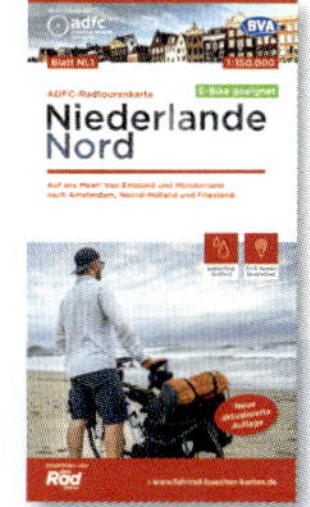

Kartentipp:
ADFC-Radtourenkarte NL1 Niederlande-Nord,
1:150.000, ISBN 978-3-87073-946-1, € 9,95

18 Woran starben die Moorleichen?

Rundtour von Assen über Appelscha

Niederlande-Touren-Info 18

ca. 42 km ohne Abstecher, gute, regionale Radweg-Beschilderung, kurzes Stück mit Beschilderung als Radfernweg LF9. Die Route führt meist über separate Rad- und Feldwege bzw. auf wenig befahrenen Nebenstraßen, einige Passagen auf losem Untergrund.

Start und Ziel: Bahnhof Assen

Info: VVV Assen und Drenthe, Tel. +31 (0)592243788, www.ditisassen.nl

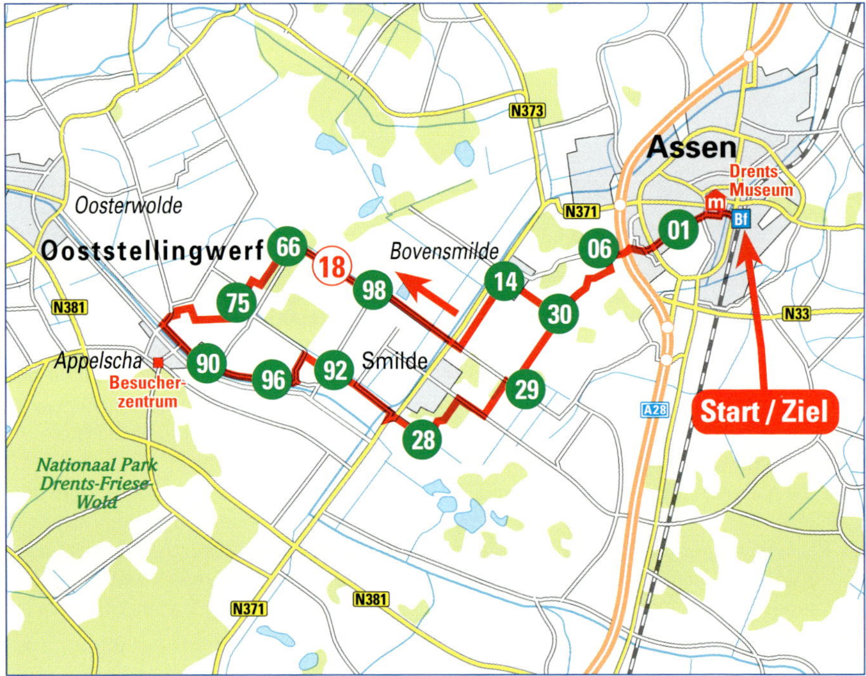

Wir sind in der Provinz Drenthe unterwegs, die sich durch eine weitläufige Landschaft auszeichnet. Das bedeutet für uns entspanntes Radeln auf gewohnt besten Rad-Trassen. Da sind wir zwar „nicht ganz so schnell" unterwegs, wie die Motorräder auf der Rennstrecke von Assen, aber das wäre auch zu schade. Denn dann würden wir die vielen Eindrücke verpassen, die uns entlang der Strecke erwarten. Unser Dreh- und Angelpunkt ist die Provinzhauptstadt, die uns das vielleicht älteste Boot der Welt und ganz besondere Moorleichen präsentiert.

Die Provinz Drenthe, in der wir diese Rad-Runde drehen wollen, zählt sicherlich nicht zu den Regionen, an die ein Tourist beim Stichwort „Niederlande" als erstes denkt. Ganz anders sieht es mit unserem Start- und Zielort Assen aus, das nicht nur jedem

Das Drents Museum erzählt uns mehr über die Menschen...

Rennsport-Fan ein Begriff, sondern auch die **Hauptstadt** von Drenthe ist.

Drenthe liegt eingebettet in die Provinzen Overijssel, Groningen und Friesland und grenzt zudem an Niedersachsen. Bei unseren Radtouren stellen wir fest, dass die Region recht dünn besiedelt ist und aus vielen **Heidegebieten** besteht, wo Ackerbau und Viehzucht betrieben wird. Nach Osten hin erstrecken sich weite **Moorgebiete** und natürlich wird auch Drenthe von zahlreichen Wasserläufen durchzogen. Damit auch Schiffe hier fahren können, wurden mehrere Kanäle angelegt, darunter der Oranjekanaal, die Hoogveense und die Drentsche Hoofdvaart und der Nord-Willemskanaal.

Doch zurück zu Assen, das aus einem **Nonnenkloster** hervorging, welches 1258 hierher verlegt und 1602 aufgegeben wurde. Zunächst erstreckte sich Assen nur innerhalb der alten Gräben, erst später wurde expandiert, so dass sich bis heute eine rund 70.000 Einwohner zählende Stadt entwickelte.

Tipp: Das **Drents Museum** ist schon von außen eine Rarität, denn der Erweiterungsbau versteckt sich fast schon wie ein Bunker unter einem Erdwall. Als Hauptgebäude dient das ehemalige Amtshaus der Provinz Drenthe. Die Exotik setzt sich im Innern fort, denn wir finden nicht nur Kunstausstellungen, sondern auch **archäologische Funde**. Unter ihnen das vermutlich älteste Boot der Welt aus dem Jahre 6.500 v. Chr. und alte Trinkbecher. Das ist spannend, können aber mit den **Moorleichen** nicht mithalten: Da ist zum einen das „Mädchen von Yde" das zärtliche Paar, was als „**Ehepaar von Weerdinge**" bezeichnet wird. Und auch hier waren die Niederländer wieder mal ihrer Zeit offenbar voraus, denn das Paar sind zwei Männer.

Von dem bereits erwähnten Kloster blieb die **Klosterkirche** bis heute erhalten – sie liefert ebenso wie die **Kirche de Jozefkerk** ein schönes Fotomotiv. Letztere ist von der Form

18 her außergewöhnlich, denn wir würden hier wegen der klar gegliederten und „eckigen" Fassade auch ein Rathaus vermuten – und die modernen **Skulpturen** auf dem Vorplatz tun ihr übriges dazu.

Etwas außerhalb der Stadt liegt der **Circuit von Assen**, auf dem sich Rennsportbegeisterte mehrmals im Jahr einfinden, wenn Trucks oder Bikes hier ihre schnellen Runden drehen.

Los geht's am Bahnhof von Assen, den wir vom Stationsplein geradeaus über die Stationsstraat verlassen. Am querenden Oostersingel links und mit ihm durch die Rechtskurve am Park vorbei, wo er in den Zuidersingel übergeht. Bei der Rechtskurve links in die Doctor Nassaulaan, die als Hoofdlaan durch den Park verläuft. Bei Radschild 1 und beim Kreisel ebenso geradeaus. Hinter der Autobahn bei Schild 6 links und gleich wieder rechts. Nun bei 30 rechts nach Bovensmilde, 14 links, am Ortseingang von Smilde rechts und geradeaus über die Straße hinweg, bei 98 geradeaus, 66 links, 75 geradeaus und in Appelscha links in den Ort hinein.

Gleich zu Beginn unserer Tour radeln wir am **Gouverneurspark** mit seinem üppigen Baumbestand vorbei. Noch deutlich weitläufiger ist der Park „**Asserbos**", durch den wir wenig später radeln.

Kaum losgeradelt, gibt es noch auf dem Stadtgebiet Grund, von den Rädern zu steigen: Das **Duurzaamheidscentrum** Assen. Es ist auch eine Überlegung wert, das Museum am Ende der Rundtour zu besuchen, denn dann kommen wir nochmals hier vorbei.

Der kleine Ort Bovensmilde gefällt uns auf Anhieb durch seine schöne **Häuserreihe**, die sich am Kanal entlangzieht.

Tipp: Wenn wir genau hinsehen, finden wir in Appelscha gleich mehrere Sehenswürdigkeiten, die unter Schutz gestellt wurden. Dazu zählen das **Schleusenwärterhaus**, ein alter Bauernhof, die **Brückenwärterwohnung** und mehrere Wohnhäuser.

Bei Appelscha gab es bis 2017 ein **Museum**, das es so kein zweites Mal in den Niederlanden gab. Leider wurde das interessante Tuberculosemuseum Beatrixoord 2017 geschlossen.

Weiter geht´s von Appelscha, das wir von Schild 90 aus entlang des Kanals bzw. an der Vaart Noordzijde verlassen. Hinter Schild 96 links und in der Linkskurve rechts. An Schild 92 geradeaus über die Straße und wenig später auch geradeaus über die N371 hinweg. Hinter der 28 links, nächstmöglich rechts und direkt wieder links, bei 29 links und 30 geradeaus. Nun kommt uns die Strecke vertraut vor. Daher rollen wir auf genau derselben Route wieder nach Assen zurück, die wir auf dem Hinweg nahmen. Dort endet unsere Rundtour am Bahnhof.

...und über die Natur unserer Radel-Region

Die Region rund um Appelscha ist herrlich: Eine in sanften Wellen modellierte Landschaft, Heidekraut, Nadel- und Laubbäume, kleine **Seen** und ganz viel Ruhe. Klar, dass hier auch gerne Urlaub gemacht wird, was wir am **Campingplatz** und beim **Ferienpark** merken, die beide vor den Toren Appelschas liegen.

Tipp: Gleich vor den Toren von Appelscha liegt der **Nationaal Park Drents-Friese-Wold**. Wie der Name schon sagt, erstreckt sich das weitläufige Gebiet auf den Territorien der Provinzen Friesland und Drenthe.

Mehr über die Hintergründe und die Ausprägung der geschützten Natur erfahren wir im **Bezoekerscentrum**, das direkt am Radfernweg LF9 liegt.

Wir verlassen Appelscha an der Vaart **Noordzijde**. Klar, dass es auch eine **Zuidzijde** gibt. Beide ziehen sich am Kanal entlang und sind von tollen **Wohnhäusern** bestanden. Glücklich darf sich schätzen, wer eines dieser Häuser bewohnen darf.

Kartentipp:
ADFC-Radtourenkarte NL1 Niederlande-Nord,
1:150.000, ISBN 978-3-87073-946-1, € 9,95

19 Ein ganzer Tempel für Schmetterlinge

Rundtour von Emmen über Zwartemeer

Niederlande-Touren-Info 19

ca. 45 km ohne Abstecher, gute, regionale Radweg-Beschilderung sowie teils Beschilderung als Fernradweg UCTP. Die Route führt meist über separate Rad- und Feldwege bzw. auf wenig befahrenen Nebenstraßen, einige Passagen auf losem Untergrund.

Start und Ziel: Bahnhof Emmen

Info: Tourist Info Emmen, Tel. +31 (0)591649712, www.emmenmaakhetmee.nl

Wir sind rund um die größte Stadt der Provinz Drenthe unterwegs. Dabei begeistert uns Emmen aus einer spannenden Kombination aus alten und neuen Gebäuden. Egal ob nach oder vor der Rundtour: Ein Besuch im Wildlands Adventure Zoo Emmen gehört auf alle Fälle auf´s Pflichtprogramm.

Bereits in der Bronzezeit siedelten rund um Emmen die ersten Menschen. Ein „Curtis Emme", ein Hof, wurde im 12. Jh. erstmals in den Urkunden erwähnt. In den folgenden Jahrhunderten blieb der Ort eher überschaubar von der Landwirtschaft bestimmt. Erst als nach dem Krieg mit staatlichen Hilfen **Metall- und Textilbetriebe** hier angesiedelt wurden, wuchs die Stadt rasant an.

Tipp: Der **Wildlands Adventure Zoo Emmen** ist ein absolutes Muss für jeden, der in der Gegend zu Gast ist, denn er setzt neue Maßstäbe. Aus dem ehemaligen Dierenpark Emmen (Tierpark) entstand ein Zoo, der in drei große Bereiche gegliedert wurde. Natürlich sind die Tiere hier die Stars, aber auch die Gebäude verdienen unsere Beachtung: Ein Themenbereich wird über den **Sonnenpalast** erreicht und für die Schmetterlinge wurde ein **Tempel** gebaut, der zugleich den Bereich des Jungels für uns eröffnet.

Emmen wirkt auf den ersten Blick wie eine moderne Industriestadt mit breiten Straßen, auf denen die Autos durch den Ort rauschen. Doch die mit mehr als 50.000 Einwohnern größte Stadt der Provinz Drenthe zeigt uns rund um die Kirche namens **de Grote of Pancratiuskerk** auch einige historische Hausfassaden.

Das moderne Emmen zeigt sich am besten im **Atlas Theater** neben den Wildlands mit seinem kühn geschwungenen Dach und dem **t´Schip**, dem großen Einkaufszentrum.

Los geht's am Bahnhof von Emmen, den wir zur Boslaan hin verlassen, um dort links und hinter den Schienen sofort wieder rechts abzuzweigen in den Parallelweg, der als Zonnenweg auf die Kerkhoflaan trifft, auf die wir rechts einbiegen. An der nächsten Querstraße links, dann geradeaus über die mehrspurige Straße hinweg. Auch die nächste mehrspurige Straße überqueren wir, folgen dann aber ihrem Radweg nach links. Am Kreisel geradeaus und hinter der N391 weiter auf der Zuidbargerstraat durch Zuidbarge. Hinter dem Kanal ein Stück geradeaus, dann an der Kreuzung links und zum Ufer des Sees „Grote Rietplas", den wir bis zur Südspitze begleiten. An der querenden Straße links, bei Schild 96 rechts, 97 geradeaus, vor dem Kanal links, beim Campingplatz und am Schild 60 geradeaus. Direkt dahinter rechts und bei 59 und 62 links, am Querweg rechts, 64 links und wir gelangen nach Zwartemeer.

Das Wahrzeichen von Zuidbarge ist nun wirklich nicht zu übersehen: 18 m hoch ist die Windmühle Zeldenrust.

Tipp: Wem der Sinn nach Abkühlung steht, der ist bei **„de Grote Rietplas"** genau richtig. Lange Badestrände säumen das Ufer des großen Sees, der auch bei Surfern und Seglern ein beliebtes Revier ist.

Hinter dem Örtchen Erica treffen wir auf den **Kanal Verlengde Hoogeveensche Vaart** und am Campingplatz wechseln wir ans Ufer des **Echtenskanaals**. Es ist also besonders schönes Radeln angesagt!

Kartentipp:
ADFC-Regionalkarte Emsland/Grafschaft Bentheim, 1:75.000, ISBN 978-3-87073-886-0, € 8,95
Digital für Smartphones und Tablets:
www.fahrrad-buecher-karten.de/rk-digital

Was wären die Niederlande ohne Windmühlen?

Weiter geht´s von Zwartemeer, das wir entlang der Zuidervaart verlassen – und zwar rechts vom Kanal. Nachdem wir die A37 gekreuzt haben am Kreisel geradeaus, dahinter rechts und bei 81 links. Am Schild 80 links, 65 geradeaus, vor dem nächsten Kanal rechts, bei 70 links, 50 und 52 geradeaus und zurück in die Innenstadt von Emmen. Hier steuern wir den Bahnhof an, wo die Tour endet.

Dann rollen wir durchs **Veen**, wie uns die Ortsnamen schon verraten. Auch das Industriel **Smalspoor Museum** liegt fast am Wegesrand, bevor wir durch das „nasse" **Bargerveen** radeln. An mehreren Stellen können wir das Moorgebiet bestens überblicken.

20 Traumstrände wie an der Perlenschnur

Streckentour von Scheveningen nach Zandvoort

Niederlande-Touren-Info 20

ca. 39 km ohne Abstecher, gute, regionale Radweg-Beschilderung, teils Beschilderung als Radfernweg LF Kustroute. Die Route führt meist über separate Rad- und Feldwege bzw. auf wenig befahrenen Nebenstraßen, einige Passagen auf losem Untergrund.

Start: Straßenbahnhaltestelle am Holland Casino Scheveningen

Ziel: Bahnhof Zandvoort

Info: VVV Den Haag, Tel. +31 (0)703618860, www.denhaag.com

Bei dieser Streckentour dürfen wir nicht vergessen, die Badesachen einzupacken, denn wir rollen stets an der Küste entlang. Und die besteht hier aus mächtigen Dünen und herrlichem Sandstrand. Das erklärt auch, warum gleich mehrere mondäne Seebäder auf unserer Route liegen. Und die tragen durchaus berühmte Namen: Scheveningen, Wassenaar, Katwijk, Noordwijk und Zandvoort verführen zum Einkehren – und teils auch zum Staunen!

Nur wenige Minuten mit der Straßenbahn sind es vom quirligen Zentrum Den Haags bis zur Sommerfrische am Meer. Dann sind wir in Scheveningen, dem **beliebtesten Badeort der Niederlande**. Schnell wird klar, warum es die Gäste aus Nah und Fern immer wieder hierherzieht: Es sind natürlich nicht die Betonklötze, die uns beim Aussteigen aus der Straßenbahn erwarten. Vielmehr ist es der herrliche endlos scheinende **Sandstrand** und die perfekte touristische Infrastruktur. Hier können wir nicht viel vermissen: An der **Uferpromenade** haben wir reichlich Platz zum Radeln, denn für Fußgänger und Autos gibt es eigene Trassen. **Einkehrmöglichkeiten** finden wir im Überfluss – teils im Ortskern, aber vor allem entlang der Promenade, wo sich Cafés, Restaurants, Bars, und vieles mehr lückenlos aneinanderfügen. Und so zieht sich der Boulevard bzw. der anschlie-

Nicht nur an Scheveningens Promenade ist immer eine Menge los…

ßende Strandweg bis zum Hafen, an dem sich fotogen der **Vuurtoren** (Leuchturm) erhebt. Rund um die **Hafenbecken** gibt es nicht nur viel zu sehen, sondern in den Restaurants auch bestes Essen.

Tipp: Nicht nur für Kinder spannend ist ein Besuch im **Legoland Discovery Centre Scheveningen**. Hier tauchen wir ein in eine Welt aus Kunststoff-Steinchen, die zu Kunstwerken modelliert wurden. Wen es mehr interessiert, der Badeort Anno dazumal aussah, besucht die **kulturhistorische und meeresbiologische Sammlung**, während Kunstfreunde das **Museum Belden aan Zee** ansteuern. Hier wurden mehr als 600 Skulpturen zu einer Ausstellung vereint.

Deutlich auffälliger als die Museen ist natürlich der 381 m lange **Pier**. Die herrliche Glasfassade lässt völlig neue Blicke auf unseren Start-Ort Scheveningen zu. Eine ganz andere Perspektive wiederum bietet das ebenfalls am Pier aufgestellte **Riesenrad** – hier können wir auf Wunsch sogar in den Gondeln speisen. Wem das immer noch zu langweilig ist, der lässt sich an den Füßen anbinden und springt kopfüber am **Bungeeseil** in die Tiefe.

Los geht's an der Straßenbahnhaltestelle am Holland Casino von Scheveningen, die wir nach rechts entlang des Gevers Daynootweg verlassen. Nach wenigen Pedaltritten rechts in die Zwolsestraat und wieder kurz darauf links in den Harstenhoekweg, der uns hinaus aus der Stadt bringt. An den Westertoren bei Radschild 39 links, durch die Dünen Richtung Meer und bei Schild 40 schräg links, um weiter in der Nähe der See zu radeln. So rollen wir an Wassenaar vorbei.

Wir haben Scheveningen noch nicht verlassen, da folgen wir auch schon dem Radfernweg LF Kustroute. Auf ihr können wir einmal die komplette Küste der Niederlande umrunden.

Tipp: Schon zu Beginn der Tour können wir entscheiden, ob wir noch einen kurzen Abstecher in die andere Richtung unternehmen: Dort liegt nur wenige Minuten an der Küste entlang der **Badeort** Kijkdiun, in dem es deutlich ruhiger zugeht als in Scheveningen. Spannend ist das „**Hemels Gewelf**". Wenn wir uns hier in das „Loch" hinter der Düne legen und nach oben Blicken, scheint es so, als wäre der Himmel über uns eine Kuppel.

...sondern auch in der Luft darüber!

Gleich rechts neben unserem Radweg liegt Wassenaar. Hier lässt sich bestens Urlaub machen, denn es gibt reichlich Unterkünfte, einige davon mit direktem Anschluss an einen **Wasser- und Abenteuerpark**. Aber auch dauerhaft lässt es sich hier gut leben. Das zumindest sehen wir an den vielen Villen, die teils in weitläufigen Parks liegen. Doch auch „klassische" Sehenswürdigkeiten finden wir hier, wie die 1668 erbaute **Kornwindmühle** mit dem treffenden Namen „Windlust" oder das Wassenaar **Brandweermuseum**. Das Feuerwehrmuseum ist im unteren Bereich des Rathauses untergebracht.

Auch zum Radeln ist es hier herrlich: Das Meeresrauschen stets im Ohr rollen wir durch das **Naturreservaat Meijndel und Berkheide**.

Weiter geht´s auf unserer LF Kustroute von Wassenaar stets in Seenähe. Beim Schild 41 links und sofort wieder rechts und später an Katwijk vorbei. Nachdem wir auch Noordwijk und Noordwijkerhout in Strandnähe passiert haben, wird es wieder weniger belebt. Schließlich werden die Menschen und Fahrräder mehr, Häuser tauchen auf und wir gelangen nach Zandvoort. Hier schlängeln wir uns erst in die Innenstadt und steuern dort den Bahnhof an. Mit der Bahn fahren wir entspannt via Haarlem zurück nach Den Haag bzw. von dort wieder mit der Straßenbahn hinaus nach Scheveningen.

Rund 5 km lang ist der wunderbare **Strand** von Katwijk. Durch ihn wurde aus einem kleinen Fischerdorf ein nicht nur bei Deutschen sehr beliebter Urlaubsort. Direkt an der See finden wir die mächtigen **Schleusen**. Mit ihnen soll verhindert werden, dass das Salzwasser der Nordsee in den Rhein fließt. Ja, wir sind hier auch zugleich am Rhein. Und das macht sich im Ortsteil „Katwijk aan den Rijn" nicht nur am Namen bemerkbar – der Strom ist hier unübersehbar. Das gilt auch für den weißen **Leuchtturm**, der mit dem nicht minder weißen **Turm** der Kirche um die Wette strahlt. In der **Kinderboerderij de wilbert** können Kinder auf Tuchfühlung mit Ziegen und anderen possierlichen Tieren gehen. Und einen Spielplatz gibt es natürlich auch!

Tipp: In Katwijk können wir einen lohnenswerten Abstecher ins Landesinnere unternehmen, denn hier liegt der sogenannte „**Bollenstreek**". Auf rund 13 km Länge können wir heutzutage eintauchen in ein Meer von **Blumen**. Wer mehr davon mag, reiht sich an dieser Stelle in den Verlauf von Tour 22.

Auf unserem weiteren Weg nach Zandvoort liegt der ebenfalls sehr bekannte **Urlaubsort** Noordwijk. Hier werden Besucher auch mit bester Infrastruktur und mit einem außergewöhnlichen Angebot angelockt: Die **Space Expo** ist die größte Raumfahrtausstellung in Europa und entführt uns in fremde Galaxien.

Kartentipp:
ADFC-Regionalkarte Nord-Holland/Amsterdam,
1:75.000, ISBN 978-3-96990-008-6, € 9,95
Digital für Smartphones und Tablets:
www.fahrrad-buecher-karten.de/rk-digital

21 Tulpomania

Rundtour von Leiden über Lisse

Niederlande-Touren-Info 21

ca. 46 km ohne Abstecher, gute, regionale Radweg-Beschilderung. Die Route führt meist über separate Rad- und Feldwege bzw. auf wenig befahrenen Nebenstraßen, einige Passagen auf losem Untergrund.

Start und Ziel: Bahnhof Leiden

Info: VVV Leiden, Tel. +31 (0)715166000, www.visitleiden.nl

Was für eine Tour! Nicht nur Blumenfreunden werden die Augen überlaufen, wenn wir im Frühling durch die endlos scheinenden Blumenfelder rund um Leiden rollen. Wir sind im sogenannten „Bollenstreek" unterwegs, der auf 13 km Länge und einer unüberschaubaren Fläche alles bietet, was blüht. Wessen Fall das dann doch nicht ist, kommt trotzdem voll auf seine Kosten, denn wir rollen auf besten Radwegen durch eine wunderbare Landschaft und lernen das „Land hinter den Seebädern" kennen.

Die rund 120.000 Einwohner zählende Stadt Leiden ist nicht nur eine der ältesten, sondern auch eine der schönsten Metropolen der Niederlande. Dabei liegt sie am Ufer des Alten **Rhein**, der sich hier aber eher sehr sanft durch die City schlängelt. Dabei gesellt er sich zu den vielen **Grachten**, die größtenteils von wunderbaren historischen Häusern bewacht werden. Ein Anblick, der Freude macht! Das dachten sich vermutlich auch die Angehörigen des niederländischen Königshauses, die hier an der bekannten **Universität** studierten und dabei an einer der Grachten logierten.

Die Geschichte Leidens reicht bis in die Zeit zurück, als die Römer hier eine Siedlung namens Ludgunum Batavorum unterhielten. Im 11. Jh. wurde eine erste Burg erbaut, um die strategisch gut gelegene Stadt zu schützen. Im 16. Jh. belagerten die Spanier Leiden. Wilhelm der Schweiger trug sich seinerzeit in die Geschichtsbücher ein, als er die **Deiche** durchstechen ließ und die Belagerer so vertrieb.

Als Dank konnten die Leidener wählen zwischen der Einrichtung einer Uni oder der Abgabenfreiheit – es entstand die erste Universität des Landes!

In Leiden lässt es sich bestens studieren. Das wussten auch schon die Mitglieder des Königshauses!

Tipp: Freunde von Museen kommen in Leiden voll auf ihre Kosten, denn sie haben die Wahl zwischen **12 Museen**. Da fällt es schwer, sich zu entscheiden, daher empfehlen wir den Besuch des **Mühlenmuseums**. Dies ist in einer 7-stöckigen Getreidemühle untergebracht, die 1743 in einem hochwassergeschützten Bereich erbaut wurde. Seinerzeit war es eine von sage und schreibe 30 Mühlen, die sich in Leiden drehten. Doch diese war etwas besonders, denn sie gehörte zur Stadtbefestigung, daher wurde sie auch aus Stein errichtet.

Ein tolles Motiv bieten auch die **Turfmarksbrug** und gleich in der Nähe die **Blauwspoortsbrug**, die beide auch zu den Verteidigungsanlagen zählten. Wir können den Finger am Auslöser lassen, denn nebenan erhebt sich die Mühle „**De Put**", die im Original dem Großvater von Rembrandt gehörte. Rembrandt selbst wurde im benachbarten Waddesteeg geboren – natürlich können wir sein **Geburtshaus** an einem Gedenkstein erkennen.

Beim Durchstreifen der alten Gassen und Grachten entdecken wir eine Vielzahl toll restaurierter Hausfassaden. Die **Rapenburggracht** sticht dabei besonders hervor, denn sie ist eine der ältesten und ohne Frage auch eine der schönsten des ganzen Landes. Kein Wunder, dass hier auch die „royalen Studenten" wohnten.

Nicht versäumen dürfen wir, uns einige der „**Hofjes**" anzusehen, von denen es am Doelensteeg Nr. 7 das vielleicht schönste gibt. Wer würde nicht gerne in einer solchen Idylle mitten in der Stadt wohnen?

Los geht's am Bahnhof von Leiden, den wir über den Stationsplein (den Vorplatz) hinweg zum Kanal verlassen. Vor der Brücke links und dann immer am „zackigen" Ufer des Kanals entlang. So passieren wir die Radschilder 75, 14 und 13, um bei 85 links abzuzweigen. Bei 44 geradeaus, bei 78 rechts, 81 links, bei 39 und 8 wieder links, dann queren wir bei 25 die A44. Nun bei 54 rechts und der Straße links folgen, nach einer Linkskurve bei 41 und 30 geradeaus und bei 91 links. So gelangen wir in die Innenstadt von Lisse.

Nachdem wir am Schild 39 links abgebogen sind, erreichen wir eine **Seenlandschaft**

21

namens Kagerplassen, durch die wir radeln. 't Joppe, Kever, Zweiland, Norremeer, Dieperpoel – und das sind nur die größeren der Seen, die hier direkt miteinander verbunden sind. Mittendrin liegt der **Zwanburger Polder**, das einst als Wasserbehörde dafür verantwortlich war, dass das Land planmäßig entwässert wurde. Eine schöne **Windmühle** gibt es hier natürlich auch.

Tipp: Bevor wir bei Schild 25 die A44 passieren, können wir links abbiegen und dem Verlauf der Autobahn ein Stück folgen. Bei Oosteinde geht's dann schräg links weg zum **Estate Huys te Warmont**. Die Herren von Warmont ließen die schmucke Anlage, die uns an eine Burg erinnert, bauen. Noch immer ist das Anwesen in Privatbesitz, so dass uns der Zutritt verwehrt bleibt

Bei Lisse kommen wir am Huis Dever vorbei, einem tollen, kleinen Schloss. Um 1375 dürfte es für eine der Hier seinerzeit ansässigen Adelsfamilien gebaut worden sein. Im Innern ist heute ein archäologisches Museum untergebracht.

In Lisse dreht sich alles um die Blumen: Linkerhand liegt das 2015 erneuerte **Museum de Zwarte Tulip**, das auch als Museum Blick Tulip bekannt ist. Hier erfahren wir alles, was wir für den weiteren Streckenverlauf wissen müssen: Wie werden Blumenzwiebeln vermehrt? Wie werden sie veredelt? Und wie konnte es dazu kommen, dass eine Tulpenzwiebel einst teurer war, als ein Grachtenhaus in Amsterdam? Und wie entstand die schwarze Tulpe? Wir sind überrascht von den Antworten und schauen uns dann alles hautnah im Garten an und überlegen, welche Zwiebeln wir kaufen und in unsere Radtaschen packen.

Weiter geht´s von Lisse, wo wir bei Schild 29 links, bei 49 und 40 geradeaus, bei 48 links fahren und wenig später rechts Richtung Noordwijkerhout abbiegen. Nachdem wir die breite Straße überquert haben, bei Schild 80 links und immer geradeaus durch Noordwijk-Binnen, Voorhout, dann schräg rechts nach Katwijk Noord. Bei 62 geradeaus, dann links nach Katwijk aan den Rhijn. Nun an den Schildern wie folgt radeln: 93 links, 89 links, 90 schräg rechts, 88 geradeaus, 35 links im Rechts-Links-Schwenk die Autobahn passieren, bei 6 bzw. 4 geradeaus. Dann über den Kanal hinweg, direkt dahinter rechts, am zweiten Kreisel links und zurück zum Bahnhof von Leiden, wo unsere Tour endet.

Wir sind im sogenannten „**Bollenstreek**". Im Jahre 1593 bekam der Botaniker l`Ecluse Tulpenzwiebeln geschenkt. Hinter den Dünen begann er mit der Zucht dieser Blumen – ohne zu ahnen, was daraus werden würde.

Ein echter Exportschlager – Tulpen aus Lisse

Auf rund 13 km Länge können wir heutzutage eintauchen in ein Meer von **Blumen**.

Tipp: Der **Keukenhof** ist in dieser Region ohne Frage die prominenteste Adresse, doch auch um den Hof herum gibt es reichlich zu sehen. Und wer sich etwas abseits der Busgruppen bewegt, kann auch tolle Fotos schießen.

Kartentipp:
ADFC-Regionalkarte Nord-Holland/Amsterdam, 1:75.000, ISBN 978-3-96990-008-6, € 9,95
Digital für Smartphones und Tablets:
www.fahrrad-buecher-karten.de/rk-digital

Noordwijk und Katwijk haben sich in den letzten Jahren zu beliebten **Ferienorten** entwickelt. Endlos scheinende **Sandstrände**, Strandpavillons, jede Menge Einkehr- und Shoppingmöglichkeiten. Hier finden Urlauber wirklich alles, was sie von einem Niederlande-Urlaub erwarten.

22 Delfter Blau und blaues Meer

Rundtour von Delft über Wassenaar

Niederlande-Touren-Info 22

ca. 47 km ohne Abstecher, gute, regionale Radweg-Beschilderung, teils Beschilderung als Fernradweg LF Kustroute. Die Route führt meist über separate Rad- und Feldwege bzw. auf wenig befahrenen Nebenstraßen, einige Passagen auf losem Untergrund.

Start und Ziel: Bahnhof Delft

Info: VVV Delft, Tel. +31 (0)152154052, www.delft.com

Von hier aus machen wir uns auf zu einer Tour, die im ersten Teil eher „städtisch" ist, denn wir merken kaum wann wir Delft verlassen und Den Haag erreicht haben. Dafür können wir danach die Natur genießen, wenn wir auf dem Radfernweg LF Kustroute an der Nordseeküste entlang radeln und das Meer rauschen hören.

Wir haben eine richtig tolle Tour vor uns: Los geht´s im wunderschönen historischen Delft. In der Innenstadt sieht es fast so aus, als wären wir im Mittelalter gelandet. Das Rathuis, die Grote Kerk, der weitläufige Marktplatz, die kleinen Gassen mit den alten Häusern an funkelnden Kanälen – man kommt immer wieder ins Schwärmen!

Jan Vermeer – sein Name ist untrennbar mit unserer Start- und Zielstadt Delft verbunden. Kaum ein anderer Maler des Barocks vermochte es, so mit Licht und Schatten auf seinen Gemälden zu spielen, dass der Betrachter immer wieder den Eindruck bekommt, auf ein Foto zu blicken. Am 31.10.1632 in Delft getauft, verbrachte er hier auch schaffendes Leben. Der Nachwelt blieben ganze **37 Bilder**, unter ihnen das weltberühmte „Mädchen mit dem Perlenohrgehänge". Während uns das Motiv heute überall begegnet, war es damals nur eines von **Zehntausenden Bildern**, das in jener Zeit durch die 700 Maler pro Jahr im „**Goldenen Zeitalter**" gefertigt wurden. Heute von unschätzbarem Wert, ging es 1881 für etwas mehr als zwei Gulden über die Ladentheke.

„Selfie-Brücken" gibt es in Delft gleich mehrere!

Tipp: Es ist also naheliegend, die Stadterkundung am **Vermeer Centrum** zu beginnen. Mit einem Audio Guide ausgestattet, werden wir in die musische Welt des Künstlers entführt.

Vom Museum aus ist es nur ein Katzensprung zum weitläufigen **Markt**. Wenn wir hier die Blicke schweifen lassen, kommen wir uns direkt vor, wie auf einem der Gemälde: Wir erblicken die **Nieuwe Kerk** mit der Fürstengrabstätte und gleich gegenüber das fantastische **Rathuis.** Schon seit 1618 wacht es über die Bürger der Stadt und der unübersehbare Turm hat sogar einen eigenen Namen: „**Het Steen**" war einst das Gefängnis von Delft. Wieder nur ein paar Schritte und wir sind an der **Oude Kerk**, die mit ihrem **schiefen Turm** „aus dem Rahmen" fällt. Gleich dahinter fließt die **Oude Delft**, die vielleicht schönste Gracht der Stadt. Herrlich, wie sich die Häuser der Altstadt in ihr spiegeln! Prinsenhof, Stadswaag, Gemmenlandshuis, das **Oostpoort** – die Liste der Top-Sehenswürdigkeiten scheint in Delft kein Ende zu nehmen. Ansehen müssen wir uns aber unbedingt eines der Hofjes. Diese Wohnanlagen wurden einst für Witwen und Senioren erbaut. Noch heute sind sie Refugien für alle die Ruhe und Grünes suchen.

Los geht's am Bahnhof von Delft, den wir entlang der Houttuinen Richtung Punkt 52 verlassen und rechts abbiegen. Wir folgen der Beschilderung zu den Knotenpunkten 51, 50, 45, hinter der Autobahn den Punkten 68 und 44, fahren mit Links-Rechts-Abbiegen an der Jugendherberge vorbei, bei 28 rechts, 30 links, 29 rechts, am Freizeitpark Madurodam vorbei, bei 36 geradeaus und 39 rechts ab. Ab Knotenpunkt 39 begleiten uns auch die Schilder der LF Kustroute am Meer entlang, dem wir ein gutes Stück nach rechts folgen. Ab Schild 40 radeln wir an Wassenaar vorbei.

Was für ein Kontrastprogramm: Während in der Innenstadt von Delft die Zeit stehen geblieben zu sein scheint, ist der **Bahnhof**, an dem wir unsere Tour beginnen und beenden, topmodern. Der erste Bahnhof nahm hier schon 1847 seinen Betrieb auf, doch nachdem er 2003 wieder ans internationale Schienennetz angebunden wurde, folgte eine umfang-

22

Tolle Architektur in Wassenaar

reiche Erneuerung als Tunnelbahnhof. So rattern die Züge seit 2015 unterhalb der schmucken Glasfassade.

Auf dem Weg zur See kommen wir an einer ganzen Reihe von Sehenswürdigkeiten vorbei. So liegen (fast) am Wegesrand der Miniaturpark **Madurodam**, das **Fotomuseum** von Den Haag und das **Nationaal Monument voor de Koninklijke Marine**. Ganz in der Nähe gibt es auch noch Überreste des **Atlantikwalls** zu entdecken.

Weiter geht´s vom LF Kustroute am Meer, den wir bei Radschild 41 nach rechts verlassen. Mit den Punkten 43, 47, 61, 51 und 52 durchradeln wir Wassenaar, biegen bei 52 links ab und fahren hinter den Bahnschienen rechts auf die Geestwoningpad. Parallel zu den Schienen geht es bei 40 links, 85 rechts, 86, 93, 82, 78 und 76 geradeaus, bei 74 links 75 rechts, bei 69, 71 und 70 geradeaus. Kurz vor der Autobahn wechseln wir ans andere Ufer und fahren wieder über 45, 50, 51 und 52 den bekannten Weg zurück zum Bahnhof von Delft, wo unsere Rundtour endet.

Der rund 27.000 Einwohner zählende Ort Wassenaar kann auf eine lange Geschichte zurückblicken, die aber erst in der jüngeren Vergangenheit so richtig Fahrt aufnahm. Adelige namens Van Wassenaer verewigten sich hier mit ihrer Stammburg, die fast genau da stand, wo heute die **Kirche** läutet. Von **Wäldern** und **Mooren** umgeben blieb Wassenaar lange ein Bauerndorf mit einem kleinen Ortskern. Erst im 18. und 19. Jh. entdeckten einige gut betuchte Familien, dass es sich hier direkt am Meer und inmitten schöner Dünen gut leben

Groß, beeindruckend und wunderschön – der Grote Markt von Delft

lässt. Nachdem es zuerst vorwiegend **Ferienhäuser** waren, die hier entstanden, siedelten sich später Wohlabende mit ihrem Stammsitz hier an. Das blieb bis heute so, denn die Nähe zu den Ballungszentren bei gleichzeitig bester Anbindung und perfekter Infrastruktur zieht immer mehr von denen, die es sich leisten können, hierher. Neben den Reichen wohnen hier viele Diplomaten und Führungskräfte aus der Industrie – rund 10% von ihnen haben keinen niederländischen Pass.

Tipp: Mehr über die Natur, durch die wir hier radeln, erfahren wir im **Besucherzentrum** des **Dünengebiets „Meijendel“**. Unseren Hunger stillen wir im Pfannkuchen-Restaurant, das herzhafte und süße Speisen anbietet. Die zusätzlichen Kalorien verbrennen wir auf einer kleinen Wanderung durch die Dünen.

Kartentipp:
ADFC-Regionalkarte Nord-Holland/Amsterdam, 1:75.000, ISBN 978-3-96990-008-6, € 9,95
Digital für Smartphones und Tablets:
www.fahrrad-buecher-karten.de/rk-digital

Es wird schnell deutlich, wer sich in und um Wassenaar niedergelassen hat: Hohe Zäune und Mauern umschließen große **Parks**, in denen sich herrliche **Villen** befinden. Auf der Straße nimmt die Sportwagen-Dichte spürbar zu und ein Hauch von Luxus scheint ohnehin stets in der Luft zu liegen. Doch es gibt auch „klassische“ Sehenswürdigkeiten für uns:

Die schon erwähnte **Kirche** im Ortskern stammt aus dem 12. Jh. und bietet romanische Elemente. Gar nicht weit entfernt reckt sich seit 1668 die Kornwindmühle mit dem passenden Namen „**Windlust**“ empor. Und wem der Sinn nach Abkühlung steht, der findet am **Wassenaarseslag** den besten Zugang zum Meer.

23 Naherholung vor den Toren der königlichen Hauptstadt

Rundtour von Den Haag über Zoetermeer

Niederlande-Touren-Info 23

ca. 42 km ohne Abstecher, gute, regionale Radweg-Beschilderung, ein kurzes Stück mit Beschilderung als LF4. Die Route führt meist über separate Rad- und Feldwege bzw. auf wenig befahrenen Nebenstraßen, einige Passagen auf losem Untergrund.

Start und Ziel: Hauptbahnhof (Centraal Station) von Den Haag

Info: VVV Den Haag, Tel. +31 (0)703618860, www.denhaag.com

Einmal mehr können wir die Vielseitigkeit der Niederlande mit allen Sinnen genießen: In Den Haag spüren wir die spannende Mischung aus royalem und verwaltendem Regierungssitz und sind mächtig beeindruckt vom „Binnenhof". Nach den kulturellen Genüssen machen wir uns auf zu einer Entdeckungstour ins Umland. Direkt zu Beginn entdecken wir die Weiten des Haagse Bos, einer grünen Oase. Nachdem es zunächst den Eindruck hat, als würden wir die Stadt gar nicht so recht verlassen, tauchen wir in der zweiten Hälfte ein in ruhige Natur, die natürlich von ganz viel Wasser geprägt ist.

Willkommen im **„größten Dorf Europas"**. So wird Den Haag auch gerne genannt, denn trotz seiner Bedeutung als Sitz der Regierung und der Königsfamilie wurde Den Haag nie zur Stadt erhoben. Naja, bis auf genau den einen Tag, als Louis Bonaparte hier übernachtete, denn das wollte er nicht in einem Dorf erledigen.

Tipp: Wer die Niederlande einmal an einem Tag kennenlernen möchte, besucht **Madurodam**. Hier wurde das Land im Maßstab 1:25 nachempfunden. Eine Altstadt mit Grachten gibt es hier genauso wie einen Flughafen, Mühlen, Schlösser und natürlich auch Kirchen.

Radeln mit Palast-Blick – das Huis ten Bosch

Wenn wir über s´Gravenhage sprechen, haben wir die Sympathien der Einwohner Den Haags direkt auf unserer Seite, denn so lautet der eigentliche Stadtname. Zu sehen gibt es hier unglaublich viel. So beginnen wir unsere Stadterkundung am **Binnenhof**. Was für uns nach einem „Hof" klingt, entpuppt sich als riesiges Schloss, dessen Silhouette sich malerisch im **Hofvijver** spiegelt. Die Erste und die Zweite Kammer des niederländischen Parlaments tagen hier in sehenswertem Ambiente. Noch schöner ist der Rittersaal, der sich in jenem Gebäude befindet, das die Mitte des raumgreifenden Komplexes markiert.

Vom Binnen- geht's zum Buitenhof, wo uns u.a. Foltergeräte des Mittelalters einen Schauer den Rücken hinunter jagen. Wenn wir uns noch auf der noblen **Gravenpassage** die Symbiose aus alter und neuer Bausubstanz angesehen haben, widmen wir uns der **Oude Kerk** mit seinem 6-eckigen Turm. Wer den Aufstieg wagt, wird mit einer unglaublichen **Aussicht** belohnt.

Nur einen Katzensprung entfernt liegen das **Oude Stadthuis** und der Oude Markt, auf dem wir auch die **Butterwaage** entdecken. Pflicht ist auch eine Visite am Vredespalais, denn hier hat der **Internationale Gerichtshof** seinen Sitz bezogen.

Nach den vielen Eindrücken ist es eine schöne Abwechslung, den **Paleistuin** zu besuchen. Der Garten des königlichen Schlosses ist auch für uns „Normalsterblichen" zugänglich und lässt uns durchatmen.

Freunde der schönen Künste besuchen das „**Panorama Mesdag**", ein kreisrundes Gemälde mit den sagenhaften Maßen von 120 x 14 Metern! Abgebildet ist der vor den Toren Den Haags liegende Badeort Scheveningen, wie er im 19. Jh. aussah.

Los geht's am Hauptbahnhof (Centraal Station) von Dan Haag, den wir vom Vorplatz an der breiten Straße entlang nach rechts auf dem Bezuidenhoutseweg verlassen. An der ersten großen Kreuzung rechts, dann nach wenigen Metern schräg rechts in den Park (Zuiderpad) hinein, auch das Radwegschild LF4 kann hier hilfreich sein. Nun orientieren wir uns an den Radwegeschildern, wo wir wie folgt fahren: 32 rechts, 56 und 73 geradeaus, 14 rechts, 76 links, 78 und 82 gerade-

23 aus, 93 rechts, 94 und 95 geradeaus, hinter 96 und bei 25 und 32 rechts, 45 links und um den Kreisel herum. Nachdem wir die Bahn passiert haben, rechts und im Linksbogen durch den nächsten Park. Bei 11 links in den Natuurpad. So kommen wir in den weitläufigen Westerpark bei Zoetermeer.

Gleich zu Beginn unserer Radtour rollen wir ein Stück auf dem **Fernradweg LF4**, der durch den Park „**Haagse Bos**" führt. Wir trauen unseren Augen kaum, als neben uns Wildtiere mitten in der Stadt auftauchen! Erstaunliche 100 ha groß ist dieser Park mitten in der Stadt. Er verbindet die Innenstadt mit dem **Huis ten Bosch**. Der Zutritt zu diesem stattlichen Anwesen bleibt uns verwehrt und der Grund ist einleuchtend, denn hier residiert die **königliche Familie**.

Später geht's erst am Vorort Leidschendam, dann an einigen **Mühlen** und Seen vorbei, die als „**Vlietland**" bezeichnet werden, weil der vorbeifließende Kanal „Vliet" getauft wurde.

Tipp: Ein Abstecher führt uns ins Herz von Zoetermeer, das lange Zeit eher ein dörfliches Dasein auszeichnete. Der alte Dorfkern konnte bis heute erhalten bleiben – wie wir es fast schon „erwarten", säumen kunterbunt gemischte Häuser schilfbewachsene **Grachten** und in der Mitte ragt die schöne **Oude Kerk** empor. Mit seiner runden Kuppel ist auch der Wasserturm „**De Tien Gemeenten**" ein nettes Fotomotiv. Die meisten Viertel jedoch sind neueren Datums und begeistern vor allem Fans der modernen Architektur, wie die **Balijbrug**, das Winkelzentrum oder die Skyline rund um den **Dobbeplas**. In einen Rausch der Sinne bringen uns die Farben der **Nelson Mandelabrug** mit ihrer tollkühnen Architektur.

Nun sind wir schon einige Kilometer geradelt und doch kaum aus Den Haag raus. Ja, diese Region ist wirklich sehr dicht besiedelt. Und so ist auch die 125.000 Einwohner große Stadt

Zoetermeer mit Den Haag komplett verflochten. Erst 1962 wurde Zoetermeer als „**Wachstumszentrum**" auserkoren, um neuen Wohnraum zu schaffen. In knapp 30 Jahren siedelten sich fast 90.000 Menschen hier an.

Weiter geht´s im Westerpark, dem wir beim Radwegschild 10 nach links verlassen. Nun ist weiter Schilderradeln angesagt: 12 rechts, bei 13 passieren wir die Autobahn, bei 2 links und bei 3 geradeaus. Bei 4 links, 25 rechts, hinter 7 links und 6 geradeaus, 86 rechts, 87 links, 4 rechts, 3 links und hinter der Autobahn bei 2 rechts. Bei 62 rechts über den Kanal hinweg und auf der anderen Seite weiter am Wasser entlang, bei 61 rechts weiter fahren, unter der Autobahn durch und bei 70 geradeaus. Bei 71 dann links über den Kanal, bei der nächsten Brücke wieder links und bei 44 rechts. Bei der Mühle links und gleich wieder rechts über den

Auf unseren Radtouren finden wir immer wieder Oasen der Ruhe

nächsten Kanal. Wenn wir nun bei 28 rechts abbiegen, erreichen wir den Hauptbahnhof (Centraal Station) von Den Haag, wo unsere Rundtour endet.

Riesig und mit viel üppigem Grün empfängt uns der **Westerpark**, der sich zu einem beliebten Naherholungsgebiet entwickelt hat. Kinder verlieren die Zeit beim Toben auf dem spannenden Spielplatz, Erwachsene kümmern sich um ihr Handicap auf einem der begehrtesten Golfplätze der Region und andere picknicken am Ufer der viele Seen – herrlich!

Kartentipp:
ADFC-Regionalkarte Nord-Holland/Amsterdam,
1:75.000, ISBN 978-3-96990-008-6, € 9,95
Digital für Smartphones und Tablets:
www.fahrrad-buecher-karten.de/rk-digital

Tipp: Unsere Tour führt uns am **Delftse Hout** vorbei. Hier gibt es nicht nur einen ausgezeichneten, stadtnahen Campingplatz, sondern ein paar Meter weiter auch einen **Bauernhof**, bei dem wir einkehren und die Tiere hautnah erleben können.

Am Wegesrand liegt auch **De Grote Plas**, wie der Name verrät, ein großer See, auf dem auch Wassersport möglich ist. Wer sich kein Surfbrett leihen mag, findet rund um das Ufer viele schöne Picknickplätze.

24 Lieber frischer Käse als altes Moor

Rundtour von Gouda über Driebruggen

Niederlande-Touren-Info 24

ca. 25 km ohne Abstecher, gute, regionale Radweg-Beschilderung. Die Route führt meist über separate Rad- und Feldwege bzw. auf wenig befahrenen Nebenstraßen, einige Passagen auf losem Untergrund.

Start und Ziel: Bahnhof Gouda

Info: VVV Gouda, Tel. +31 (0)182589110, welkomingouda.nl

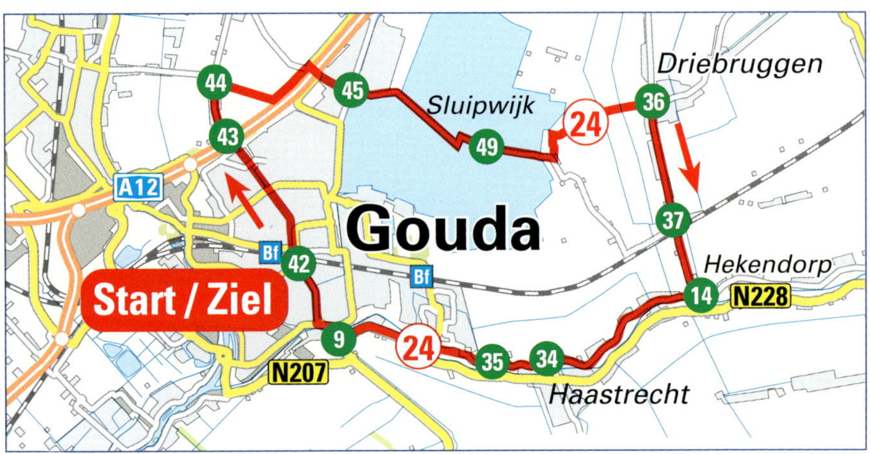

Wir drehen eine Runde durch die „Groene Hart". Und dieses „grüne Herz" hält, was der Name verspricht: Auf gewohnt guten Radwegen gleiten wir durch eine recht dünn besiedelte Landschaft. Der Naturgenuss steht also im Vordergrund dieser Radtour – und natürlich auch ein Genuss für die Sinne, denn schließlich startet und endet die Route in Gouda, einer der berühmtesten „Käsestädte" der Niederlande. Natürlich gibt es hier eine Käsewaage zu sehen und drum herum stehen herrliche Gebäude aus der Zeit der Renaissance.

Graf Floris V. von Holland war es, der Gouda im Jahre 1272 die Stadtrechte verlieh. Der Ort wuchs rasch zu einem bedeutenden **Handelsplatz** an und auch bei der **Ständeversammlung** kam man um Gouda nicht herum. Nachdem die Produktion von Tuchen nicht mehr so viel einbrachte, wurde es stiller um die Stadt. Das änderte sich, als man sich entschloss, **Käse** und **Pfeifen** zu produzieren – was für eine spannende Kombination!

Tipp: Einer der wichtigsten Anlaufpunkte in Gouda ist natürlich das **Kaas- en Ambachtenmuseum**, das neben wichtigen Infos zum Thema Käse auch einiges zum Handwerk der Region berichtet. Untergebracht ist das Museum in der alten **Stadtwaage**, die einst im Stile der Renaissance erbaut wurde. Wenn wir unsere Blicke über die Eingangstüre nach oben schweifen lassen, erblicken wir ein Relief, auf dem das Käsewiegen gezeigt wird. „In Echt" können wir das Schauspiel auf dem Marktplatz auch erleben.

Verkauft! Auf dem Käsemarkt von Gouda

Zu bestimmten Tagen versammeln sich hier die Touristen, um dem **Käsemarkt** zu folgen. Auf historischen Karren werden die großen Käselaibe herangerollt, von kräftigen Männern in schicken Trachten abgeladen und zum Verkauf gestapelt. Auch wenn es schon fast zu sehr ans Klischee geht – der Anblick des mit Käselaiben gefüllten Marktes ist schon etwas ganz Besonderes!

Direkt zu Füßen der Stadtwaage liegt der **Markt** mit seiner eigenwilligen, dreieckigen Geometrie. Alle halbe Stunde versammeln sich hier die Besucher, um die **Figuren** am **Rathuis** zu beobachten, wenn die Szene nachgespielt wird, bei der die Stadtrechte verliehen wurden. Außer der pompösen Freitreppe müssen wir uns im Innern den Trouwzaal, also das Trauzimmer ansehen. Hier hängt ein Wandteppich, der im 17. Jh. hier in Gouda gefertigt wurde.

Es sind nur wenige Schritte vom Rathaus hinüber zur **St. Janskerk**. Dass sie auch Grote Kerk genannt wird, passt bei den stattlichen Grundmaßen von 123 x 45 m. Ansehen müssen wir uns hier unbedingt die tollen **Kir-**

24

Iydlle pur an den Reeuwijkse Plassen

chenfenster, die zu den schönsten des Landes zählen.

Mehr über Gouda und seine Geschichte erfahren wir im Stadtmuseum namens „**Museum Gouda**", das ungemein abwechslungsreich ist. Von Gemälden über ein Chirurgenzimmer bis hin zu Erinnerungen an das einst hier ansässige Krankenhaus ist alles dabei. Besonders interessant ist die Abteilung, die sich der Pfeifenherstellung widmet.

Los geht's am Bahnhof von Gouda, den wir nach links verlassen, um an der nächsten Querstraße links abzubiegen, die Schienen zu passieren und auf dem Ridder van Catsweg dem Kanal zu folgen. Wir bleiben neben diesem Kanal auf dem Bloemendaalseweg, der einen Linksknick vollzieht. Bei Radschild 43 geradeaus, bei 44 rechts, vor der Autostraße links und dann bei nächster Gelegenheit rechts unter der Autobahn durch. Bei Schild 45 geradeaus, dann rollen wir „mitten durch´s Wasser". Bei 48 und 49 links, am Ende des Sees links und gleich wieder rechts nach Driebruggen (zum Knotenpunkt 36).

Es ist einfach herrlich: Wir rollen sozusagen mitten durch die **Reeuwijksche Plassen** – zu beiden Seiten unseres Radweges funkeln die Seen. Auf dem Weg liegt auch das Dorf **Sluipwijk**, dessen 380 Einwohner die gute Lage Ihrer Häuser genießen können. Auch die umliegende Gegend trägt denselben Namen.

Tipp: Es ist empfehlenswert, bei dieser Tour ein Fernglas in den Radtaschen zu verstauen, denn von den Deichen aus entdecken wir nicht nur viele **Windmühlen**, sondern von hier können wir auch seltene **Vogelarten** beobachten, die sich in der ruhige Natur besonders wohl fühlen.

Die Region, durch die wir radeln, wird auch „**Groene Hart**" genannt. Wir sehen weite freie Flächen, die meist landwirtschaftlich genutzt werden. Die städtischen Höhepunkte des „Green Heart" sind Woerden, Alphen, Zoetermeer und unser Start- und Zielort Gouda.

Auch Naherholung steht beim Groene Hart im Mittelpunkt, denn die sogenannte „**Randstad-Megalopolis**" ist hier ganz nah. Unter dem Begriff ist der dicht besiedelte Ballungsraum zusammengefasst, der sich über Amsterdam, Haarlem, Rotterdam, Den Haag und Leiden erstreckt.

Weiter geht´s von Driebruggen bei 36 rechts, bei 37 und 23 geradeaus, bei 14 in Heken-

verabschiedeten sich die Männer der Gegend, genannt die „Goejannen", bevor sie in See stachen.

Wer den Zungenbrecher nicht aussprechen kann, widmet sich dem schönen Blick, den wir von der Schleuse auf die malerischen **Weiden** haben, die ihre grünen Äste bis in die Gracht hängen lassen. Im Dorf finden wir mit der **Klappbrücke**, einigen historischen Häusern und einigen **Biergärten** weitere Gründe, um einen Stopp einzulegen. Wer in Hekendorp genau hinsieht, entdeckt auch die schöne „**Lady Justice**".

dorp rechts. Dann an den Schildern 34, 35, 40 jeweils geradeaus und hinter der nächsten Brücke rechts Richtung Punkt 41. So gelangen wir durch die Innenstadt und folgen den Schildern zum Knotenpunkt 42, die uns wieder zum Bahnhof von Gouda bringen, wo unsere Rundtour endet.

Farbkontraste

Eine weiße **Klappbrücke**, eine blaue Klappbrücke, **reetgedeckte Häuser**, die sich in den Grachten spiegeln: Das rund 4.500 Einwohner zählende Driebruggen ist ein niederländisches, genauer gesagt südholländisches Dorf wie aus dem Bilderbuch.

Goejanverwellessluis – so lautet der offizielle Name der Schleuse von Hekendorp. Hier

Tipp: In Haastrecht kommen wir direkt am **Museum Nationale Klederdrachten** vorbei. Wie der Name schon verrät, dreht sich hier alles um die in dieser Region immer noch gerne getragene Tracht.

Kartentipp:
ADFC-Regionalkarte Nord-Holland/Amsterdam,
1:75.000, ISBN 978-3-96990-008-6, € 9,95
Digital für Smartphones und Tablets:
www.fahrrad-buecher-karten.de/rk-digital

25 Radrunde mit doppeltem Dammblick

Rundtour von Ouddorp über Stellendam

Niederlande-Touren-Info 25

ca. 38 km ohne Abstecher, gute, regionale Radweg-Beschilderung, teils Beschilderung als Radfernweg LF Kustroute. Die Route führt meist über separate Rad- und Feldwege bzw. auf wenig befahrenen Nebenstraßen, einige Passagen auf losem Untergrund.

Start und Ziel: Radschild 58 am Ouddorpse Haven

Info: VVV Goeree-Overflakkee, Tel. +31 (0)187681789, www.visitgo.nl

Wir drehen eine Runde über die Insel Goeree-Overflakkee, die uns mit typisch, holländischen Bildern verwöhnt: Wasser, Strand, Dünen, Jacht- und Kutterhäfen und natürlich Windmühlen begleiten unsere Rad-Runde.

Unser Start in die Tour könnte kaum schöner sein: Wir suchen uns einen Parkplatz am Hafen und schauen uns zunächst die schaukelnden Boote im großen, zweigeteilten **Jachthafen** an.

Tipp: Wenige 100 m weiter westlich entlang der Straße Richtung Brouwersdam gibt es weitere Parkmöglichkeiten auf dem **Parkeerplaats Breekhilpolder**. Auch hier verläuft unser Radweg direkt längs.

Außer den vielen, teils sehr teuren Jachten ist an unserm Start- und Zielort nicht viel zu sehen. Die Sehenswürdigkeiten von Ouddorp liegen allesamt in der Stadt. Wer nicht abwarten möchte bis zum Ende der Tour, rollt ein Stück auf dem Radweg in die andere Richtung, quert die N57, fährt ein Stückchen zurück und biegt dann rechts ab in den Steenweg, der weiter als Havenweg in die **Innenstadt** führt.

Los geht's am Radschild 58 am Ouddorpse Haven, das wir am Deich entlang Richtung Visschershoek, Brouwersdam, bzw. Scharendijke verlassen. Wir bleiben stets in der Nähe des Wassers, rollen bei Schild 52 geradeaus und gelangen bei Schild 51 zum Brouwersdam. Wir bleiben aber auf dieser Seite und rollen zunächst geradeaus und dann rechts weiter nach Visschershoek, passieren dahinter die Radschilder 69, 54, 55, 63 und 62 jeweils geradeaus. Hier treffen wir auch wieder auf den LF Kustroute, mit dem wir bis vor den Haringvlietdam radeln. An Schild 64 biegen wir rechts und am nächsten Kreisel wieder links ab. So gelangen wir nach Stellendam.

Gut geschützt ankern die Boote in Outdorp

Wir sind auf der Insel Goeree-Overflakkee unterwegs und kommen am Brouwersdam vorbei. Auch der ist ein Teil der Deltawerke und soll die Insel davor schützen, dass es eine erneute Hochwasserkatastrophe gibt.

Visschershoek ist ein kleines, altes **Bauerndorf**, das sich malerisch in die Landschaft einbettet. Deutlich mehr Menschen, nämlich rund 3.500, wohnen im Ort Stellendam. Natürlich finden wir rund um den Ort, der sich gut auf die Touristen eingestellt hat, schöne **Windmühlen** und einen kleinen **Hafen**, an dem die Kutter ein tolles Motiv abgeben.

Weiter geht´s von Stellendam, das wir am Radschild 65 nach rechts Richtung 66 verlassen. Am Kreisel (Punkt 66) fahren wir ein kurzes Stück nach links, dann sofort rechts und hinter der Rechtskurve weiter geradeaus Richtung Westen. Die Schilder 41 und 59 passieren wir geradeaus. Kurz bevor wir wieder an unserem Jachthafen ankommen, biegen wir bei Punkt 58 rechts ab, überqueren die N57 und biegen direkt danach wieder rechts ab. Den Schildern folgend gelangen wir in die Innenstadt von Ouddorp. Nach unserer Stippvisite kehren wir auf demselben Weg wieder zurück zum Ufer und beenden unsere Rad-Runde am Radschild 58 am Ouddorpse Haven.

Tipp: Wer des Radelns müde ist, kann natürlich auf den Abstecher nach Ouddorp verzichten und rollt einfach ein paar hundert Meter weiter auf dem Radweg entlang des Wassers und kehrt direkt zum **Jachthafen** zurück.

Ouddorp hat sich zu einem beliebten Ziel für Touristen entwickelt, denn es gibt rund um den Ortskern gleich mehrere **Ferienanlagen**, die teils zu namhaften Ketten gehören. Hinter den schönen Dünen gibt es einen perfekten Wellengang, so dass sich hier meist die **Surfer** tummeln.

Die Ortsmitte von Ouddorp wird vom Turm der **Dorpskerk Sint Marteen** geprägt. Das putzige rote Dach mit dem Geländer hat einen besonderen Charme. Deutlich moderner ist die reformierte Kirche mit seiner auffälligen großen Dachkonstruktion.

In Ouddorps schönem **Raad en Polderhuis** finden wir ein Museum, in dem wir u.a. einen Ausflug in die Landwirtschaftsgeschichte unternehmen können.

Kartentipp:
ADFC-Regionalkarte Seeland / Rotterdam,
1:75.000, ISBN 978-3-96990-007-9, € 9,95
Digital für Smartphones und Tablets:
www.fahrrad-buecher-karten.de/rk-digital

26 Ganz Voorne mit der Museumsrunde

Rundtour von Oostvoorne über Hellevoetsluis

Niederlande-Touren-Info 26

ca. 47 km ohne Abstecher, gute, regionale Radweg-Beschilderung, teils Beschilderung als Fernradwege LF Kustroute und LF Maasroute. Die Route führt meist über separate Rad- und Feldwege bzw. auf wenig befahrenen Nebenstraßen, einige Passagen auf losem Untergrund.

Start und Ziel: Parkeerplaats Tenellaplas an der Duinstraat von Oostvoorne

Info: VVV Rockanje, Tel. +31 (0)181401600, www.zuid-hollandse-eilanden.nl

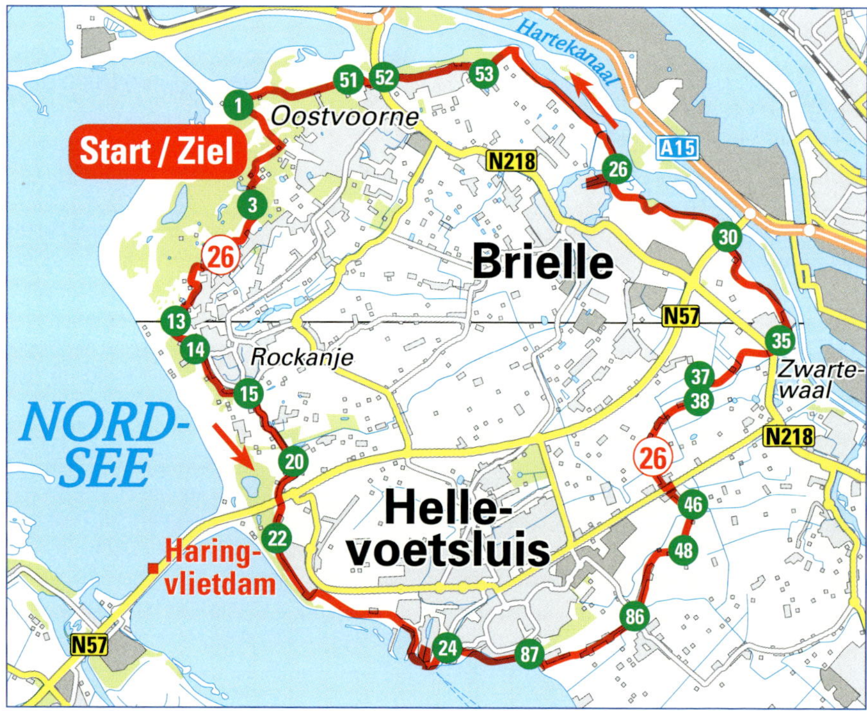

Eine weitere, sehr abwechslungsreiche Tour wartet auf uns: Nachdem wir in unserem Start- und Zielort Oostvoorne oder im benachbarten Rockanje das Strandleben in vollen Zügen genossen haben, rollen wir auf besten Wegen durch ruhiges Land. Die Tour wird unterbrochen durch die ungemein sehenswerten Kleinstädte Hellevoetsluis und Brielle. Egal ob vor oder nach der Tour: Einen Abstecher zum Europoort sollten wir uns nicht entgehen lassen. Der ehemals größte Seehafen der Welt bedeckt eine unglaubliche Fläche von 120 qkm, die größtenteils künstlich erschaffen wurde.

Surfen vor einer Indsutriekulisse – das gibt´s auch nicht überall

Unser Start- und Zielort Oostvoorne schreibt sich nicht nur mit „4 O" – er lässt uns auch ein erstauntes „oooo" über die Lippen huschen, wenn wir die herrlichen **Dünen** vor den Toren der Stadt genießen: Üppige grüne Vegetation wechselt sich ab mit weitläufigem Sand und mittendrin blickt der **Natuurpaviljon** aus der Szenerie hervor.

Tipp: Egal, ob vor oder nach der Rundtour: Ein Ausflug zum Europoort gehört fest auf den Terminplan. Im Jahre 1966 wurde der damals größte Seehafen der Welt in Betrieb genommen. Mit einem **Containerumschlag** von **12,3 Millionen pro Jahr** wurde Europoort zwar von Singapur und Shanghai überholt. Dennoch ist die Hafenfläche von 120 qkm unglaublich. Neben den Containern werden hier 214 Millionen Tonnen Flüssiggüter angeliefert, darunter mehr als **100 Millionen Tonnen Öl** pro Jahr. Nicht zuletzt deshalb gibt es hier viele Industrie- und Chemieanlagen, darunter **fünf Raffinerien**.

Oostvoorne war lange Zeit der einzige Ort in den ganzen Niederlanden, an dem man mit dem **Auto auf den Strand** fahren konnte. Aus sehr nachvollziehbaren Gründen kam 1992 der Vorschlag auf, dies zu unterbinden. Die heftigen Diskussionen über das Für und Wider waren sehr lang und zäh. Aber am 15.10.2004 wurde der Strand endgültig für Autos im Sand **gesperrt**.

Los geht's am Parkeerplaats Tenellaplas von Oostvoorne, den wir nach rechts über die Duinstraat auf dem Fernradweg LF Kustroute verlassen. Dieser lotst uns an den Radschildern 3 geradeaus, 13 rechts, 14 geradeaus, 15 rechts, 20 geradeaus und dann wieder geradeaus unter der N57 hindurch. Nun noch ein paar Pedalumdrehungen am Wasser entlang und wir gelangen nach Hellevoetsluis.

Inmitten der wunderbaren Umgebung von Oostvoorne entdecken wir das **Openluchtmuseum De Duinhuisjes**. Wie der Name verrät, sind dies kleine historische Häuser mit An- und Nebenbauten, die sich malerisch in den Dünen verstecken. Um das zu erhalten, wurde alles als Freilichtmuseum unter Schutz gestellt.

Rockanje liegt quasi am Wegesrand des Fernradweges **Kustroute**. Auch diese Kleinstadt profitiert von der guten Lage und weiß

Dicht besiedelt und doch viel Natur – das sind die Niederlande

seine Gäste mit einem langen und breiten **Sandstrand** zu begeistern.

Tipp: Ein kleiner Abstecher führt uns über den Haringvlietdam ins **Natuurreservaat De Scheelhoek** oder noch weiter nach Ouddorp mit dem **Museum Ouddorps Raad- en Polderhuis**. Bei dem Abstecher müssen wir aber einkalkulieren, dass uns auf dem Damm ein scharfer Wind entgegen bläst.

Nachdem wir die N57 unterquert haben, rollen wir am **Natuurreservaat Haringvliet** vorbei und erreichen die Mündung des **Kanaal door Voornse**. Hier liegt nur wenige Meter neben unserem Radweg die wunderschöne Kleinstadt Hellevoetsluis. Am **Hafen** finden wir ein tolles Fotomotiv, denn historische Schiffe schaukeln auf den sanften Wellen, während im Hintergrund die **Kirche** hinter den Bäumen hervorschaut. Die Schiffe gibt es hier schon lange, denn einst warteten hier die Segler auf guten Wind, um in die Nordsee zu starten. Heute sind es die Inhaber von Sportbooten, die sich über die guten Marinas freuen.

Das **Stadsmuseum** erzählt uns mehr von der Historie der Festungsstadt, während uns das **Nationaal Brandweer Museum** alles zum Thema Feuerwehr vermittelt – ausgestellt werden auch Fahrzeuge, die teils um 1600 genutzt wurden.

Von den alten **Befestigungsanlagen** können wir übrigens noch heute einiges gut identifizieren. Noch besser zu erkennen ist der **Leuchtturm**. Wenn wir schon einmal in der Stadt sind, schauen wir uns auch die **Kornmühle** De Hoopunt und das Prinsenhuis an.

Weiter geht´s von Hellevoetsluis, das wir am Hafen bei Radschild 24 am Wasser entlang verlassen. Bei 87 links und sofort wieder rechts, kurz darauf links, bei 86 geradeaus, bei 48 und 46 links, bei 38 links, 37 rechts, 36

Leuchtturm Hellevoetsluis

und 35 jeweils geradeaus. Hier stoßen wir auf den LF Maasroute und rollen durch Zwartewaal bzw. am Hartelkanaal entlang. Wir bleiben stets in der Nähe des Wassers, kommen an Brielle vorbei. Bei Schild 53 rechts, 52 links und 51 geradeaus, 1 links (hier wechseln wir wieder auf die LF Kustroute) und wenig später rechts. So kommen wir zurück zum Parkeerplaats Tenellaplas an der Duinstraat von Oostvorne, wo unsere Radrunde endet.

Ein kurzer Abstecher in die City von Brielle sollte unbedingt auf dem Plan stehen. Hier steuern wir als erstes die **St. Catharijnekerk** an, die im Stile der Brabanter Spätgotik begonnen und nie so richtig vollendet wurde. Der Grund kommt uns auch heutzutage bekannt vor: Die Stadtväter von Brielle wollten die größte Kirche der Niederlande errichten – und dann ging das Geld aus und der Turm wurde nur zur Hälfte gebaut. Trotzdem hatten wir ihn schon lange im Blick und dann haben wir ihn auch in den Ohren, denn das **Glockenspiel** ist mit seinen 48 Glocken etwas ganz Besonderes.

Tipp: Wenn wir ihn schon so lange im Blick hatten, reizt es umso mehr, die 318 Stufen auf den **Turm** der St. Catharijnekerk zu steigen. Und das lohnt sich, denn die Aussicht ist einfach grandios!

Nachdem wir uns die Kirche angesehen haben, widmen wir uns dem **Stadthuis**, das uns mit den Worten „**Libertatis Primitiae**" im Giebel empfängt. „Erstlinge der Freiheit" heißt dies übersetzt und deutete darauf hin, dass Brielle sich als erste Stadt von der Besatzung der Spanier befreien konnte. Mehr darüber erfahren wir im **Historischen Museum Den Brielle**, das praktischerweise direkt im Rathaus untergebracht ist.

Kartentipp:
ADFC-Regionalkarte Nord-Holland/Amsterdam,
1:75.000, ISBN 978-3-96990-008-6, € 9,95
Digital für Smartphones und Tablets:
www.fahrrad-buecher-karten.de/rk-digital

27 Die schönste Markthalle der Welt

Rundtour von Rotterdam über Hoogvliet

Niederlande-Touren-Info 27

ca. 28 km ohne Abstecher, gute, regionale Radweg-Beschilderung, teils Beschilderung als Fernradweg LF Maasroute. Die Route führt meist über separate Radwege an teils stark befahrenen Straßen, einige Passagen auf Radwegen.

Start und Ziel: Hauptbahnhof Rotterdam Centraal

Info: Rotterdam Tourist Information, Tel. +31 (0)107900185, www.rotterdam.info

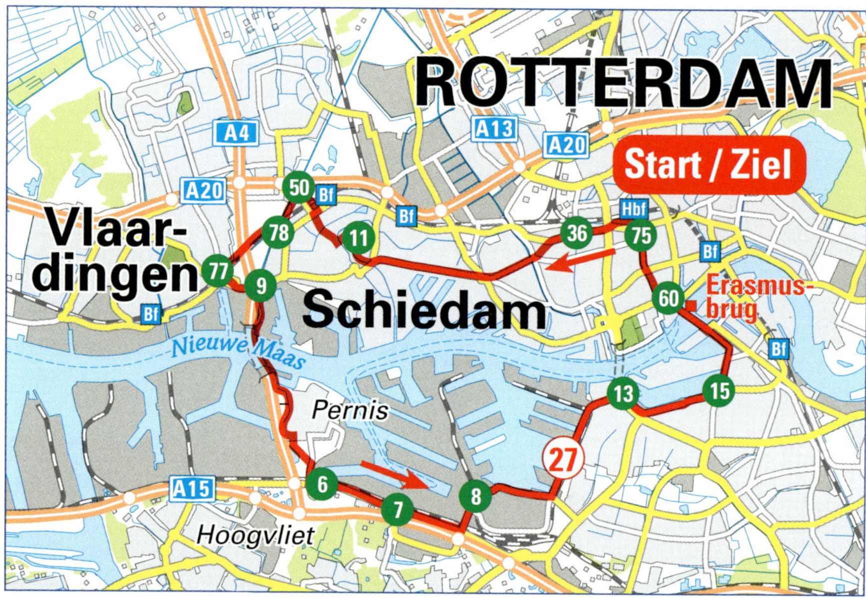

Was für eine Stadt! Rotterdam ist so ganz anders als das, was wir bisher auf unseren Radtouren kennengelernt haben: Rotterdam ist supermodern, besitzt eine von Hochhäusern geprägte Skyline und ist ein Leckerbissen für Kunst- und Architekturfans. Aber: Diese Tour ist eher etwas für „Stadt-Profis", denn fast auf der gesamten Strecke rollen wir mit dem Straßenverkehr – zwar meist auf Radwegen, aber eben doch in der Nähe der Autos. Zum Dank lernen wir nicht nur die Rotterdamer Innenstadt, sondern auch die Vororte Schiedam, Vlaardingen und Hoogvliet kennen und können gegen Ende der Tour mit der Erasmusbrug eine der spektakulärsten Brücken Europas befahren. Da liegt die Überlegung auf der Hand: Vielleicht doch lieber nur eine kleine Rad-Runde drehen und dafür die unglaubliche Stadt Rotterdam per pedes genießen?

Im 13. Jh. trennte man das kleine Flüsschen Rotte mit einem Damm von der Maas ab – und schon haben wir die Namensgebung von Rotterdam geklärt, das 1340 die Stadtrechte erlangte. Die Geschichte meinte es nicht immer gut mit der Stadt: Im Jahre 1563 sorgte eine Feuersbrunst für die weitgehende

Ausflug in die Vergangenheit am historischen Hafen von Rotterdam

Zerstörung und am 14.05.1940 waren es die deutschen Bomber, die Rotterdam erneut dem Erdboden gleich machten. Trotz dieses Kriegs-Irrsinns machten die Bewohner das Beste aus dieser Dramatik: Der Wiederaufbau erfolgte nach gestrengen Plänen. Die sorgten für Wohnviertel, für Straßenzüge, an denen sich Geschäfte ansiedeln konnten, für breite Rad- und Fußwege, ja und auch eine **Fußgängerzone** wurde realisiert. Drum herum wuchsen die modernen Häuser bis in den Himmel – oftmals mit einer **futuristischen Architektur**.

Tipp: Der Begriff „futuristisch" umschreibt auch eines der Highlights Rotterdams. Im Jahre 2014 wurde die fantastische **Markthalle** fertiggestellt. **228 Wohnungen** wurden auf 11 Etagen errichtet. Der Clou: Sie bilden nach innen ein riesiges Tonnengewölbe und dienen damit als „Dach" für **96 Marktstände** und Restaurants. Einige Wohnungsfenster bieten einen direkten Blick auf das gesellige Treiben. Doch damit nicht genug: Die Decke wurde zu einem bunten, überdimensionalen Stillleben mit Obst und Gemüse arrangiert. Und so stehen wir mit offenem Mund neben den Marktständen und bekommen Genickstarre vom Staunen und an-die-Decke-Blicken. „**Sixtinische Kapelle von Rotterdam**"? Ja, dieses Attribut können wir gerne unterschreiben!

So modern und außergewöhnlich wie in der Markthalle können wir unsere Stadterkundung fortsetzen, denn nach wenigen Metern gelangen wir zu den **Kubus-Wohnungen**. Im Jahre 1984 gestaltete der Architekt Piet Blom Wohnungen in Würfel-Format. Und die stellte er dann auch noch auf die Spitze – wer mag, kann eine Musterwohnung von innen sehen.

Nun aber mal zu was „Altem": Vom Kijk-Kubus ist es nicht weit bis zum Oudehaven. Hier liegen zahlreiche historische Schiffe vor Anker und auch eine alte Werft können wir hier betrachten. Gleich nebenan liegen das 46 m hohe **Witte Huis** und das **Mariniers-**

27

Beeindruckende Skyline mit der Erasmusbrug

museum. Nachdem wir uns am nahegelegenen **Maasboulevard** erholt haben, schauen wir uns noch das **Maastoren** an. Mit 165 m ist es das höchste Bürohaus der Niederlande. Und auch das höchste Wohnhaus des Landes finden wir in Rotterdam – es ist der 158 m hohe **New Orleans Tower**.

Los geht's am Hauptbahnhof von Rotterdam, den wir über den Vorplatz hin zur mehrspurigen Straße verlassen, deren Radweg folgen wir beim Radschild 75 nach rechts. Am Kreisel bei Punkt 36 und dem nächsten Kreisel geradeaus. Dann rechts über die Brücke und ein Stück geradeaus bis zur großen Kreuzung, wo wir uns fast geradeaus orientieren, um neben den Schiedamseweg zu gelangen. So kommen wir auf den Fernradweg LF Maasroute, den wir etwas begleiten. Bei Radschild 10 dort, wo die Straße links abknickt, folgen wir rechts der Maasroute, beim Punkt 11 links über den Kanal, an der übernächsten Ecke wieder links, am ersten Kreisel rechts, am nächsten und übernächsten Kreisel geradeaus und weiter der Maasroute über die Punkte 50, 78 und 77 folgen. Hier verlassen wir die LF-Route nach links, um hinter der Autobahn bei 9 rechts abzubiegen und über die Brücke zu rollen. So gelangen wir nach Pernis bzw. Hoogvliet.

Tipp: Ein Abstecher ins Zentrum der Gemeinde Schiedam lohnt sich. Der Ort entstand um 1250 herum an einem Polder und gehört heute vom Selbstverständnis her eher zu Delft als zu Rotterdam. Das **Alte Stadthaus** bietet uns mit seinem „schwungvollen" Dach ebenso wie die **St. Janskerk** tolle Fotomotive. Besonders schön ist aber die Sammlung von gleich **sechs Windmühlen**, wobei „De Kameel" und „De Nolet" sehr gelungene Neubauten sind.

Die fast 75.000 Einwohner zählende Stadt Vlaardingen liegt am Nieuwe Waterweg, der als wichtigster Arm des Rhein-Deltas zählt und damit vielbefahren ist. Mit einer herrlichen Fassade präsentiert sich das **Hollandia-Gebäude**, während sich die City mit **Rathuis** und **Waag** genauso darstellt, wie wir das bei den niederländischen Städten schon zu schätzen gelernt haben. Am Hafen schauen wir uns den **Hafenkran** an. Der ist zwar ein Nachbau, aber die Holzkonstruktion ist dennoch spannend.

Weiter geht´s von Pernis bzw. Hoogvliet, wo wir am Radschild 6 links abbiegen. Bei 7 geradeaus und kurz darauf links, bei 8 rechts, 38 und 57 links, 13 rechts, dann ein Linksnick des Radwegs. Bei 15 links, 16 geradeaus und auf die Erasmusbrug. Hinter der Brücke links in die mehrspurige Straße, kurz darauf rechts Richtung Punkt 70 und parallel am Kanal entlang. So rollen wir fast schnurgerade auf den Hauptbahnhof von Rotterdam zu, wo unsere städtische Radrunde endet.

Obwohl es sozusagen mitten in den Chemie- und Hafenanlagen Rotterdams liegt, konnte sich Pernis den Charakter eines **Dorfes** erhalten. Die Geschichte reicht weit zurück, denn die ersten Bauern siedelten hier im 14. Jh. Rund 500 Jahre später fuhren die Fischer von hier bis Island, um Lachse zu fangen.

Kartentipp:
ADFC-Regionalkarte Nord-Holland/Amsterdam,
1:75.000, ISBN 978-3-96990-008-6, € 9,95
Digital für Smartphones und Tablets:
www.fahrrad-buecher-karten.de/rk-digital

Tipp: Auf unserem Weg zurück in die Innenstadt überqueren wir noch die **Erasmusbrug**. Sie erinnert vom Namen her an den Humanisten Erasmus von Rotterdam, der hier ab 1467 lebte. Ob die gewagte Architektur nun an eine Harfe oder einen Schwan erinnert, sei dahingestellt – schön ist die Brücke allemal! Zu Füßen der Brücke legen die Ausflugsboote ab, mit denen wir zur **Hafenrundfahrt** starten können – ein unglaublich beeindruckendes Erlebnis!

Die letzten Meter unserer Tour legen wir am Westersingel zurück. Wer genau hinsieht, entdeckt entlang des Grünstreifens einige schöne alte Hausfassaden und sogar ein paar **Kunstwerke**.

28 19 Mühlen, ein Genuss

Rundtour von Kinderdijk über Groot-Ammers

Niederlande-Touren-Info 28

ca. 40 km ohne Abstecher, gute, regionale Radweg-Beschilderung. Die Route führt meist über separate Rad- und Feldwege bzw. auf wenig befahrenen Nebenstraßen, einige Passagen auf losem Untergrund.

Start und Ziel: Parkplatz „Bezoekerscentrum / Visitor Center Kinderdijk"

Info: Touristinfo-Kinderdijk, Tel. +31 (0)618411591, www.vvvzhz.nl

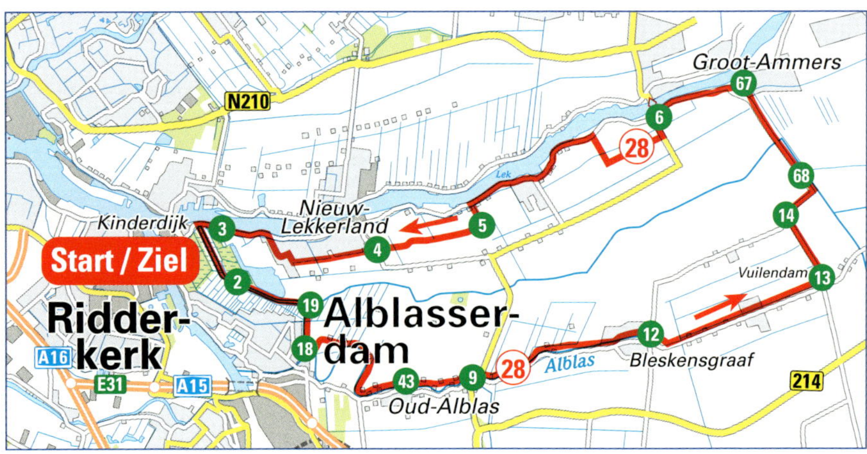

Was für ein Auftakt für eine Radtour: Wir starten am Besucherzentrum von Kinderdijk und entdecken schon um uns rundherum fast nur Wasser. Und blicken wir an den Wasserläufen entlang, sehen wir eine Mühle neben der anderen. Es gibt keine Region auf der Welt, die mit dieser vergleichbar wäre: Gleich 19 denkmalgeschützte Mühlen erheben sich hier wie an der Perlenschnur aufgereiht. Da fällt es leicht, in die Pedalen zu treten, um an diesem Anblick entlang zu radeln. Auf den rund 40 km entdecken wir zahlreiche weitere Mühlen, aber auch tolle Radwege und eine Landschaft, die zur Tiefenentspannung einlädt.

Werden wir gefragt „was ist typisch für die Niederlande?" liegt neben „Tulpen" eine weitere Antwort auf der Hand: Die **Windmühlen**!

Ein Besuch von **Kinderdijk** gehört einfach zu jedem Besuch, denn kein zweites Mal auf der Welt können wir gleich **19 Windmühlen** bestaunen, die hier im Spalier aufgebaut sind. Und wir sind hier keineswegs in einem Museum, denn jede der Mühlen ist bewohnt – beneidenswert, wer hier sein Zuhause hat! Zumindest, wenn man mit den Besuchern umzugehen weiß, denn allein sind die Bewohner hier nur selten. Es ist aber auch einfach schön hier!

Seit 1997 gehören die im 18. Jh. erbauten Windmühlen von Kinderdijk zum UNESCO-Weltkulturerbe. Sie dienten von Beginn an niemals zum Mahlen von Korn oder ähnlichem. Vielmehr sorgten sie stets dafür, dass die hier unter dem Meeresspiegel liegenden **Polder** zuverlässig **entwässert** wurden. Das geschieht übrigens zweiteilig: Wer genau hinsieht, erkennt, dass die Mühlen in zwei Ebe-

Wie beginnen im „Mühlen-Hotspot" Kinderdijk...

nen arbeiten: Die unteren fördern das Wasser in den unteren Kanal, die nächsthöheren dann in jeden **Kanal**, der über eine **Schleuse** in den Fluss entwässert.

Um die **Windenergie** bestmöglich nutzen zu können, wurden die Mühlen ganz oben in den Wind gedreht. Damit die Bewohner jederzeit ihre Mühle betreten konnten, mussten deshalb zwei Eingänge vorgesehen werden.

Haben wir Sie nun begeistert für diese lebenswichtige Technik? Nun, dann schauen wir uns die Mühlen von Kinderdijk einmal genau an und erkennen, dass einige von ihnen rund und andere wiederum achteckig erbaut wurden. Auch die Baustoffe variieren: Mal wurde **Holz**, mal wurden **Ziegelsteine** verwendet.

Tipp: Wer sich die prachtvollen Mühlen einmal aus der Nähe ansehen mag, deponiert die Fahrräder an einem sicheren Ort und macht sich zu Fuß auf den **Weg**, der an mehreren der historischen Mühlen vorbeiführt. Wir können uns so bestens die schönste oder die interessanteste aussuchen, einen Obolus zahlen und auch das Innere mit der spannenden Technik bestaunen.

Der so freundlich klingende Name Kinderdijk hat übrigens einen sehr ernsten Hintergrund: Im Jahre 1421 wütete die große **St. Elisabeth-Flut** in den Niederlanden und kostete unzähligen Menschen das Leben. Genau an dieser Stelle soll seinerzeit eine **Wiege** am Deich angeschwemmt worden sein. Das darin liegende Baby überlebte, eine Legende war geboren und sorgte für die Namensgebung „Kinderdijk".

Los geht's am Parkplatz „Bezoekerscentrum / Visitor Center Kinderdijk", das wir an den Parkplätzen vorbei auf der Molenkade Nederwaard schnurgeradeaus an den Mühlen vorbei verlassen. Wir können gar nicht anders und folgen unserem Weg, der bei Radschild 2 schräg links abknickt und nun Middelkade heißt. Bei Schild 19 treffen wir wieder „auf Land", zweigen rechts ab und folgen dem Kanal. Bei 18 links und weiter auf dem Weg, der sich an einen weiteren Kanal und

28

später den Fluss Alblas schmiegt. Bei 43 links und dem Rechtsknick folgen, bei 9 links auf die Straße und gleich wieder rechts weiter in der Nähe des Alblas. Auch bei 8 und 12 weiter geradeaus, bei Vuilendam links und am Schild 13 geradeaus. Bei 14 rechts, hintern Kanal wieder links und bei 68 ebenso, so gelangen wir nach Groot-Ammers.

Auf den ersten Metern rollen wir sozusagen „mitten durch´s Wasser". Wir kommen auf unserem Weg durch Alblasserdam, dessen erste Einträge in die Geschichtsbücher von 1299 stammen. **Topmodern** hingegen zeigt sich Alblasserdam im Bereich der Flussufer, denn hier stehen Wohngebäude in bester Lage. Wer hier eine Wohnung sein Eigen nennt, ist ebenso beneidenswert wie diejenigen, die ein Boot in einer der **Marinas** liegen haben.

Oud-Alblas ist, wie der Name verrät, der **älteste Ort** in der „Alblasserwaard" genannten Region, durch die wir radeln.

Tipp: Wer Stadtluft schnuppern möchte, unternimmt einen Abstecher ins moderne Ridderkerk mit einem ovalen großen **Platz**, wo wir bestens einkehren können. Auch ein kleiner Ausflug nach Papendrecht bietet sich an, um sich die idyllische **Zugbrücke**, die Kirche und die mächtige **Brücke** mit ihrer beeindruckenden Architektur anzusehen,

Der Ort Bleskensgraaf gehört zur Gemeinde Molenwaard. Ansehen können wir uns die kleine **Dorfkirche** und die vielen kleinen Bötchen, die im Wasser schaukeln. Das Restaurant „**De Burgermeester**" sieht nicht nur einladend aus, sondern hält auch gute Leckerbissen bereit.

Weiter geht´s von Groot-Ammers, das wir am Radschild 67 nach links am Ufer des Lek entlang flussabwärts verlassen. Bei 6 geradeaus, dem Linksknick folgen, kurz darauf rechts und dann wieder rechts zurück zum Ufer. Vor dem Ortsanfang von Nieuw-Lekkerland zweigt unser Radweg links ab vom Lek-Ufer, um mit nochmals Rechtsabbiegen (Punkt 5) elegant an der Stadt vorbei zu führen. Später gesellen wir uns im Zick-Zack wieder ans Flussufer, folgen dem Lekdijk und biegen bei Schild 3 links ab, um zurück zum Parkplatz „Bezoekerscentrum / Visitor Center Kinderdijk" zu gelangen, wo unsere Tour endet.

Ab Groot-Ammers folgen wir dem Verlauf des breiten Flusses Lek. Der **Lek** gehört zu dem riesigen Delta, mit dem sich der Rhein hier in die Nordsee ergießt. Nach verschiedenen Überschwemmungen wurden Teile des „Oude Rhijns" eingedeicht, so dass „unser" Lek der Hauptwasserarm wurde. Offiziell misst er übrigens genau 62 km.

…und können auch in Groot-Ammers weiter „Mühlen schauen" – hier De Achtkante Molen

Entlang unseres Weges kommen wir an weiteren **Windmühlen** vorbei, die sich teils im Wasser des Lek spiegeln.

Tipp: Hinter Streefkerk können wir mit einem Mini-Abstecher an der **Koffie Molen** anhalten. Der Ort hält, was der Name verspricht: In einer weiteren tollen Windmühle können wir einkehren und uns in rustikalem Ambiente Kaffee und Kuchen schmecken lassen.

Kartentipp:
ADFC-Regionalkarte Nord-Holland/Amsterdam,
1:75.000, ISBN 978-3-96990-008-6, € 9,95
Digital für Smartphones und Tablets:
www.fahrrad-buecher-karten.de/rk-digital

Etwas weniger als 10.000 Einwohner leben im Ort Nieuw-Lekkerland, dessen Name freilich vom Fluss abgleitet wurde. Seit 2019 gehört Nieuw-Lekkerland zur Gemeinde **Molenlanden**. Auch hier dürfte es keine Fragen geben, ob der Name passt: Mühlen haben wir in diesen Landen nun wirklich genug gesehen, die **Hoge Molen** ist eine der letzten unserer Rad-Runde.

29 Auf beiden Seiten der „Alten Maas“

Rundtour von Dordrecht über Barendrecht

Niederlande-Touren-Info 29

ca. 39 km ohne Abstecher, gute, regionale Radweg-Beschilderung, teils Beschilderung als Radfernweg LF Maasroute. Die Route führt meist über separate Rad- und Feldwege bzw. auf wenig befahrenen Nebenstraßen, einige Passagen auf losem Untergrund.

Start und Ziel: Bahnhof Dordrecht

Info: VVV Dordrecht, Tel. +31 (0)786322403, www.vvvdordrecht.nl

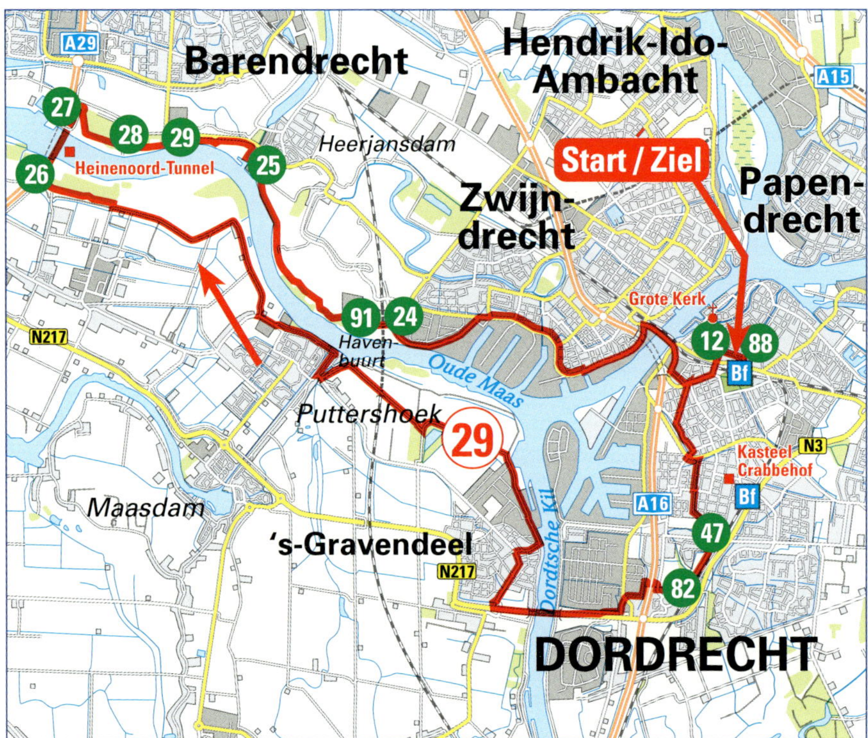

Von der historisch bedeutsamen Stadt Dordrecht starten wir zu einer spannenden Tour, die uns in kleine und sehr feine Orte entlang der Oude Maas bringt. Im ersten Teil queren wir den Fluss mit einer imposanten Brücke und im zweiten Teil nutzen wir einen langen Tunnel, um trockenen Fußes und trockenen Rades auf die andere Seite zu gelangen.

Unser Start- und Zielort Dordrecht kann auf eine bewegte Vergangenheit zurückblicken, denn es war einst die reichste Hafen- und Handelsstadt der Niederlande. Die Lage war seinerzeit genial, denn in Dordrecht gab es einen See- und einen Binnenhafen, was für den Warentransport perfekt war.

Dordrecht war einst die reichste Hafen- und Handelsstadt der Niederlande

Die Geschichtsbücher Dordrechts reichen zurück bis 1138, als die Rede von einem Thuredricht war, das schon 1220 die Stadtrechte erlangte. Nach der ersten Blüte kam die verheerende St.-Elisabethen-Flut im Jahre 1421, die weite Teile der Stadt verwüstete. Was die Wassermassen übrig ließen, wurde 1457 ein Raub der Flammen. Es dauerte lange, bis sich die Stadt von diesen Rückschlägen erholte. Das gelang aber schließlich sehr eindrucksvoll, denn Dordrecht ist heutzutage **eine der schönsten Städte der Niederlande**.

Durch das Zentrum windet sich der **Hauptkanal**, an dem sich eine schöne Hausfassade neben der nächsten emporhebt. Eines der wichtigsten Bauwerke der Stadt ist die Kirche **Onze-Lieve-Vrouwekerk**, auch Grote Kerk genannt, die nach dem erwähnten Großbrand entstand und später vom Stil her verändert wurde.

Tipp: Wer mutig ist und sich nicht von seiner schiefen Bauweise abschrecken lässt, steigt auf den **Kirchturm** und genießt eine herrliche Sicht über Dordrecht, seine **Grachten** und die Oude Maas.

Vom **Scheffersplein** aus, wo das **Denkmal** des gleichnamigen Künstlers steht, können wir alle Ecken der Altstadt gut erreichen. Hier steht auch der ehemalige **Gerichtshof**, der einst Schauplatz für die Unabhängigkeitserklärung der nördlichen niederländischen Provinzen war.

Wer mehr Kunst sucht, findet diese im **Dordrechts Museum**, das – wo auch sonst – in der Museumsstraat steht. Das Panoramabild im Innern misst eine stolze Breite von 7 m, was für erstaunte Gesichter bei den Besuchern führt. In derselben Straße finden wir bei Hausnummer 38 ein besonders schönes **Hofje**, dessen kleine Häuser als Unterkunft für Soldatenwitwen und arme Frauen dienten.

Ansehen müssen wir uns auch das **Stadhuis**, das 1544 begonnen, aber erst 1842 fertiggestellt wurde. Dafür ist die Lage am **Spuihaven** aber auch besonders schön. Vielleicht noch schöner ist der **Catharijnepoort** am

Castle Crabbehof versteckt sich im üppigen Grün

Ende des Nieuwe Haven. Das 1652 erbaute Stadttor ist eingebettet in alte Lagerhäuser und blickt auf das Wasser, in dem sich große und kleine Boote tummeln.

Los geht's am Bahnhof von Dordrecht, den wir geradeaus über die mehrspurige Straße hinweg in den Stationsweg verlassen und an der nächsten Kreuzung bzw. am Radschild 88 links in die Straße „Singel" fahren. Nun folgen wir der Maasroute über die Schilder 12 links, 49 geradeaus bis zur 48. Diesen Kreisel verlassen wir an der 6. Ausfahrt entlang der Viottakade. Vor dem nächsten Gewässer rechts auf den Zuidendijk, bei nächster Gelegenheit links und über die breite Straße hinweg. Sofort dahinter links und wieder rechts. Diese Straße heißt auch wieder Zuidendijk und führt am Kanal entlang. Wir folgen weiter der Maasroute entlang der Schilder 47, 82 (rechts), unterqueren die Autobahn und gelangen bei Punkt 40 zum Dordrechtse Kil. Nachdem wir diesen überquert haben orientieren wir uns ein gutes Stück weiter am bestens beschilderten LF Maasroute und fahren durch ´s-Gravendeel am Fluss entlang bis Puttershoek (Punkt 34). Hier fahren wir weiter zum Punkt 19. Beim Radschild 26 wird es spannend: Wir zweigen rechts ab und unterqueren mit dem Heinenoord-Tunnel die Oude Maas. Bei Schild 27 tauchen wir wieder auf und fahren wieder auf der Maasroute Richtung Schild 28. Nördlich von uns liegt Barendrecht

Noch bevor wir das Stadtgebiet von Dordrecht verlassen haben, kommen wir am **Kasteel Crabbehoff** vorbei. Das erste Anwesen entstand hier vermutlich schon nach der großen St.-Elisabethen-Flut im Jahre 1421. Nachdem das Schloss 1808 abgebrannt und danach neu aufgebaut wurde, erfolgte 1913 eine weitere Erneuerung. Heute ist die sehenswerte Anlage in privater Hand.

Wir rollen auf dem Fernradweg LF Maasroute. Mit diesem überqueren wir auch den **Dordrechtse Kil**, der angelegt wurde, um die Oude Maas mit dem Hollands Diep zu verbinden. Entsprechend vielbefahren ist der Kanal, dessen Wasserstand und Fließgeschwindigkeit den Gezeiten folgt.

Tipp: Bei Punkt 34 (Puttershoek) können wir einen Abstecher entlang des Kanals namens **Boezemvliet** unternehmen. Am Ende des schnurgeraden Kanals wartet der rund 3.000 Einwohner zählende Ort Maasdam, der ein klassisches „Straßendorf" ist, ohne einen genau definierten Ortskern zu haben. Bei dem Namen klingelt es aber bei Käsefans, denn der „**Maasdamer**" ist eine bekannte Käsesorte. Sie vereint die Geschmäcker von Emmentaler und Gouda in sich, was von Beginn an für gute Verkaufszahlen sorgte. In Maasdam finden wir daher auch eine große Milchfabrik.

Unsere Tour wird spektakulär, denn mit dem **Heinenoord-Tunnel** rollen wir unter der Oude Maas her. Der Tunnel, den wir befahren dürfen, wurde 1999 von Prinz Willem-Alexander eröffnet. Er ergänzt den breiten Heinenoord-Tunnel, der dem Schwerlast- und PKW-Verkehr vorbehalten ist.

Weiter geht´s von Barendrecht beim Radschild 28 entlang des Ufers der Oude Maas, dem wir nun flussaufwärts folgen. Auch bei den Schildern 28, 29, 25 und 91 bleiben wir sowohl in der Nähe des Flusses wie auch auf der Maasroute, ehe wir bei 91 links Richtung 24 abbiegen und dort rechts parallel zum Lindtsedijk in großen Schwüngen um einige Hafenanlagen geleitet werden. Dann haben wir die Gelegenheit bei Punkt 90 links abzubiegen und in einer engen Kehre auf die Brücke zu radeln, mit der wir wieder die Oude Maas überqueren. Wir folgen dem Radweg neben der Straße bis zum Kreisel (Punkt 48). Von dort fahren wir dieselbe Strecke über 49, 12 und 88, auf der wir herkamen, wieder zurück zum Bahnhof von Dordrecht, wo diese Radrunde endet.

Kartentipp:
ADFC-Regionalkarte Seeland / Rotterdam,
1:75.000, ISBN 978-3-96990-007-9, € 9,95
Digital für Smartphones und Tablets:
www.fahrrad-buecher-karten.de/rk-digital

Barendrecht beeindruckt uns mit seinem aufwändig gestalteten **Wasserturm**. Der steht im krassen Gegensatz zu den toppmodernen Bauten, deren **Glasfassaden** sich im Wasser spiegeln. Die lustige Dachgestaltung lässt uns vermuten, hier stünde eine ganze Reihe von **Leuchttürmen**. Die ganze Pracht der auf einer ovalen Insel angelegten Siedlung wird aus der Vogelperspektive noch deutlicher.

Zukunftsweisend: Der Wasserbus von Zwijndrecht

Tipp: Ein kleiner Abstecher führt uns ins Zentrum von Zwijndrecht, wo auch ein Wasserturm die **Silhouette** prägt. Am Veerplein finden wir eine „**Wasserbushaltestelle**" – ja, die Niederlande sind immer für Innovationen gut!

Kurz vor dem Ende unserer Tour überqueren wir mit der **Stadsbrug** abermals die Oude Maas. Neben uns rattern die Züge auf der Dordrecht Railway Bridge.

30 Der höchste Kirchturm des Landes

Rundtour von Utrecht über Hilversum

Niederlande-Touren-Info 30

ca. 51 km ohne Abstecher, gute, regionale Radweg-Beschilderung, teils Beschilderung als Fernradweg LF9 bzw. LF4. Die Route führt meist über separate Rad- und Feldwege bzw. auf wenig befahrenen Nebenstraßen, einige Passagen auf losem Untergrund.

Start und Ziel: Hauptbahnhof Utrecht

Info: VVV Utrecht, Tel. +31 (0)302360004, www.ontdek-utrecht.nl

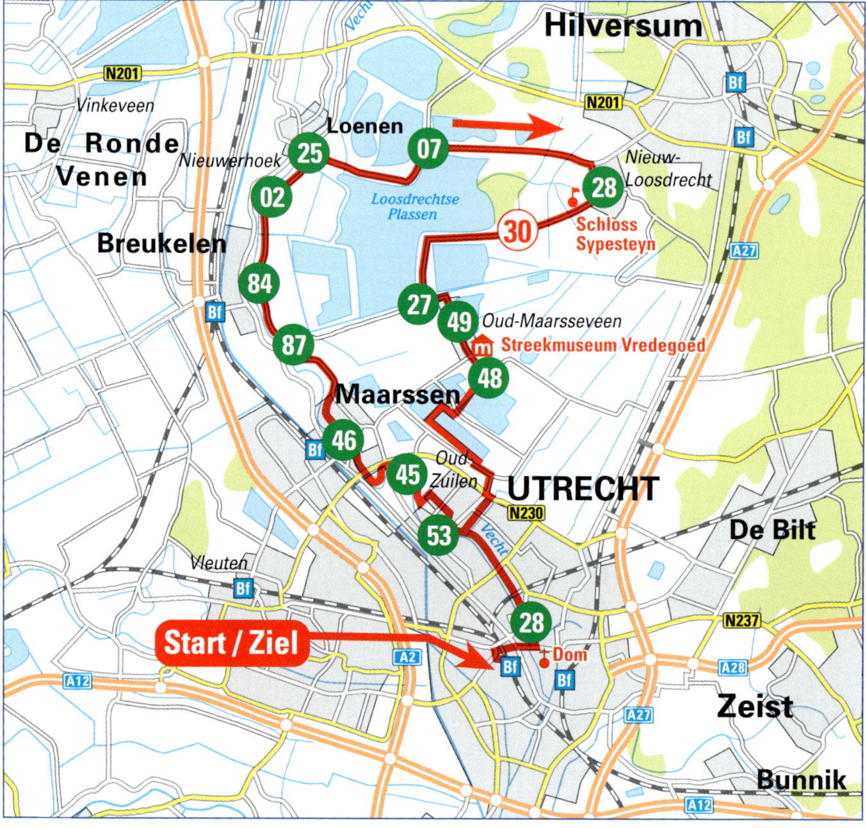

Nachdem wir die großartige Stadt Utrecht mit allen Sinnen genießen und eine Reise in die Vergangenheit unternehmen konnten, machen wir uns auf zu einer naturnahen Radtour, die uns teils „mitten durch" die Loosdrechtse Plassen führt. Nach einem kleinen Abstecher ins niederländische Hollywood kehren wir zurück, um nochmals das Flair Utrechts genießen zu können.

Utrechts schöne Altstadt…

Schon zu Zeiten der Römer war das heutige Utrecht besiedelt, womit es zu den ältesten Städten der Niederlande zählt. Und es waren auch die Römer, die das erste Kastell an einer Furt errichteten. Später kamen Kaiser und Könige, um bleibende Eindrücke zu hinterlassen. Den nachhaltigsten Eindruck hinterließ jedoch die Kirche, denn der **Dom** zählt zu den wichtigsten Gotteshäusern des Landes. Ursprünglich gab es gleich fünf Kirchenschiffe, doch auch das, was bis heute erhalten werden konnte, beeindruckt uns.

Tipp: Es lohnt sich, nach der Tour noch in Utrecht zu verweilen, einzukehren und dann die herrliche Ansicht der Grachten mit dem **illuminierten Domturm** zu genießen. Mit 112 m ist er der höchste Kirchturm der Niederlande. Der Domturm steht scheinbar „abseits" des Doms. Das ist damit begründet, dass das Mittelstück des Doms 1674 einem Unwetter zum Opfer fiel und man seinerzeit auf einen Wiederaufbau verzichtete.

… wird überragt vom Kirchturm

Spektakulär verläuft unser Radweg auf einem Damm durch die Loosdrechtse Plassen

Rund um den **Domplein** pulsiert das Leben – und zugleich gibt es Geschichte zu entdecken: „**DOMunder**", so lautet der treffende Name des Museums, das wir unter dem Domplein entdecken können. Es nimmt uns mit auf eine Reise bis zurück zu den Römern.

Die schon erwähnten **Grachten** sind schon mehr als 1.000 Jahre alt und damit die ältesten der Welt. Es macht einfach Spaß, auf teils extra angelegten Promenaden an ihnen entlang zu flanieren. Die **Oude** und die **Nieuwe Gracht** sowie der Singel dürften die schönsten Momente liefern. Wenn die Waden nach der Tour vom Radeln müde sind, steigen wir einfach auf das **Ausflugsboot** und lassen uns durch die Grachten gondeln.

Wenn das Wetter einmal nicht mitspielt, gehen wir im **Hoog Catharijne** shoppen, schließlich ist es eine der größten Shoppingmals Europas. Danach widmen wir uns den zahlreichen weiteren Sehenswürdigkeiten, zu denen u.a. die Jans- und die Pieterskerk, das Huis Oudaen, die **Vredenburg** und das Paushuize (Papsthaus) zählen.

Los geht's am Hauptbahnhof von Utrecht, den wir schräg rechts und über die Schienen sowie die breite Straße hinweg zum Schild 26 verlassen. Hier folgen wir rechts der Beschilderung des LF4 bzw. LF9 unter den Bahnschienen her und über den nächsten Kanal. Dahinter treffen wir bei Punkt 31 auf einen weiteren Kanal. Dahinter biegen wir links ab und rollen entlang der Oude Gracht. Hier verläuft der LF9, den wir bei Radschild 28 verlassen und geradeaus dem Kanal weiter folgen. Ab und an gibt es einen kleinen Schlenker nach rechts, doch immer wieder kehren wir an den Kanal zurück. Auch nachdem wir unter Keizerbrug hindurch sind, kehren wir ans Ufer zurück. So folgen wir den Schildern 72 und 53 und kommen durch Oud Zuilen, passieren die Radschilder 45, 46, 87, 84 sowie 2 und fahren bis kurz vor Loenen aan de Vecht. Hier zweigen wir rechts ab, überqueren die Brücke, am Radschild 25 geradeaus und rollen mit der N403 mitten durch die Seenlandschaft. An Schild 7 biegen wir nochmals rechts ab, bei 26 geradeaus und erreichen Nieuw-Loosdrecht.

Wir rollen entlang des **Utrechtshe Vecht** durch die Innenstadt und stellen einmal mehr fest, dass das Radeln in den Niederlanden einen hohen Stellenwert genießt – die Strecke ist bestens zu fahren! Der Fluss ist rund 40 km lang und ergießt sich ins **Gooimeer**, das zum Ijsselmeer zählt. Obwohl er meist als Kanal ausgebaut wurde, bietet er doch einige Windungen, was den Wassersportlern besonders gut gefällt. Der Utrechtsche Vecht war einst eine der Hauptschifffahrtsrouten in die Zuiderzee und weiter in die Weiten der Welt.

Das kleine Städtchen Oud Zuilen liegt mitten in einer Region, die „**Vechtstreek**" genannt wird. Hinter dem Ort wird es richtig herrlich: Wir rollen sozusagen mitten durch die **Loosdrechtse Plassen**. Das ist ein ungemein beliebtes Revier für Wassersport aller Art. Wir erkennen das sehr eindrucksvoll an den vielen Jachthäfen, Werften und Läden für Bootszubehör.

Tipp: Ein kurzer Abstecher bringt uns von Nieuw Loosdrecht ins Herz von Hilversum, das auch als das „**niederländische Hollywood**" bezeichnet wird, da hier alle Fernsehsender des Landes zu finden sind. Mehr zum Thema erfahren wir im **Niederländischen Institut für audio-visuelle Medien**. Noch interessanter ist, dass sich Hilversum als die Stadt der Reichen und vielleicht auch Schönen entwickelt hat: In großzügigen **Parks** verstecken sich prachtvolle **Villen**, die Sportwagendichte ist auffällig hoch. Die Villen bleiben für uns verschlossen, daher sehen wir uns die teils supermodernen Gebäude an, die in den letzten Jahren entstanden sind. Etwas älter ist das 1930 fertiggestellte **Gemmeentehuis** mit seinem schmucken Turm.

Weiter geht´s von Nieuw-Loosdrecht, das wir am Radschild 28 entlang des Nieuw-Loosdrechtsedijk verlassen. Hinter Boomhoek radeln wir nochmals durch die Plassen, ehe uns der Damm zum Schild 27 bringt. Hier links, direkt wieder rechts, bei 49 geradeaus, bei 48 rechts. Nun folgen wir den Radschildern 47, 61, 72, 28, 31 und 26, die uns den Weg weisen in die Innenstadt und zum Bahnhof von Utrecht. Dabei kommt uns ein Teil der Strecke bekannt vor, weil wir schon auf der Hinfahrt hier entlang radelten.

Kartentipp:
ADFC-Radtourenkarte NL2 Niederlande-Süd, 1:150.000, ISBN 978-3-87073-947-8, € 9,95

Auch nachdem wir unsere Radrunde fortgesetzt haben, wird es wieder interessant am Schloss Sypesteyn und dann nochmals spektakulär, denn wir radeln erneut auf einem Damm durch die **Loosdrechtse Plassen**.

Urig: Kasteel Sypesteyn

Tipp: Beim **Schloss Sypesteyn** lohnt sich ein Stopp, denn die verspielte Architektur bietet uns schöne Fotomotive. Im Innern des Schlosses finden wir wertvolle Kunstobjekte, die zum großen Teil durch Henrik van Sypesteyn zusammengetragen wurden. Die Mischung aus Porzellan, Bilder, Uhren und vieles mehr begeistert sogar Kunstmuffel.

Auf unserem Weg zurück nach Utrecht kommen wir am **Streekmuseum Vredegoed** vorbei. In bestens erhaltenen historischen Wohngebäuden finden wir ein Museum, das uns auf einzigartige Weise zeigt, wie man einst hier im „Torfland" lebte. Werkzeuge zum Torfstechen sind hier ebenso ausgestellt wie verschiedene Werkzeuge, ein Kaufmannsladen oder eine Wohnstube.

31 Waldreiches Radeln

Rundtour von Apeldoorn über Uddel

Niederlande-Touren-Info 31

ca. 52 km ohne Abstecher, gute, regionale Radweg-Beschilderung. Die Route führt meist über separate Rad- und Feldwege bzw. auf wenig befahrenen Nebenstraßen, einige Passagen auf losem Untergrund.

Start und Ziel: Bahnhof Apeldoorn

Info: Tourist Information Apeldoorn bzw. Beekbergen, Tel. +31 (0)555061210, www.uitinapeldoorn.nl

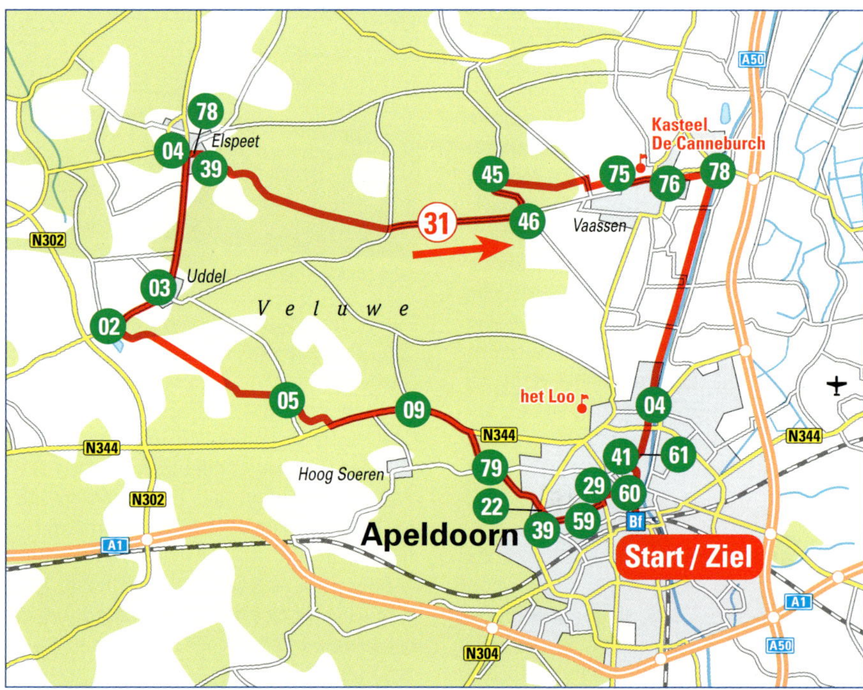

Es erwartet uns eine sehr naturverbundene Tour. Nachdem wir in Apeldoorn einen Ausflug in die royale Geschichte der Niederlande unternommen und danach putzigen Affen bei ihrem Tagesgeschäft zugesehen haben, machen wir uns auf in das teils dicht bewaldete Umland. Auf leicht hügeliger, aber gewohnt bestens präparierter Strecke rollen wir auch durch Vaasen, das uns mit einem prachtvollen Wasserschloss überrascht.

Apeldoorn ist eine niederländische Stadt wie aus dem Bilderbuch: Wunderschöne alte Häuser, eine tolle Fußgängerzone, die zum Shoppen und Einkehren einlädt und Sehenswürdigkeiten der Extraklasse.

Und – was eher weniger bekannt ist – Apeldoorn ist flächenmäßig die Nummer vier der niederländischen Gemeinden! Schon zur Zeit des fränkischen Königs Karl wurde an dieser Stelle im Jahre 793 eine Ortschaft erwähnt. Wilhelm III. von Oranien-Nassau war von der

Ehemaliges Königsschloss Het Loo

hügeligen und waldreichen Heidelandschaft so begeistert, dass er sich ein prachtvolles **Schloss** bauen ließ. Zahlreiche Staatsbeamte, Adelige und andere „Wohlbetuchte" suchten die Nähe des Königshauses und ließen sich ebenfalls hier in **Villen** und **Palästen** nieder. Und so wundert es nicht, dass wir auf unserer Tour immer wieder an prunkvollen Anwesen mit weitläufigen **Parks** vorbeiradeln.

Apeldoorns Oranjepark zeugt von der glorreichen Geschichte

Tipp: Ein Besuch von Apeldoorn ist erst komplett mit einer Visite bei den königlichen Palästen. Etwa 2 km außerhalb der Innenstadt liegt **het Loo**, das 1692 fertiggestellte **königliche Schloss**. Erst später wurde der **französische Landschaftspark** um das Schloss herum modelliert. Wilhelm I. und Wilhelm III. wohnten gerne hier und Königin Wilhelmina fand das „Lustschloss" so schön, dass sie hier bis zu ihrem Tode residierte. Die Innenausstattung wurde entsprechend prachtvoll ausgestaltet. Kein Wunder, dass sich hier Besucher aus aller Welt einfinden, um sich dies in Ruhe ansehen zu können. Auch die **Königlichen Reitställe** und das Museum werden gerne von den Touristen bevölkert. Etwas weniger los ist meist in der **Burg Oude Loo**, die in dem weitläufigen Park liegt.

Nach all´ der königlichen Pracht wird es Zeit für Abwechslung. Und die finden wir im Museum für moderne Kunst („CODA") und im **Naturpark Berg en Bos**. Hier liegt **Apenheul**, ein Freigehege, in dem Affen in ihrer natürlichen Umgebung leben können. Berber-, Totenkopf-, Brüllaffen, Gibbons, Bonobos und viele Artverwandte tummeln sich hier. Die Zeit vergeht beim Beobachten der Tiere so schnell, dass wir uns den Besuch am besten für nach der Tour aufheben sollten.

31

Los geht's am Bahnhof von Apeldoorn, den wir geradeaus über den Stationsplein und die Stationsstraat verlassen. Diese geht in die Regentenslaan über, der wir bis zum Punkt 60 folgen und in die Straße Paslaan links abbiegen. An Schild 29 links und rechts in die Asselsestraat zum Schild 59.

Nun weiter geradeaus bis Schild 39, wo wir rechts abbiegen, um an den folgenden 22 und 75 jeweils geradeaus zu rollen. Nun pedalieren wir neben der N344, bis wir hinter Punkt 9 bei der nächsten Gelegenheit rechts in Richtung Uddel abbiegen. Bei Schild 05 links und weiter durch den Wald bis zur Querstraße, hier bei 2 rechts und schon sind wir in Uddel.

Unweit unseres Weges liegt das Dorf Hoog Soeren. Die gerade einmal 345 Einwohner haben eine Fläche von mehr als 44 qkm zur Verfügung, um sich auszubreiten. Die meiste Fläche ist von dichtem Wald, Feldern und Wiesen bedeckt. Und nur ein Bruchteil der Fläche ist mit Wasser bedeckt. Das ist hier in den Niederlanden eher selten der Fall, denn fast auf jeder Tour ist Wasser eines der dominierenden Elemente.

Und so rollen wir durch herrlich ruhige Natur – zu unserer Rechten erstreckt sich erst der **Wieselsche**, dann der **Meervelder Bosch** und zu unserer Linken das **Natuurreservaat Veluve** mit der Asselschen Heide.

Wir sind in einer Region mit streng gläubigen Einwohnern angekommen: In Uddel wählen für gewöhnlich rund ¾ der Wähler eine der christlichen Parteien. Nicht von ungefähr kommt also der Begriff des **„niederländischen Bibelgürtels"**. Der verläuft von Zeeland über diese Region bis hin nach Overijssel und beheimatet die meisten Protestanten in den ganzen Niederlanden.

Tipp: Was schauen wir uns in Uddel an? Na klar, die beiden **Kirchen**, wobei die eine mit einem „offenen" Kirchturm auffällt und die andere durch eine eher kompakte Bauweise und einem kleinen, strahlend weißen Türmchen auf dem Dach.

Der Ort Uddel selbst blickt auf eine lange Geschichte zurück – in den Geschichtsbüchern wird eine Siedlung namens Uttiloch bereits im Jahre 792 erwähnt.

Weiter geht´s von Uddel, das wir ab Schild 3 über den Elspeterweg verlassen. Nach einigen Minuten erreichen wir Elspeet, wo wir an Schild 4 und gleich darauf 78 rechts abbiegen. Kurz darauf bei 39 links in den Vaassenseweg, der uns wieder durch Wald und Natur hindurch über 46, 45 und 75 in den Ort Vaasen führt. Bei 76 geradeaus, bei 78 rechts und immer geradeaus zurück nach Apeldoorn. In der Stadt angekommen, folgen wir den Schildern 4, 61, 41 und 60 zum Bahnhof, wo unsere Tour endet.

Auch in Elspeet werden wir direkt an den „niederländischen Bibelgürtel" erinnert, denn die beiden **Kirchen** prägen das Ortsbild. Hier liegen die Stimmanteile für die christlichen Parteien oftmals bei bis zu 90% - ein wirklich sehr gläubiger Landstrich!

Kasteel De Canneburch ist ein wundervoll gelegenes Wasserschloss

Nachdem wir Elspeet verlassen haben, tauchen wir wieder ein in ursprüngliche Natur. **Wälder** und **Heide** begleiten uns auf den nächsten Kilometern.

Tipp: Das müssen wir gesehen haben: **Kasteel De Canneburch** in Vaassen ist ein wundervoll gelegenes **Wasserschloss**! Ein Heerführer namens Maarten van Rossum ließ sich an dieser Stelle im Jahre 1543 dieses schmucke Eigenheim bauen. Wer genau hinschaut, entdeckt den guten Maarten als Sandsteinskulptur. Inzwischen wurde das Schloss zum niederländischen Rijksmonument erklärt, was besonderen Schutz sicherstellt. Schon vor dem Schloss stand hier eine Burg, deren Geschichte sich bis ins Jahr 1365 zurückverfolgen lässt. Die Zugbrücke, die das Anwesen einst schützte, wurde durch die heutige **Bogenbrücke** ersetzt, die von zwei steinernen Löwenköpfen bewacht wird. Eingebettet ist das Anwesen in einen 24 ha großen **Park**, der mit Grachten, Teiche, Alleen, Wäldern und natürlich Beeten zum Verweilen einlädt.

Das Dorf Vaassen, das auf unserem Rückweg liegt, hat sich prächtig entwickelt. Mit nunmehr über 12.000 Einwohnern ist es eher eine Kleinstadt, als ein Dorf. Die **Grabhügel**, die man in der umliegenden Gegend gefunden hat, lassen darauf schließen, dass hier schon in der Eisenzeit Menschen siedelten. Die erste Urkunde, die ein Dorf hier bescheinigt, stammt vermutlich von 892.

Kartentipp:
ADFC-Regionalkarte Münsterland West/Achterhoek,
1:75.000, ISBN 978-3-87073-848-8, € 8,95
Digital für Smartphones und Tablets:
www.fahrrad-buecher-karten.de/rk-digital

32 Stadt der Superlative

Rundtour von Deventer über Zutphen

Niederlande-Touren-Info 32

ca. 36 km ohne Abstecher, gute, regionale Radweg-Beschilderung, teils Beschilderung als Fernradweg LF3. Die Route führt meist über separate Rad- und Feldwege bzw. auf wenig befahrenen Nebenstraßen, einige Passagen auf losem Untergrund.

Start und Ziel: Bahnhof Deventer

Info: VVV Deventer, Tel. +31 (0)570710120, www.deventer.info

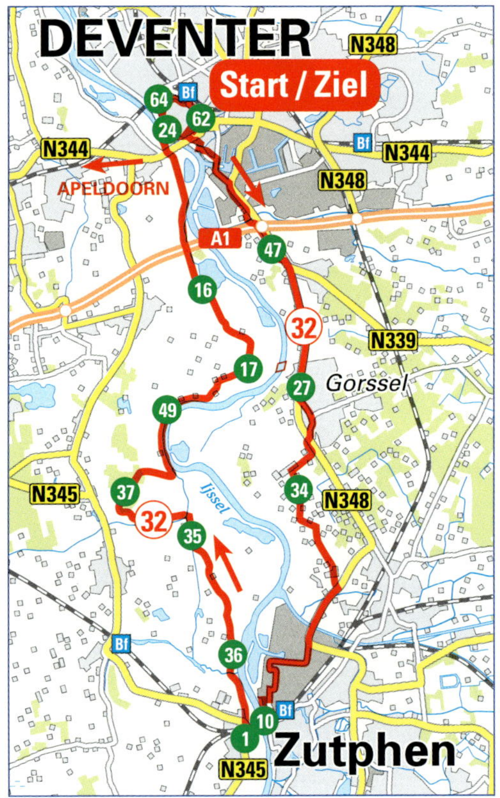

Der älteste Park, die älteste wissenschaftliche Bibliothek und das älteste Steinhaus der Niederlande: Unser Start- und Zielort Deventer gleicht einem Ausflug in die Vergangenheit. Da auch das „Drumherum" in der Stadt äußerst kurzweilig ist, müssen wir uns förmlich losreißen von Deventer, um unsere Rad-Runde zu drehen. Das fällt leichter, wenn wir uns schon auf Zutphen freuen, das auch viele schöne Ecken für uns bereit hält.

Mit etwa 100.000 Einwohnern zählt Deventer zu den großen niederländischen Städten, wobei es auf eine sehr lange Geschichte zurückblicken kann: Schon um 809 gab es hier am Ufer des Flusses Ijssel eine Gemeinde, die sich rasch zu einer blühenden Handelsmetropole entwickelte.

Der vielleicht wichtigste Sohn Deventers was Geert Groote der sich für die Gründung einer **Klostergemeinschaft** verantwortlich zeichnete. In dieser Gemeinschaft wohnten auch der spätere Papst Adrianus VI. und Erasmus von Rotterdam, den wir später im Buch nochmals „treffen" werden.

Tipp: Es bietet sich an, zu Beginn unserer Stadt-Erkundung die **Grote Kerk**, auch Lebuinuskerk genannt, anzusteuern. Ein Missionar namens Lebuin gründete im Jahre 768 an dieser Stelle eine Kirche. Klar, dass er damit auch Namensgeber des heutigen Gotteshauses wurde. Seit 1612 wird die Kirche von einem mächtigen Turm beschützt, auf dem eine Laterne den Abschluss bildet. Von hier oben haben wir eine grandiose Aussicht auf Deventer und auf jene Region, die wir gleich per Rad erkunden werden.

In Deventer tauchen wir tief ein in die Geschichte

Gleich neben der Grote Kerk steht das **Stadhuis**, das genau genommen aus zwei Teilen besteht: Dem Wanthuis und dem Landhuis mit seinem eleganten Renaissance-Giebel. Drinnen lernen wir auf einem imposanten Gemälde die alten Ratsherren kennen.

Egal ob vor oder nach der Tour: Den Brink besuchen wir auf jeden Fall, denn rund um den wunderschönen Platz finden wir eine ganze Reihe historischer Gebäude. Zu denen zählt auch die Waag. 1531 wurde die Stadtwaage mit ihrer repräsentativen Treppe fertiggestellt. Inzwischen gibt es im Innern ein Stadtmuseum. Das erzählt uns auch, dass Deventer die Heimat der **ersten wissenschaftlichen Bibliothek** der Niederlande ist, dass hier das **älteste Steinhaus** des Landes erbaut wurde und dass wir uns hier im **ältesten niederländischen Park** erholen können.

Tipp: Haben Sie den **Kupferkessel** am Museum De Waag entdeckt? Hiermit wurde kein Zaubertrank zubereitet. Vielmehr wurden Falschmünzer in siedendem Öl oder kochendem Wasser hingerichtet.

Ansehen müssen wir uns auch das **Bergkwartier**, das sogenannte Bergviertel. Mit den Bergen hat das eher weniger zu tun, sondern eher mit den Fischern, die nach Bergen in Norwegen fuhren. Wem die Umgebung zu gruselig wirkt, blickt hinauf zur **Berkkerk**. Die auch Nicolaaskerk genannte Kirche stammt aus dem 12. Jh. und bekam zu seinen beiden Türmen im 15. Jh. noch ein Langhaus spendiert.

Los geht's am Bahnhof von Deventer, den wir nach links über den Stationsplein verlassen. Beim Radschild 62 schräg links versetzt weiter entlang der Verzetslaan und der Ausschilderung folgen bis zum Knotenpunkt 63. Hier weiter geradeaus, an dessen Ende links Bokkingshang, dann rechts unter der N344 her. Dahinter links-rechts in die Sluisstraat und in grober Richtung stets geradeaus aus der Stadt hinaus Richtung Epse. Nachdem wir auch die A1 gequert haben, bei Schild 47 rechts und zunächst weiter auf dem Radweg entlang der Straße. Die Schilder 27, 54, 34, 96, 98 und 10 bringen uns ins Zentrum von Zutphen.

Auf unserem Weg liegt Gorssel mit seiner schönen **Reformierten Kirche**, in die ein Teil der rund 4.000 Einwohner zum Gottesdienst geht. In einem schmucken Haus ist das **Museum MEHR** untergebracht, in dem wir

32

Zutphen war Königspfalz und Hansestadt – das spüren wir noch heute

Kunst des Neorealismus bestaunen können.

In Zutphen tauchen wir ein in lebendiges **Mittelalter**. Ein Blick auf alte Karten zeigt, dass Zutphen einst planmäßig und stark bewehrt angelegt wurde. Schon die Römer hinterließen hier erste Spuren, bevor sich die Stadt zu einer **Königspfalz** und zu einer **Hansestadt** entwickelte. Noch heute können wir gut nachvollziehen, welcher Reichtum hier einst vorhanden war.

Tipp: Zutphen kann sich zurecht als „Stadt der Türme" bezeichnen. **Weinhausturm**, **Bourgonjeturm** und vor allem der **Drogenapsturm** ragen aus dem Häusermeer empor. Letzterer bekam seinen Namen von Thomas Drogenap, der einst von hier oben jeden Tag seine Trompete über die Stadt schallen ließ. Ganz in der Nähe geht es weiter mit den Noten: Im Haus „De Wildeman" wurde das Muziekmuseum eingerichtet, das sich vor allem auf alte Klaviere spezialisiert hat.

Es gibt viel zu sehen: Die durch die UNSESCO geschützte **Kirche St. Walburgis** erhebt sich würdevoll hinter den dicken Stadtmauern, die noch bestens erhalten sind. Sie beschützen rund **300 historische Wohnhäuser,** die zwischen dem 15. und dem 18. Jh. erbaut wurden.

Ein tolles Motiv bietet auch die Ruine des **Bekelpoort** von 1312 mit seinen Türmchen an den Ecken und den drei Bögen, die das Wasser überspannen. Was für die Niederlande etwas besonderes ist: Bei dem oben erwähnten Wijnhuistoren finden wir auch ein **Wijnhuis**. Gekeltert wurde hier zwar nicht, aber die Weingroßhändler schlugen hier einst ihre Waren um.

Weiter geht´s von Zutphen, wo wir mit der Brücke die Ijssel überqueren, um hinter der Brücke mit einer S-Kurve bei Schild 1 auf den Radfernweg LF3 gelangen. Diesem folgen wir von der Brücke aus gesehen nach rechts. So rollen wir stets neben der Ijssel an den Schildern 36, 35, 37, 49, 17, 16, 61 und 24 vorbei zurück nach Deventer. Hier steuern wir den Radschildern folgend den Bahnhof an, wo unsere Tour endet.

Auf der zweiten Hälfte unserer Tour folgen wir der bestens beschilderten **Hanzeroute**. Sie setzt sich mit der Rietland und der Maasroute zum Fernradweg LF3 zusammen. Wer diesen mal in der kompletten Version fährt, kommt auf einige 100 km Streckenlänge.

Tipp: Ein etwas längerer Abstecher führt nach Appeldoorn. Naturfreunde steuern hier **Apenheul** an, wo Affen ihr Leben in einem Freigehege genießen können. Fans der royalen Familie zieht es ins **Königliche Schloss Het Loo**. In einem französischen Garten erhebt sich dieser Prachtbau, wo uns im angeschlossenen **Museum** mehr vom Adel erzählt wird. In den weitläufigen Grünanlagen finden wir mit **Oude Loo** noch eine schmucke Burg.

Der Fluss **Ijssel** begleitet uns auf den letzten Kilometern unserer Tour. Genau genommen war die Ijssel ein „selbständiger Fluss", doch irgendwann bahnte sich der Rhein seinen Weg in diese Richtung, so dass die Ijssel inzwischen ein Mündungsarm des Rheins ist.

Kartentipp:
ADFC-Regionalkarte Münsterland West/Achterhoek,
1:75.000, ISBN 978-3-87073-848-8, € 8,95
Digital für Smartphones und Tablets:
www.fahrrad-buecher-karten.de/rk-digital

33 Das größte Naturschutzgebiet des Landes

Rundtour von Hoenderloo über Otterlo

Niederlande-Touren-Info 33

ca. 34 km ohne Abstecher, gute, regionale Radweg-Beschilderung. Die Route führt meist über separate Rad- und Feldwege bzw. auf wenig befahrenen Nebenstraßen, einige Passagen auf losem Untergrund.

Start und Ziel: Parkplatz des Nationaal Park am Eingang Hoenderloo

Info: VisitVeluwe B.V., Tel. +31 (0)481366250, www.visitveluwe.nl

De Hoge Veluwe, so heißt das größte Naturschutzgebiet der Niederlande. Wer nun an weitläufige ruhige Natur mit seltenen Tieren und Pflanzen denkt, liegt genau richtig. Aber es gibt hier noch mehr zu entdecken, wie z.B. das Kröller-Müller-Museum mit der größten van Gogh-Privatsammlung der Welt! Im Park können wir auf Leihfahrräder umsteigen, um die Natur zu genießen. Unsere eigenen Räder nutzen wir für eine Runde um das Naturschutzgebiet herum.

Einmal mehr bekommen wir hautnah zu spüren, dass wir in den Niederlanden immer wieder Außergewöhnliches erleben können: Wo sonst liegen Natur und Kultur so nah beisammen wie hier in **De Hoge Veluwe**? Sage und schreibe 5.500 ha umfasst das größte Naturschutzgebiet der Niederlande. Das man den Schutz wirklich ernst nimmt, erkennen wir daran, dass das komplette **Gelände** eingezäunt wurde.

Hier finden wir weitläufige Nadelwälder mit Kiefern, Laubbäume, Rhododendren und immer wieder kleine und große **Heideseen**. Fast die Hälfte des sehr sandigen Gebiets ist mit Heide bedeckt, so dass sich zu jeder Zeit ein ganz eigenes Bild mit ganz unterschiedlichen Wahrnehmungen ergibt.

Viel Wald, viel Fläche und Menschen, die sich nur auf bestimmten Wegen aufhalten dürfen? Besser können es die **Tiere** doch gar nicht haben! Und so fühlen sich Mufflons, Rehe, Hirsche, Wildschweine und unterschiedliche, teils bedrohte Vogelarten hier sichtlich wohl. Mehr über die Natur, die uns hier im Überschwang begegnet, erfahren wir im Besucherzentrum.

Tipp: Im Besucherzentrum können wir unser Fortbewegungsmittel einmal wechseln: Auf dem Rücken der **Pferde**, die hier „ausgeliehen“ werden können, macht der Besuch des Parks besonders viel Freude.

Nun ist es nur ein kleiner Schritt von der Natur zur Kultur: **Helene Kröller-Müller** frönte einer besonderen Leidenschaft: Von 1908 bis 1935 sammelte sie Tausende von Kunstgegenständen, darunter hunderte Gemälde und Skulpturen und mehr als 4.000 Zeichnungen. Allein von Vincent van Gogh trug die gute Dame 280 Werke zusammen, die noch heute als **größte van Gogh-Privatsammlung** der Welt zählen.

All´ das wird uns im Kröller-Müller-Museum in einem stilvollen Ambiente präsentiert. Außerhalb des 1977 noch erweiterten Backsteinbaus finden wir den größten Skulpturenpark Europas.

Weitläufige Natur begleitet diese Rad-Runde

Und gar nicht weit entfernt lockt schon der nächste Superlativ, Europas erstes **unterirdisches Museum**. Im Jahre 1993 angelegt, bringt es uns die Erdgeschichte und Naturkunde näher. In diese „Unterwelt" werden wir recht sarkastisch geleitet, den am Eingang lesen wir „Lasst, die ihr eingeht, alle Hoffnung fahren".

Wenn wir wider dieses Spruches doch gesund und munter wieder „über der Erde" sind, machen wir uns auf, den weitläufigen **Park** zu entdecken. Vielleicht mit einem der schneeweißen Fahrräder, die wir sogar gratis ausleihen können.

Los geht's am Parkplatz des Nationaal Park am Eingang Hoenderloo, von dem aus wir zurück zur Querstraße Apeldoornseweg rollen, um dort bei Schild 13 links abzubiegen. Bei Schild 14 wieder links und wir gelangen auf fast gerader Route nach Otterlo (Punkt 49).

Das Dörfchen Otterlo empfängt uns mit ländlicher Idylle und der hübschen reformierten Kirche, deren Turm „echt Spitze" ist.

Tipp: Im **Nederlands Tegelmuseum Otterlo** können wir uns die größte Fliesensammlung des ganzen Landes ansehen. Erstaunlich, welch fragile Kunst seit dem Mittelalter entstand!

Rund um Otterlo kommen wir gleich an mehreren **Campingplätzen** vorbei – ja, die Camper wissen halt auch, wo es schön und ruhig ist!

Weiter geht´s von Otterlo, das wir entlang des Arnhemseweg verlassen, der zugleich die N310 ist. Nachdem die Straße hinter Punkt 5 eine Linkskurve vollzogen hat, rollen wir bei den Schildern 40, 4 und 55 jeweils geradeaus weiter. An Schild 3 biegen wir links ab auf den Hoenderloseweg. Der breite rot markierte Radweg neben der Straße führt uns zielsicher über die Punkte 23 und 13 zurück zum Parkplatz des Nationaal Park am Eingang Hoenderloo, wo unsere Tour endet.

Auf unserem Rückweg liegt das **Deelen Airbase Museum**. Uniformen, Kampfjets, Fahrzeuge, aber auch Geschütze zur Flugabwehr können wir in dem kleinen, aber gut sortierten Museum bestaunen.

Kartentipp:
ADFC-Radtourenkarte NL2 Niederlande-Süd,
1:150.000, ISBN 978-3-87073-947-8, € 9,95

34 Eine echt tierische Tour

Rundtour von Arnhem über Alteveer en Cranevelt

Niederlande-Touren-Info 34

ca. 21 km ohne Abstecher, gute, regionale Radweg-Beschilderung, teils Beschilderung als Radfernweg LF4 bzw. EuropaRadweg R1. Die Route führt meist über separate Rad- und Feldwege bzw. auf wenig befahrenen Nebenstraßen, einige Passagen auf losem Untergrund.

Start und Ziel: Hauptbahnhof Arnhem

Info: Visit Arnhem Tourist Info, Tel. +31 (0)9001122344, www.visitarnhem.com

„Nur 21 km" ist diese Rad-Runde lang. Und das aus gutem Grund: Schon in der City Arnhems gibt es reichlich zu sehen. Doch direkt am Wegesrand liegen mit dem Nederlands Openluchtmuseum und dem Burger´s Zoo zwei außergewöhnliche Sehenswürdigkeiten, für die wir einfach reichlich Zeit brauchen. Auch der Rückweg gestaltet sich sehr abwechslungsreich: Wir machen eine Visite am Schloss Rosendael und rollen zum Schluss durch die weiten Parks der Stadt Arnhem.

G**rünste Stadt Europas** – diesen Titel erhielt Arnhem im Jahre 2009 nicht umsonst, denn auf dem Stadtgebiet liegen weitläufige Parks, die der Stadt einen enormen Naherholungswert bringen. Auch außerhalb der Stadt erstrecken sich große Naturschutzgebiete, die wir bei unserer Tour noch kennenlernen werden. Schon 893 erstmalig erwähnt, erhielt Arnhem 1233 die Stadtrechte. Auch die Franzosen trugen sich in die Stadtgeschichte ein, doch die schlimmste Zeit erlebte Arnhem während des 2. Weltkriegs, als deutsche Besatzer sich lange Kämpfe mit britischen Verbänden lieferten. Die „**Brücke von Arnhem**" wurde zum Synonym des Kriegswahns. Der britische Oberst John Frost verteidigte lange Zeit die Brücke mit seinen Männern, bevor sie doch fiel – zu seinen Ehren trägt die Brücke heute seinen Namen.

Tipp: Ein spannendes und außergewöhnliches Museum finden wir unter (!) dem Sonsbeek-Park: Im **Nederlands Watermuseum** bekommen wir auf eine lehrreiche, interaktive Weise alles Wissenswertes über das Lebenselixier Wasser beigebracht.

Beste Aussichten auf Arnhem von der Grote Kerk

Außergewöhnliches finden wir auch auf dem **Marktplatz** von Arnhem: Auf der einen Seite reckt sich die **Grote Kerk** mit dem größten Glockenspiel Europas in die Höhe. Und direkt gegenüber steht das Alte Rathaus. Was gar nicht so besonders wäre, wenn an seinem Eingangstor nicht drei Teufel abgebildet wären – mit Blick auf die Kirche. Nicht umsonst wird es auch **Duivelshuis** genannt.

Los geht's am Hauptbahnhof von Arnhem, den wir nach rechts entlang de Renssenstraat verlassen, um an der nächsten Ecke die Bahnschienen mit der Brücke zu überqueren. Wir folgen nun auf der anderen Seite dem LF4 und biegen links in die Bovenbrugstraat. Die Tour führt weiter über die Radwegeschilder 93 und 26 jeweils geradeaus. Beim Punkt 44 können wir die Bahnlinie nach rechts überqueren. Dahinter sofort wieder rechts und ein Stück parallel der Schienen zurück auf dem Van Limburg Stirumweg, der nach rund 500 m links abknickt. Die Schilder weisen uns zuverlässig den Weg, der fast immer geradeaus durch die Natur führt, die N224 kreuzt, an einem Campingplatz vorbei führt und hinter dem Radschild 45 auf eine querende Straße trifft. Hier links und bei 46 gleich wieder rechts. Bei 47 rechts und bei 84 links. So kommen wir zur Ortschaft Alteveer en Cranevelt

„**Midden-Nederlandsroute**" nennt sich der als LF4 gekennzeichnete Radfernweg **Europäischer Radfernweg R1**. Der LF 4 schlängelt sich, wie der Name vermuten lässt, einmal durch das Land und eröffnet uns tolle Einblicke in diese abwechslungsreiche Region.

Tipp: Direkt an unserem Wegesrand liegt **Burger´s Zoo**, der sich zu einem der schönsten und größten Zoos der Welt entwickelt hat. So tauchen wir ein in **Burger´s Ocean**, um Korallenriffe und die bunte Vielfalt eines tropischen Meeres zu bestaunen. Nur wenige Minuten später finden wir uns wieder in einer **nordamerikanischen Wüste**, bevor wir eine riesige Halle betreten, in der uns ein **tropischer Regenwald**

Schloss Rosendael: Außergwöhnliche Architektur für die Gebäude…

erwartet. Auch im **Safaripark** beobachten wir Geparden, Giraffen, Antilopen, Nashörner und andere große Tiere in einer naturnahen Umgebung. Wer einmal den Eingang von Burger´s Zoo durchschritten hat, versteht rasch, warum diese Tour „nur" 21 km lang ist – die Zeit verfliegt hier im Nu!

Auch am **Nederlands Openluchtmuseum** kommen wir direkt vorbei. Es ist schon lange her, dass diese Idee von einer Bürgerinitiative realisiert wurde: Ab 1912 wurde das Freilichtmuseum gegründet, um Kunst und Leben der Region zu erhalten. Später wurden originale Gebäude im ganzen Land zerlegt und hier wieder aufgebaut. So gibt es natürlich verschiedene Windmühlen, aber auch Fischer- und Bauernhäuser und verschiedene Industriebetriebe zu sehen. Inzwischen ist das Gelände ziemlich groß geworden. Wer vom Radeln müde ist, kann in eine historische Straßenbahn steigen und sich bequem fahren lassen.

Weiter geht´s von Alteveer en Cranevelt, das wir auf dem Schelmseweg an den Radschildern 58 und 48 vorbei geradeaus verlassen. Bei 64 zweigen wir mit unserem Radfernweg LF4 rechts ab und rollen zurück Richtung Arnhem-Zentrum. Auch hier weisen uns die Schilder des LF4 den Weg bis zum Hauptbahnhof von Arnhem, wo unsere Tour endet.

Wir radeln ein gutes Stück an der breiten Straße entlang. Was für die Niederländer Alltag ist, kommt uns nach den vielen **Radwegen** durch ruhige Natur etwas speziell vor. Als Entschädigung kommen wir vor die Toren von Rozendaal.

bettet liegt es in einem wunderbaren **Landschaftspark**, der genau wie das Anwesen in die Top 100 der niederländischen Denkmalpflege aufgenommen wurde.

...und für die Gartenanlagen

Der Ort Rozendaal selbst entstand seinerzeit um die Burg herum. Gleich gegenüber dem Schloss entdecken wir die im spätbarocken Stil erbaute **Dorfkirche**. Wer die Tour noch etwas über die Gemeindegrenzen hinaus ausdehnt, lernt das Wald- und Heidegebiet namens „**De Imbosch**" kennen.

Bevor wir unsere Tour beenden, können wir uns im riesigen **Parkgelände** Arnhems vom Radeln erholen. Direkt am Wegesrand beginnt der Sonsbeek Zypendaal. Dieser geht nahtlos über in De Gulden Park Bodem Zypendaal.

Tipp: Fast direkt am Wegesrand liegt **Schloss Rosendael**. Die paar Pedalumdrehungen hierher lohnen sich, denn das Schloss spiegelt sich malerisch im Wasser und verrät uns schon beim flüchtigen Hinsehen, dass es einst aus einer Burg entstand. Schon um 1314 gab es an dieser Stelle eine Burg, in der sich ein gewisser Graf Reinoud I. wohlfühlte. Der Wohn- und Wehrturm ist bis heute erhalten geblieben und gibt dem Schloss ein besonderes Aussehen. Der Graf von Geldern sorgte dafür, dass die Festung zu einem Schloss umgebaut wurde. Einge-

Kartentipp:
ADFC-Regionalkarte Münsterland West/Achterhoek,
1:75.000, ISBN 978-3-87073-848-8, € 8,95
Digital für Smartphones und Tablets:
www.fahrrad-buecher-karten.de/rk-digital

35 Grenzüberschreitung mit dem Rheinradweg

Rundtour von Nijmegen über Kleve

Niederlande-Touren-Info 35

ca. 57 km ohne Abstecher, gute, regionale Radweg-Beschilderung, teils Beschilderung als Fernradweg LF3. Die Route führt meist über separate Rad- und Feldwege bzw. auf wenig befahrenen Nebenstraßen, einige Passagen auf losem Untergrund.

Start und Ziel: Bahnhof Nijmegen

Info: Touristik, Tel. +31 (0)9001122344, www.visitnijmegen.com

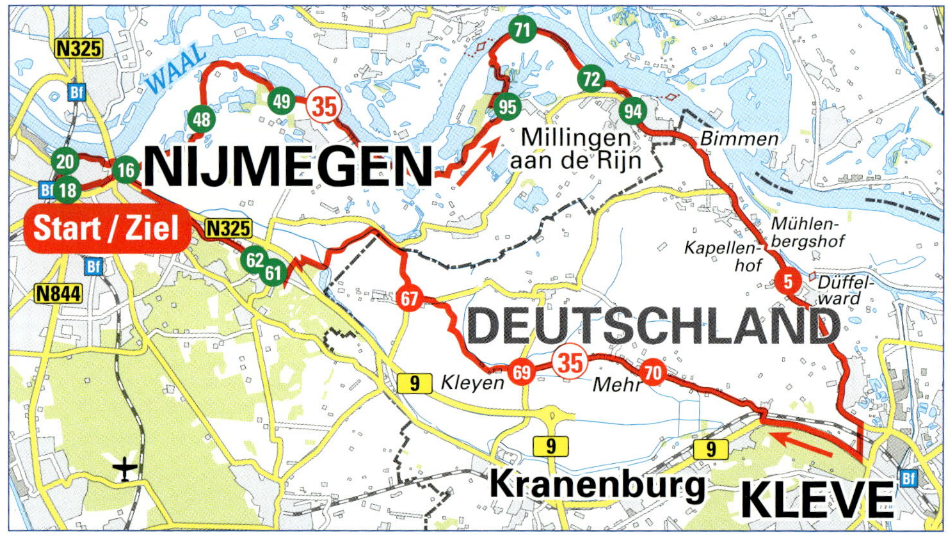

Auf dieser Tour haben wir gleich mehrfach Grund zum Genießen: Die Städte Nijmegen und Kleve blicken beide auf eine lange Historie zurück und so entdecken wir eine Vielzahl an sehenswerten Gebäuden. Auch Museum-Fans kommen beiderseits der Grenze voll auf ihre Kosten. Im ersten Teil der Strecke führt uns der Rheinradweg über beste Trassen am breiten Strom entlang. Auch der Rückweg durch´s „Landesinnere" ist bestens beschildert, so dass sich am Ende der doch recht langen Tour ein Zustand der Zufriedenheit einstellt.

B**atavorum** und **Noviomagus** so lauteten die Namen Nijmegens, als die **Römer** hier am Rheinufer ihre Spuren hinterließen. Genau genommen sind wir hier am Ufer des **Waal**, einem Mündungsarm des Rheins. Obwohl im Zweiten Weltkrieg viele Gebäude der Innenstadt zerstört wurden, machen wir eine optische Reise in die Vergangenheit: Mit einer feinen Freitreppe empfängt uns die ehemalige **Stadtwaage**, wo wir heute bestens einkehren können.

In Nijmegen wird der Rhein zum Waal

Tipp: Etwas nördlich der Innenstadt finden wir einen wunderschönen idyllischen Park. Der sogenannte Valkhof liegt hochwassergeschützt über der Waal. Schon Karl der Große erkannte diese gute Lage und gründete hier eine Kaiserpfalz. Die **Schlosskapelle St. Nicolaas** zeugt noch heute von dieser Zeit.

Gleich bei der „Waag" erhebt sich der **Kerkboog**. Das Doppeltor wurde schon in der Spätgotik errichtet. Drumherum schlendern wir durch eine sehenswerte **Altstadt**, deren Mitte vom dreieckigen Marktplatz markiert wird. Auch das **Stadhuis** musste wegen Kriegsschäden komplett neu erbaut werden. Und so sind die Figuren der Kaiser nur Nachbildungen. Die Wandteppiche allerdings sind noch echt!

Besonders gut gelungen ist die sogenannte **Waalkade**. Im Jahr 1978 wurde die Straße entlang des Flusses komplett umgestaltet. Und während hierzulande vermutlich Büros oder teure Wohnungen in bester Lage entstanden wären, entschlossen sich die Stadtväter und -mütter hier komplett anders: Das neue Viertel sollte ausschließlich für Freizeitaktivitäten geschaffen werden. Und so können wir hier vor oder nach der Tour vortrefflich einkehren in Cafés, Restaurants oder Bars. Oder wir flanieren einfach am Ufer entlang und genießen die Stimmung.

Los geht's am Bahnhof von Nijmegen, den wir nach links über die Stieltjesstraat verlassen. An der querenden Straße namens Kronenburgersingel links und an deren Ende mit einem Links-Rechts-Knick zum Rheinufer. Diesem folgen wir flussaufwärts auf den Spuren des Fernradwegs LF3. Der bringt uns stets in Ufernähe den Schildern 2, 16, 48, 49, 95, 71, 72 und 94 folgend nach Millingen aan de Rjin. Ab hier rollen wir über deutschen Boden auf dem Rheinradweg vorbei an Keeken und Düffelward. Nun verlassen wir den Fernradweg und rollen vom Schild 5 über 32 entlang der Klever Straße in die Stadtmitte von Kleve.

An der Stelle, wo wir am Rhein die Stadt Nijmegen verlassen, kommen wir am **Velorama** vorbei. Kaum zu glauben, aber dies ist das einzige Fahrradmuseum in den Niederlanden – vermutlich werden die Räder lieber genutzt als ausgestellt?

Auf unserem Weg in die City von Kleve liegt die wuchtige **Wasserburg Rindern**, die inzwischen als Tagungsort genutzt wird.

Tipp: Wenn wir von Kleve aus dem Radweg entlang der B57 Richtung Kalkar folgen, gelangen wir zum **Schloss Moyland**. Schon der weitläufige Park ist eine Augenweide. Mittendrin liegt, eingebettet in **Wassergräben**, das neugotische Schloss, das zu

Nijmegens Altstadt bietet erstklassige Einkehrmöglichkeiten

den wichtigsten Bauten der Region zählt. Die Anlage ging aus einer alten Burg hervor und beherbergt inzwischen eine Kunstsammlung mit einem Schwerpunkt auf den Werken von **Joseph Beuys**, der in Kleve aufwuchs.

Schon vom weitem grüßt uns die Schwanenburg, die weit über die Skyline von Kleve hinausragt. Schon um 1000 herum gab es hier die ersten Gebäude, die zu einer Burganlage ausgebaut wurden. Die Nutzung als Land- und Amtsgericht bewirkte, dass die stark verfallene Burg wieder zu neuem Glanz kam.

Zu ihren Füßen erstreckt sich eine weitläufige **Fußgängerzone** und eine Innenstadt mit prachtvollen alten **Villen**, dem **Museum Haus Koekkoek** und dem **Alten Kurhaus**. Letzteres erzählt aus der Zeit, als es hier noch ein „Bad Cleve" gab. Heute finden wir im Innern vor allem barocke Malerei.

Viel Entspannung in weitem Grün finden wir in den **barocken Gartenanlagen**, die vom klevischen Stadthalter Johann Moritz von Naussau-Siegen in Auftrag gegeben wurden. Besonders gelungen ist das **Amphitheater**, das mit Teichen, Terrassen und Springbrunnen für Abwechslung sorgt.

Wer gar nicht genug bekommen kann vom Pedalieren, schwingt sich auf die Grenzland-**Draisinenbahn**. Deren Schienen verlaufen zwischen Kleve und dem niederländischen Groesbeek.

Weiter geht´s von Kleve, das wir entlang der Tiergartenstraße verlassen. In deren Linkskurve biegen wir rechts und hinter den Schienen gleich wieder links an in die Mehrer Straße, die uns vorbei an Mehr, Kleyen und Zyfflich wieder zur niederländischen Grenze bringt. Bei Schild 66 biegen wir links ab und radeln durch Beek an den Schildern 61 und 62 vorbei Richtung Nijmegen. Hier steuern wir den Bahnhof an, wo unsere Radrunde endet,

Oberhalb unseres Radwegs liegen beim Verlassen der Innenstadt von Kleve das Amphitheater und die barocken Parkanlagen. Hier oben gibt es gleich mehrere **Aussichtspunkte**, von denen die Blicke weit über die Stadt und den Rhein schweifen.

Tipp: Etwas abseits unseres Rückweges liegt der wunderschöne Ort Kranenburg, den wir über beschilderte Radwege durch den Kranenburger Bruch erreichen, der unter Naturschutz steht. Mehr dazu erfahren wir im **Naturlehrpfad**. Der **Mühlenturm** und das

Eingebettet in Wassergräben liegt Schloss Moyland

Heimatmuseum Katharinenhof machen den kleinen Umweg ebenfalls lohnenswert.

Bevor wir wieder in Nijmegen ankommen, locken Schilder zum „**Amusementspark Tivoli**", zum **Afrika Museum** und zum **Museumspark Orientalis**. Wer also nach der langen Tour noch Zeit und Motivation übrig hat, findet hier noch genug Kurzweil.

Kartentipp:
ADFC-Regionalkarte Münsterland West/Achterhoek,
1:75.000, ISBN 978-3-87073-848-8, € 8,95
Digital für Smartphones und Tablets:
www.fahrrad-buecher-karten.de/rk-digital

36 Lebenselixier Wasser – mal im Turm, mal im Kanal

Rundtour von Oldenzaal über Denekamp

Niederlande-Touren-Info 36

ca. 46 km ohne Abstecher, gute, regionale Radweg-Beschilderung sowie teils Beschilderung als Fernradweg LF14. Die Route führt meist über separate Rad- und Feldwege bzw. auf wenig befahrenen Nebenstraßen, einige Passagen auf losem Untergrund.

Start und Ziel: Bahnhof Oldenzaal

Info: Tourist Info VVV Oldenzaal, Tel. +31 (0)541514023, www.uitinoldenzaal.nl

Das größte Glockenspiel Europas läutet sozusagen unsere Radrunde ein, die uns durch eine Landschaft führt, die eher an einen Park erinnert. Nachdem wir auf den rund 46 km völlig unterschiedliche Bilder präsentiert bekamen, erholen wir uns in Oldenzaal von der Tour. Der Dreh- und Angelpunkt unserer Tour, die nahe an der deutschen Grenze entlangführt, begeistert uns auch mit seiner altehrwürdigen Marktstraat und lädt uns immer wieder zum Verweilen ein.

Die Provinz Overijssel mit seiner Region Twente begeistert uns nicht nur durch die Grenznähe zu Deutschland. Sowohl die Landschaft, als auch die kleinen Städte und Ortschaften versprühen einen besonderen Reiz. Das gilt besonders für unseren Start- und Zielort Oldenzaal, das von der **Marktstraat** durchzogen wird. Zu beiden Seiten dieser altehrwürdigen Straße erheben sich sehenswerte Häuser, die meist schon im 17. Jh. erbaut wurden. Rund 32.000 Einwohner zählt

Der Wasserturm gilt als ein Wahrzeichen von Oldenzaal

die Kleinstadt, die mit dem alten **Wasserturm** eines ihrer Wahrzeichen hat.

Unübersehbar ist die **St. Plechelmus Basiliek**, deren älteste Teile von 945 stammen. Der Namensgeber war seinerzeit der heilige Plechelmus, der schon im 8. Jh. in dieser Region unterwegs war, um den christlichen Glauben zu verbreiten. Seine Gebeine wurden in einem goldenen Reliquienbehälter aufgebahrt, der in der **Schatzkammer** steht.

Tipp: Im 13. Jh. wurde die Basilika durch einen romanischen Kirchturm ergänzt. Mit seiner wuchtigen Gestalt beherbergt er sage und schreibe 40 Glocken – es ist bis heute das **größte Glockenspiel Europas**!

Venedig? Nein, Nordhorn!

Interessant wird es in der Hausnummer 13 der Marktstraat, denn hier steht das **Museum Het Palthe Huis** mit putzigen Sprossenfenstern und einem aufwändigen Giebeldach. Im Innern finden wir die Einrichtung einer alten Apotheke und eine Hausbibliothek – alles so, wie es damals im 18. Jh. einmal hergerichtet wurde.

Von ganz anderem Hintergrund ist das jedes Jahr im August stattfindende Fest mit dem Namen „**De boeskool is los**". Übersetzt bedeutet dies in der Tat „Der Weißkohl ist los" – und dass der Weißkohl geerntet ist, wird hier mit Musik, Markt und Sport gefeiert.

Los geht's am Bahnhof von Oldenzaal, den wir geradeaus über den Stationsplein verlassen. Dann biegen wir rechts in die Heerstraat, der wir eine ganze Weile geradeaus aus Oldenzaal hinaus folgen. An der Weggabelung geradeaus in den Rhododendronplaan und an Schild 66 und 74 weiter geradeaus. Vor den Schienen biegen wir links auf den LF14, dann rollen wir hinein nach De Lutte, wo wir an der Hauptstraße links abbiegen und die querende N342 schräg links überqueren. Bei 60 geradeaus und an der nächsten Ecke wieder rechts. Am Schild 61 rechts weiter dem LF14 folgen und auf etwas schlechterer Strecke bei 62 links. Bei 58 geradeaus, 55 links und dann den Schildern 18, 53 und 23 folgend nach Denekamp.

Nachdem wir das Stadtgebiet von Oldenzaal verlassen haben, tauchen wir wie versprochen ein in die **liebliche Landschaft** namens Twente, die uns beim Durchradeln schon fast an einen großen, nicht zu enden scheinenden **Park** erinnert. Kein Wunder, dass Erholungssuchende aus den umliegenden größeren Städten gerne hierherkommen. Wir merken das an verschiedenen Campingplätzen und Hotels am Wegesrand und an „**Het Hulsbeek**" einem Naherholungsgebiet mit einem See.

Tipp: Es sind nur wenige Minuten, dann sind wir über die Grenze hinweg nach Nordhorn geradelt. Die Stadt am Fluss **Vechte** hatte im Krieg kaum Schäden zu verzeichnen. Und so finden wir eine herrliche **Altstadt** vor, die vom Wasser der Vechte umschmeichelt wird. Eines der ganz alten Gebäude ist hier die ehemalige **Adler-Apotheke**, die seinerzeit die erste Apotheke der Stadt war. Im Vorstadtgürtel finden wir an einem Wehr den **Mühlendamm**. Die Mühlengebäude werden aber nicht mehr als solche genutzt, sondern für Kulturveranstaltungen.

Die Geschichte von Deenekamp reicht bis ins 10. Jh. zurück, als an dieser Stelle noch von einem Dagingheim zu lesen war. Im Jahr 2001 wurde Denekamp mit den benachbarten Orten Weerselo und Ootersum zusammengeschlossen. Seitdem wird die Gemeinde offiziell als „Dinkelland" bezeichnet. Ansehen müssen wir uns die **Nikolaikirche** und die wunderschöne Windmühle namens de **Sint Nicolaasmolen**.

Weiter geht´s von Denekamp, das wir am Schild 23 Richtung 17 verlassen, um auf den Radfernweg LF14 zu treffen. Dieser geleitet uns über den Punkt 15 vor den Kanal, wo wir bei 14 den LF14 verlassen und links abbiegen, um dem Kanal ein ganzes Stück über 47 und 46 zu folgen. Bei 48 verlassen wir den Kanal nach links, dann den Schildern 75, 76 und 80 folgend nach Weerselo. Das Örtchen verlassen wir auf dem Nijstadweg, der am Ortsende eine Rechtskurbe vollzieht. Vorbei an Rossum rollen wir wieder zurück in die Innenstadt von

Die Sint Nicolaaskerk von Denekamp

Oldenzaal. Hier steuern wir den Bahnhof an, wo die Tour endet.

Das **ehemalige Gemeindehaus** von Weerselo und die **Stiftskerk** vermitteln uns einen guten Eindruck, wie es früher in dem Ort ausgesehen hat. Die Kirche zum Heiligen Remigius ist eher ein neuer, nüchterner Bau geworden.

Tipp: Wir radeln auf dem Fernradweg LF14, der als „**Saksenroute**" durch´s Land führt. Wer mag, kann dem gut gekennzeichneten Radweg folgen und bis nach Emmen radeln, wo wir Anschluss an eine der anderen Touren in diesem Buch haben. Und auch Teile der **United Countries-Tour**, UCTP, haben wir unter den Pneus. Hier haben wir die Möglichkeit, auf 600 km bestens beschilderter Radtrassen auf deutscher und auf niederländischem Territorium zu radeln.

Das typische **Kirchdorf** Rossum ist der letzte größere Ort auf unserer Rad-Runde. Wer zur rechten Zeit hier durchradelt, kann sich auf dem **Markt** mit frischen Lebensmitteln eindecken.

Kartentipp:
ADFC-Regionalkarte Münsterland West/Achterhoek,
1:75.000, ISBN 978-3-87073-848-8, € 8,95
Digital für Smartphones und Tablets:
www.fahrrad-buecher-karten.de/rk-digital

37 Rock´n´Pop-Tour

Rundtour von Enschede über Gronau

Niederlande-Touren-Info 37

ca. 55 km ohne Abstecher, gute, regionale Radweg-Beschilderung. Die Route führt meist über separate Rad- und Feldwege bzw. auf wenig befahrenen Nebenstraßen, einige Passagen auf losem Untergrund.

Start und Ziel: Bahnhof Enschede

Info: Tourist Info Enschede, Tel: +31(0)534801970, www.uitinenschede.nl

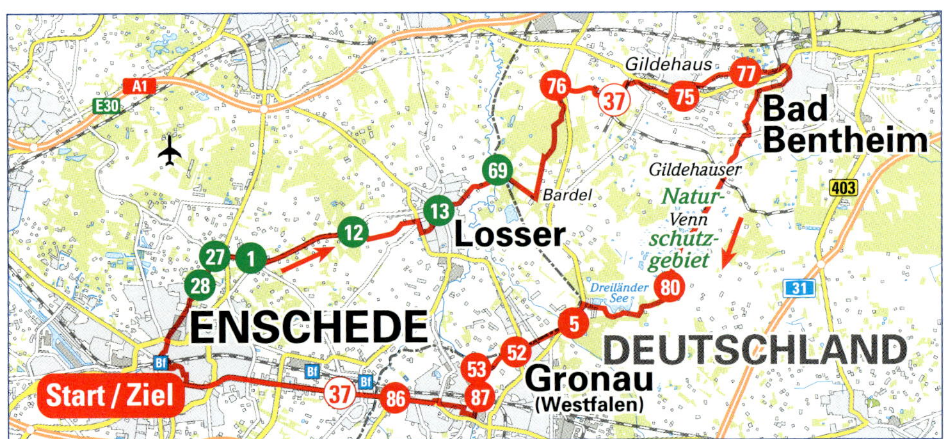

„Hoch her" geht´s in der Innenstadt von Enschede

Auf dieser Tour genießen wir nochmals die grenzenlosen Freiheiten des vereinten Europas: Wir starten in der Einkaufsmetropole Enschede, nachdem wir gleich mehrere Ausflüge in die Geschichte unternommen haben. Auf kleinen Wegen geht es „zackig" durch die Felder und über die grüne Grenze hinweg ins deutsche Bad Bentheim. Nachdem Musikfans in Gronau voll auf ihre Kosten gekommen sind, rollen wir entspannt zurück in die Niederlande.

Nur wenige Städte in dieser Region blicken auf eine solch tragische Geschichte zurück, wie Enschede. Im Jahre 1862 wütete ein Großbrand in der Innenstadt. Ein

Ruhe und Erholung finden wir im Volkspark von Enschede

Bombenhagel im Kriegsjahr 1944 beschädigte erneut die Häuser der Stadt. Und viele werden sich noch an das Jahr 2000 erinnern, als Feuerwerkskörper im Stadtviertel Roombeck explodierten und erneut für große Schäden sorgten. Ein **Denkmal** erinnert an die Opfer aus dieser Zeit, während drum herum ein topmoderner und **abwechslungsreicher Stadtteil** mit einem großen Grüngürtel entstand. Der Grund: Die Eigentümer der defekten Häuser konnten entscheiden, in welcher Form ihr Domizil wieder errichtet werden sollte. Das brachte dem Viertel 2007 sogar den **Architekturpreis** namens Gouden Piramide ein.

Umso erstaunlicher, dass Enschede immer wieder im wahrsten Sinne aus der Asche erwacht und sich zu einer der schönsten und beliebtesten **Einkaufsstädte** des Landes entwickelte. Die Gäste tummeln sich gerne auf der Langestraat und auf dem **Oude Markt**, an dem sich auch würdevoll die **Grote Kerk** in die Höhe reckt. Zum Staunen ist auch die 1928 fertiggestellte **Synagoge** in der Prinsenstraat Nummer 16, die zu den schönsten Europas zählt.

Tipp: Einen Besuch wert ist das **Rijksmuseum Twente**, das in einem wunderbaren Haus untergebracht ist. Den Grundstock der Sammlung neuer und alter Kunst legte Jan Bernhard van Heek, der ein Vermögen mit Textilien verdiente. Überhaupt war die Textilindustrie einst in der Gegend sehr verbreitet, wovon auch das **Stadtmuseum Twentse Welle** erzählt. Es ist stilecht im Gebäude der ehemaligen **Textilfabrik Her Rozendaal** untergebracht.

Zwar mit einem hohen Turm, aber eher von nüchterner Erscheinung präsentiert sich das **Rathaus** von Enschede. Und doch hat es ein berühmtes Vorbild, denn das Stockholmer Rathaus diente seinerzeit als Blaupause.

Eine richtige „Reise" hat die **Wissink´s Möl** hinter sich. Die stattliche dreigeschossige Windmühle wurde 1802 genau an dieser Stelle, an der sie heute steht, erbaut. Später wurde sie zerlegt und an anderer Stelle wieder aufgebaut. Und weil das so gut gelang, wurde sie abermals zerlegt und wieder an der ursprünglichen Stelle platziert.

37

Der mühsame Aufstieg zur Burg Bentheim lohnt sich

Los geht's am Bahnhof von Enschede, den wir nach rechts über die Brandweerstraat verlassen. Dann folgen wir der Linkskurve, gesellen uns geradeaus neben die Raiffeisenstraat. Den ovalen Kreisel umrunden wir gegen den Uhrzeigersinn auf dem Radweg und halten uns dabei schräg rechts auf der Lasonderstraat. An der breiten querenden Straße links und direkt wieder rechts in die Lonnekersportlaan, die parallel zur Noorderbaan verläuft. Wir treffen auf den LF14 und orientieren uns an den Radwegeschildern: Bei 28 geradeaus, bei 27 rechts, hinter 1 rechts und direkt wieder links, um für kurze Zeit der Straße zu folgen. Hinter der 12 bei nächster Gelegenheit rechts und kurz darauf links. In grober Richtung geradeaus durch Losser, das wir bei 13 verlassen, um bei 69 rechts abzubiegen. Am Kloster Bardel links, bei Schild 76 rechts. Durch Gildenhausen (75) gelangen wir nach Bad Bentheim.

Nachdem wir hinter Losser die Grenze passiert haben, kommen wir an **Kloster Bardel** vorbei.

Für Bad Bentheim, das in Niedersachsen liegt müssen wir viel Zeit einplanen. Direkt über dem Kurpark erhebt sich **Burg Bentheim**. Die Höhenburg aus dem frühen Mittelalter zählt zu den schönsten Wehranlagen Norddeutschlands. Schon im 11. Jh. gab es hier eine Anlage, die zum Schutze der Region diente. Wer sich einer Führung anschließt und auch noch auf den **Wehrturm** steigt, erfährt mehr über die „Inhaber" und genießt eine atemberaubende Aussicht.

Dabei schweift der Blick auch über die Innenstadt, in der wir uns gleich mehrere sehenswerte **Kirchen** ansehen können – besonders schön ist der Innenraum der katholischen Kirche.

Tipp: Wenn die Waden vom Radeln müde geworden sind, können wir das **Thermalsole- und Schwefelheilbad** besuchen. Hier regeneriert gleich der ganze Körper – Garantiert! Wenn die Zeit zu knapp ist oder die Badesachen fehlen – auch nicht schlimm, denn schon eine Rast im **Kurpark** mit dem tollen Blumenschmuck führt zu einer heilsamen Erholung.

Um „richtig harte Sachen" geht es im **Sandsteinmuseum**, das in einem alten Ackerbür-

Das Rock´n´Popmuseum begeistert nicht nur Musikfans

gerhaus eingezogen ist. Hier erfahren wir alles über den Abbau und die Verwendung des Gesteins in dieser Region.

Weiter geht´s von Bad Bentheim, das wir auf der Wilhelm- und links Pastuninkstraße verlassen. Den Schildern Richtung Knotenpunkt 80 sowie der 100 Schlösser Route und einem fast schnurgeraden Radweg folgend kommen wir am Dreiländer See vorbei nach Gronau (5, 52, 53, 87). Aus Gronau hinaus rollen wir auf der Enscheder Straße, die uns wieder wie am Lineal gezogen über die Grenze hinweg nach Enschede bringt. Hier steuern wir den Bahnhof an, wo unsere Tour endet.

Hinter Bad Bentheim rollen wir durch das **Gildenhausener Venn**, das unter Naturschutz gestellt wurde und so zum Refugium seltener Tiere und Pflanzen wurde.

Tipp: Auf unserem Weg liegt der Dreiländer See mit der gleichnamigen Freizeitoase. Wenn das Wetter passt, wagen wir einen Sprung ins kühle Nass.

Unser Weg führt uns in die Innenstadt von Gronau, das schon in Nordrhein-Westfalen liegt. Das Wahrzeichen der Stadt ist der stattliche **Wasserturm** am Stadtpark. Eine kleinere Version eines Wasserturms „in Metall" steht auf dem Gelände der ehemaligen Weberei. Nachdem wir uns den **Alten Rathausturm** angesehen haben, widmen wir uns dem **Rock´n´Popmuseum**, das nicht nur für Musikfreunde der Rock- und Popmusik ein „Muss" ist. Wir tauchen tief ein in die Musikgeschichte des letzten Jahnhunderts.

Kartentipp:
ADFC-Regionalkarte Münsterland West/Achterhoek,
1:75.000, ISBN 978-3-87073-848-8, € 8,95
Digital für Smartphones und Tablets:
www.fahrrad-buecher-karten.de/rk-digital

38 Nicht nur ein Touristen-Mekka

Rundtour von Renesse über Burgh-Haamstede

Niederlande-Touren-Info 38

ca. 38 km ohne Abstecher, gute, regionale Radweg-Beschilderung, teils Beschilderung als Fernradweg LF Kustroute. Die Route führt meist über separate Rad- und Feldwege bzw. auf wenig befahrenen Nebenstraßen, einige Passagen auf losem Untergrund.

Start und Ziel: Großparkplatz „Transferium" in Renesse

Info: Zeeland Visit, Tel. +31 (0)111463446, www.zeeland.com

Renesse ist für viele Deutsche der Innbegriff für einen Sommerurlaub in den Niederlanden. Ein herrlicher, weiter Sandstrand, beste Infrastruktur und Einkehrmöglichkeiten bis tief in die Nacht hinein locken die Besucher. Nachdem auch wir dies genossen haben, machen wir uns auf, um mit den Rädern das Umland zu entdecken. Dabei werden wir mit besten Radwegen und tollen Fotomotiven belohnt.

Der kleine Ort Renesse hat sich zu den absoluten touristischen Hot-Spots des Landes entwickelt. Vor allem bei jungen Urlaubern hat es sich herumgesprochen, dass hier in der warmen Jahreszeit eine **Party** nach der anderen steigt. Kein Licht ohne Schatten: Durch die vielen Gäste drohte ein Verkehrskollaps. Doch auch hier wurden die Niederländer erfinderisch: Außerhalb von Renesse wurde das sogenannte „**Transferium**" geschaffen.

Für die weiten Strände kommen die meisten Gäste nach Renesse…

Auf diesem gigantischen Parkplatz kann man kostenlos parken und sich mit Bussen an die See oder zu den Partys fahren lassen.

Tipp: Wer im Urlaub gerne mal Nachtleben genießen möchte und auch tagsüber auf Action steht, ist in Renesse genau richtig. Am **Strand** wird alles dafür getan, dass es uns nicht langweilig wird. **Surfen**, **Kiten** oder einfach nur relaxen – alles ist möglich auf dem endlos langen und wunderschönen Sandstrand.

Doch Renesse ist freilich viel mehr als nur Party. Das ist **Strandfeeling** pur auf endlos erscheinendem Sand. Und es ist Geschichte zum Anfassen und Staunen, denn **Schloss Moermond** ist eine echte Augenweide. Das Schloss selbst stammt von 1513, der Turm kam im 17. Jh. hinzu.

Los geht's am Großparkplatz „Transferium" von Renesse, den wir zum Kreisel und dann rechts hinaus verlassen. Bei Schild 75 und 76 jeweils links, so gelangen wir an die See. Hier rollen wir auf dem Fernradweg LF Kustroute.

…und vergessen dabei, sich Schloss Moermond anzusehen

Dieser bringt uns später links weg vom Meer und hinein nach Burgh-Haamstede.

Wie der Name verrät, besteht Burgh-Haamstede aus zwei Orten, die beide ihr eigenes Zentrum haben und doch miteinander verwachsen sind. Schon im 9. Jh. gab es hier eine Ringwallanlage. Später entstand ein Schloss, das mit einem stattlichen **Wachturm** bewacht wurde. Von Wasser umschlungen bietet uns das **Schloss** mit seinen spitzen Türmen noch heute tolle Fotomotive.

Brouwershaven ist ein beliebtes Ziel für Freizeitskipper

Tipp: Unsere verlorenen Kalorien können wir bestens in der **Bakkereij Sonnemans** von Burgh wieder auffüllen. Das etwas fragil wirkende Haus ist zudem auch schön anzusehen.

Weiter geht´s von Burgh-Haamstede, das wir am Schild 73 nach rechts verlassen. Bei 72 geradeaus weiter und der Straße durch Westenschouwen folgen, vor der Küste rechts. Nachdem wir den Fernradweg zwischenzeitlich verlassen haben, treffen wir hier wieder auf ihn. Dann via 70 und 71 (Burghsluis) sowie Kudekerke nach Seeroskerke. Bei 81 links und im Zick-Zack über 80, 82, 83 und 85 durch die Felder über Elkerzee nach Scharendijke. Nun links und zurück nach Renesse, wo unsere Tour über 76 und 75 wieder am Großparkplatz Transferium endet.

Wir kommen durch den kleinen Ort Burghsluis mit seinem **Denkmal für Seenotretter**. Der Ort schaut auf einen großen Schicksalsschlag zurück, als er 1953 durch die große Flut stark zerstört wurde.

Tipp: In Scharendijke können wir am Radschild 85 rechts abbiegen und einen kleinen, aber lohnenswerten Abstecher unternehmen: Immer in direkter Nähe zum **Grevenlingenmeer** gelangen wir nach Brouwershaven. Ab dem 12. Jh. entwickelte sich hier ein Pendant zum stetig wachsenden Zierikzee im Süden der Insel, weil man seinerzeit einen zweiten Hafen benötigte. Noch heute ist der **Hafen** unser erstes Ziel. Durch die Errichtung der Hochwasser-Schutzdämme ging der Anschluss ans offene Meer zwar verloren, doch konnte der maritime Charakter des Ortes über all die Jahre hinweg gut erhalten werden. Direkt an den Hafen grenzt der schmucke **Marktplatz**, um den herum wir eine ganze Reihe historischer Häuser finden. Nachdem wir uns das 1599 im Stile der flämischen Renaissance erbaute Rathaus angesehen haben, schlendern wir durch die **Molenstraat** und entdecken weitere schöne Fotomotive. Mehr über die Vergangenheit des Ortes und der Seefahrt erfahren wir im **Brouws Museum**.

Auf unserem Rückweg kommen wir auf der „Standardtour" auch durch den Ort Koudekerke, oder besser durch das, was von ihm übrigblieb, denn Teile davon hat die Oosterschelde bei einer großen Flutwelle verschluckt. Wer gerne **taucht**, findet also hier ein ganz besonderes Revier. Damit die Einwohner heute sicherer leben können, wurde der **Sloedamm** gebaut, der mit Poldern ergänzt wurde. Das ist auch ohne eine neue Sturmflut von großer Bedeutung, denn der Anstieg des Meeresspiegels würde auch hier dafür sorgen, dass der Ort komplett überschwemmt werden würde.

Dabei kann der Ort auf eine lange Geschichte zurückblicken, die aber leider nicht dokumentiert ist. Der Grund: 1809 brannte das Archiv ab und mit ihm alle Dokumente, die aus der Zeit davor datierten. Kuodekerke gilt als typisches Kirchenringdorf. Wenn wir hier an der **Dorfkirche** mit ihrem Turm in der Dachmitte stehen, merken wir, warum das so heißt. Rund um das Gotteshaus finden wir eine große Anzahl historischer Häuser, die bei der Flut an der richtigen Stelle standen. Das gilt auch für den einen alten **Bauernhof**, der vermutlich schon im Jahre 1200 existierte.

Entlang des weiteren Tourverlaufs kommen wir immer wieder an „**Buitenplaatsen**" vorbei. Dabei handelt es sich um schmucke Landhäuser, die sich einst wohlhabende Städter in die grüne Natur bauen ließen. „**Der Boede**" ist eines der schönsten und ältesten Beispiele für die Buitenplaatsen.

Kartentipp:
ADFC-Regionalkarte Seeland / Rotterdam,
1:75.000, ISBN 978-3-96990-007-9, € 9,95
Digital für Smartphones und Tablets:
www.fahrrad-buecher-karten.de/rk-digital

39 Meisterwerk der Ingenieurskunst

Rundtour von Vrouwenpolder über Zierikzee

Niederlande-Touren-Info 39

ca. 61 km ohne Abstecher, gute, regionale Radweg-Beschilderung, teils Beschilderung als Radfernweg LF Kustroute. Die Route führt meist über separate Rad- und Feldwege bzw. auf wenig befahrenen Nebenstraßen, einige Passagen auf losem Untergrund.

Start und Ziel: Parkplatz am Veersegatdam

Info: VVV Zeeland, Tel. +31 (0)118583484, www.zeeland.com

Es ist eine recht lange Tour, die uns hier erwartet und es ist durchaus eine Überlegung wert, sie in Zierikzee in zwei Hälften zu teilen, denn bis hierher gibt es reichlich zu sehen und auch Nervenkitzel mit Kraftanstrengungen zu verdauen.

Unser Start- und Zielort liegt bei einem Parkplatz am **Veersegatdam** – auf dem Vrouwenpolder gegenüberliegenden Ende des Dams. Direkt neben unserem Parkplatz befindet sich das Ferien-Resort De Banjaard.

Los geht's am Parkplatz am Veersegatdam, direkt beim Radschild Nr. 3. Hier starten wir direkt auf der Kustroute. Die führt uns nach wenigen Pedalumdrehungen auf den Oosterscheldedam. Nachdem wir die rund 8 Kilometer hinter uns gebracht haben, zweigen wir hinter Schild 70 rechts ab und folgen dem Uferverlauf via Burghsluis, Koudekerke, Serooskerke, Flaauwershaven nach Zierikzee.

Vor uns liegt das gewaltige Bauwerk des **Oosterscheldedams**. Selten hinterließen Katastrophen so beeindruckende Spuren, als es

Das Oosterschelde-Sperrwerk schützt das Land vor Überschwemmungen

hier in den Niederlanden der Fall ist: Im Jahre 1953 kam es zu einer verheerenden Sturmflut mit einer dramatischen Bilanz: 1.800 Tote und 72.000 evakuierte Menschen, mehr als 35.000 verendete Tiere und Sachschäden in unglaublicher Höhe. Die Tatsache, dass sich weite Teile der Niederlande bis zu 6 m unterhalb des Meeresspiegels befinden, wurde in jenem Jahr zum Verhängnis. Damit die Menschen nicht nochmal von einer solchen Tragödie heimgesucht werden, beschloss man den Bau der **Deltawerke**, die den Oosterscheldedam als zentrales Bauwerk in sich vereinten.

Keine Innovation ohne Gegner: Wäre der Zugang zur offenen See komplett abgeschlossen worden, hätte das für die Fischerei und Muschelzucht das Aus bedeutet. Auch zahlreiche Pflanzen und Tiere wären nicht zu retten gewesen. Also entschloss man sich zum Bau eines **halboffenen Damms**, der einen Zugang der Gezeiten zuließ. Im Falle einer Sturmflut sollte das Land mit einem Sturmwehr geschützt werden.

Es entstand ein einzigartiges Bauwerk, dass zurecht den Beinamen „Zeelands Weltwunder" trägt. Ab 1974 entstand in 13 Jahren Bauzeit der beeindruckende Oosterscheldedam, der rund 2,5 Mrd. gut investierte Euro kostete. Beim Besuch der **Delta Expo** beim **WaterLand Neeltje Jans** können wir bestens nachvollziehen, wie gut dieses Geld investiert wurde. Während wir uns die technischen Exponate ansehen, lernen die Kinder im Freizeitpark auf spielerische Weise das Medium Wasser kennen. Von einer Plattform können wir hautnah die Kraft der Elemente kennenlernen, die an diesem Bauwerk tagtäglich zerrt und ein Blick in die „Innereien" des Damms bleiben uns auch nicht verwehrt. Mehr noch: Bestens aufbereitet wird Alt und Jung die über 2.000 Jahre lange Historie der niederländischen Wasserbaukunst nähergebracht.

Wir radeln auf besten Wegen an den weitläufigen Küstenabschnitten an der Südküste der Insel Schouwen-Duiveland entlang. Bei Flaauwershaven wird es fast noch schöner, denn mehrere **Binnenseen** liegen beiderseits unseres Radweges.

Mit Zierikzee erreichen wir eine der schönsten Städte der Niederlande. Schon von weitem erblicken wir den 60 m hohen Turm der **Kirche Sint Lievensmonstertoren**, deren Älteste Teile aus dem Jahre 1454 datieren. Spannend zu wissen: Eigentlich sollte der

39

Zierikzee ist herrlich – nicht nur am Zuidhavenpoort

Turm noch höher werden, doch für die 206 m hoch geplante Spitze fehlte dann doch letztendlich eine Finanzierung.

Ein **Grachtenring** umschließt die **Altstadt**, in der sage und schreibe 600 Gebäude unter Denkmalschutz gestellt wurden. Gleich drei **Stadttore**, unter ihnen das Noordhavenpoort von 1559, geben den Weg dorthin frei und erzählen uns zugleich, wie stark die Stadt einst bewehrt war.

Das zentrale Bauwerk dort ist das 1554 erbaute Rathaus mit seinem schmucken Glockenturm. Nachdem das **Stadthuis** in der langen Historie zu unterschiedlichsten Zwecken genutzt wurde, ist hier inzwischen das **Stadthuismuseum** untergebracht, das sich mit der Vergangenheit Zierikzees beschäftigt.

Tipp: Einer der schönsten Orte für eine Pause ist der **Hafen** von Zierikzee. Hier holen wir uns ein Fischbrötchen und genießen es am Kai mit Blick auf das Treiben auf dem Wasser. Oder wir lassen uns in einem der Restaurants nieder und probieren die köstlichen Muscheln.

Bevor wir Zierikzee verlassen, rollen wir zum südlichen Hafen, denn hier steht das großartige Stadttor namens **Zuidhavenpoort**, das mit einer schneeweißen **Zugbrücke** ein Fotomotiv der Extraklasse bietet. Direkt nebenan wiegen sich historische Schiffe im Wasser des **Museumshafens** während in der Stads- und Commerciewerft alte Wasserfahrzeuge wiederhergestellt werden.

Weiter geht´s von Zierikzee, das wir ab dem Schild 7 verlassen, um gemeinsam mit der N256 mittels Zeelandbrug die Oosterschelde zu überqueren. An Schild 31 zweigen wir rechts ab, um an 30 und 39 vorbei zurück zum Ufer der Oosterschelde zu gelangen. Diesem

folgen wir nach links, um via 22, 13, 5 und 4 zurück zu unserem Parkplatz am Veersedamm zu radeln.

Kaum sind wir in Zierikzee wieder auf die Fahrräder gestiegen, steigt auch der Blutdruck, denn nun radeln wir über die beeindruckende **Zeelandbrug**. Zwischen 1963 und 1965 erbaut, führt sie über 5 km einmal über die Oosterschelde, um die Inseln Noord-Beeveland und Schouven-Duiveland miteinander zu verbinden. Bei ihrer Fertigstellung war sie die längste Brücke des Kontinents und noch heute kommt sie uns als Radfahrer unendlich lang vor – vor allem, wenn uns der Wind ins Gesicht bläst. Zumindest ist unser Radweg mit Betonbarrieren vom übrigen Straßenverkehr abgetrennt, was uns ein gutes Gefühl der Sicherheit vermittelt. Zu Beginn unserer Querung kommen wir auch über die **Klappbrücke**, die ihre beiden Seiten spektakulär auf 40 m öffnen kann. Wer mag, zählt die Pfeiler mit, auf denen die Zeelandbrug ruht – bei Nummer 50 haben wir die andere Seite erreicht und können entspannt zurückblicken.

Tipp: Noch bevor wir auf die Zeelandbrücke rollen, können wir einen weiteren kleinen Abstecher unternehmen: In Ouwerkerk werden wir wieder eindrucksvoll daran erinnert, warum die Delta Werke, die wir nun bestens kennen, so wichtig für das Land sind: Ein **Museum** erinnert an die verheerende Sturmflut aus dem Jahre 1953. Die Ausstellung könnte besser nicht positioniert sein: Sie befindet sich in einem der Betoncaissons, mit denen seinerzeit der defekte Deich notdürftig abgedichtet wurde. Am Betoncaisson Nummer 4 entdecken wir ein weiteres Denkmal – es erinnert daran, dass auch schon 1836 viele Menschen bei einer Sturmflut zu Tode kamen.

Der Ort Kamperland heißt wirklich schon lange so, obwohl er inzwischen Programm ist: Hier und in der näheren Umgebung gibt es gleich mehrere erstklassige **Campingplätze**. Diese sind insbesondere bei Familien mit Kindern hoch im Kurs, denn neben tollen Spielplätzen gibt es hier **Badetempel**, die uns in die Südsee entführen.

Wer es auf der „Durchreise" etwas trockener mag, besucht das **Zeeuws Planetarium** oder schaut sich die **Koningin Beatrix-Brug** an.

Kartentipp:
ADFC-Regionalkarte Seeland / Rotterdam,
1:75.000, ISBN 978-3-96990-007-9, € 9,95
Digital für Smartphones und Tablets:
www.fahrrad-buecher-karten.de/rk-digital

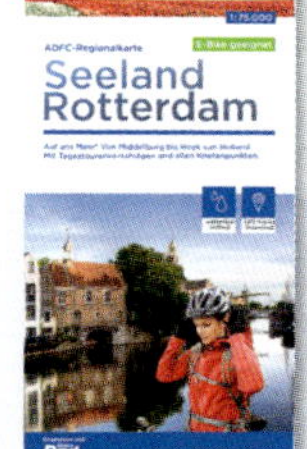

40 Wunderschön und heilsam: Domburg

Rundtour von Domburg über Zoutelande

Niederlande-Touren-Info 40

ca. 25 km ohne Abstecher, gute, regionale Radweg-Beschilderung, teils Beschilderung als Fernradweg LF Kustroute. Die Route führt meist über separate Rad- und Feldwege bzw. auf wenig befahrenen Nebenstraßen, einige Passagen auf losem Untergrund.

Start und Ziel: Großraumparkplatz „Roompot" von Domburg

Info: VVV Zeeland, Tel. +31 (0)118583484, www.zeeland.com

Diese Ecke von Walcheren, die wir auf unserer Radtour kennenlernen, hat sich zu einem begehrten Urlaubsziel entwickelt. Es ist aber auch unglaublich erholsam hier: Die weißen Strände scheinen endlos zu sein, die Dünen bieten Schutz und Fotomotive zugleich und die Ortschaften entlang der Strecke haben alle ihren ganz eigenen Charme.

Strandfeeling in Domburg

Unser Start- und Zielort Domburg ist eine der beliebtesten Urlaubs-Destinationen der Niederlande. Vor allem deutsche Urlauber kommen immer wieder gerne hierher. Sie finden einen breiten und endlos erscheinenden **Strand**, hinter dem sich mächtige Dünen erheben. Jenseits der **Dünen** empfängt uns die **Innenstadt** mit besten Einkehr-, Shopping- und Übernachtungsmöglichkeiten und einem der besten und größten Campingplätze des Landes.

Tipp: Der exakte „Dreh- und Angelpunkt" unserer Tour liegt auf dem Parkplatz „Roompot". Dies ist eine Ferienkette, die sich auf besonders gut ausgestattete Campingplätze bzw. Ferienhaussiedlungen spezialisiert hat. Einige der Anlagen sind zudem mit **subtropischen Hallenbädern** ausgestattet – genau wie das, wo wir am Ende der Tour noch eine Erfrischung im kühlen Nass finden können.

Doch Domburg hat noch viel mehr zu bieten: Entlang der Straßen erheben sich typische kleine **Wohnhäuser** und aufgrund seines **Heilklimas** ist Domburg ein Kurort. Eine der ersten Badegäste, die sich hier zum Kuren einfanden, war niemand anders als die österreichische Kaiserin. Wir wandeln also auch auf den Spuren von „Sissi"!

Los geht's am Großraumparkplatz „Roompot" von Domburg, den wir nach links auf dem Radweg entlang des Schelpwegs verlassen. Immer am Deich bzw. an der Küste entlang gelangen wir rasch durch Westkapelle nach Zoutelande.

Direkt nach dem Losradeln rollen wir auf dem Fernradweg **LF Kustroute**, der entlang der niederländischen Küste verläuft. Wer „genug Zeit" hat, kann dem Verlauf der North Sea Cycle Route beliebig weit folgen, denn ganz offiziell verläuft sie über eine gesamte Strecke von sagenhaften 5.942 km durch sechs Staaten.

Unsere Tour läuft stets am Deich, aber auch an der N287 entlang – wie gewohnt mit bestem Radweg. Bevor wir die wieder besiedeltes Gebiet erreichen, kommen wir an einem großen **Schutzgebiet** für Vögel vorbei.

Der Leuchtturm von Westkapelle wird ebenso gerne fotografiert...

Der erste größere Ort auf unserer Radtour ist Westkapelle, das 1071 erstmals in den Geschichtsbüchern auftauchte. Seinerzeit stand schon die Willibrorduskirche hier im Ort, die später zerstört wurde. Nur der Kirchturm blieb erhalten – heute ist er das sichtbarste Zeichen von Westkapelle und wird seit 1924 als **Leuchtturm** genutzt. Direkt am Wasser steht der putzige rot-weiße Leuchtturm, der auf den Namen „**Ijzeren torentje**" getauft wurde.

Tipp: Wenn wir bei Westkapelle den Deich ansteuern, staunen wir nicht schlecht, denn hier steht ein echter Panzer. Der sogenannte „**Sherman Tank**" ergänzt das **Befreiungsmonument**. Es erinnert an die Landung der Alliierten, die von hier aus die Niederlande befreiten. Ganz in der Nähe war von den Briten zuvor der Deich zerstört worden, um die deutschen Besatzertruppen mit einer Flutwelle kampfunfähig zu machen. Erst ein Jahr später wurde der Deich verschlossen und Westkapelle wieder aufgebaut. Nur ein paar Schritte entfernt finden wir das **Polderuis Museum**, das als Deich- und Kriegsmuseum auch an die friedlicheren Momente erinnert.

Westkapelle hat sich zu einem beliebten Ausflugsziel für Niederländer und Touristen entwickelt, was nicht zuletzt auch an den vielen Festen liegt, die hier gefeiert werden. Auch die schmucke Wundmühle „**De Noorman**" zieht immer wieder die Blicke der Gäste auf sich.

Auch Zoutelande steht bei den Urlaubern hoch im Kurs, denn der Strand scheint hier endlos zu sein und die schützenden Dünen im Hintergrund – es sind mit die höchsten den Landes - sind einfach herrlich. Ansehen müssen wir uns die alten **Bunker**, die als Reste des Atlantikwalls mahnend auf´s Meer blicken, die steinerne **Windmühle**, die natürlich im Mühlenweg steht, und die auffällige **Katharinenkirche**.

Weiter geht´s von Zoutelande, wo wir am Radwegeschild 42 links vom LF Kustroute abzweigen. Nun radeln wir durch´s Landesinnere via Sint Janskerke, Meliskerke und Aagtekerke den Schildern 45, 47, 46, 15 und 13 folgend zurück nach Domburg, wo wir an der 14 links abbiegen und unsere Tour am Großraumparkplatz „Roompot" endet.

Auf dem zweiten Teil unserer Tour kommen wir durch gleich mehrere Orte, die auf „Kerke" enden. In Sint Janskerke ist das etwas irreführend, denn die Pfarrkirche wurden schon 1575 abgerissen, bevor der Turm 1843 nur noch eine Ruine war, die man auch einebnete.

In Meliskerke hingegen wurde die evangelische **Pfarrkirche St. Odulphus** erhalten. Klar, denn hier in der Region sind die Menschen besonders gläubig. Noch prachtvoller ist die Kirche von Aagtekerke, das seinen Namen von der heiligen Anna erhielt. Das Zisterzienserinnenkloster wurde um 1572 aufgegeben, was wir noch am **Kloosterweg** nachvollziehen können. Deutlich auffälliger ist die schwarze „**Grundsegler-Windmühle**".

Tipp: Wenn wir die Tour ein wenig ausweiten, können wir den Schildern folgend über Serooskerke radeln. Bekannt wurde der Ort im Jahr 1966 durch den Fund **mehrerer Tausend Goldstücke**, die Feldarbeiter sozusagen im Dreck fanden. An keinem anderen niederländischen Ort wurde ein so großer Schatz gefunden, der heutzutage 340.000 Euro wert wäre. Die Münzen stammten aus dem 16. und 17. Jh. ´Der Ort legte das Geld gut an und spendierte den Einwohnern ein neues Schwimmbad.

Der Umweg über Serooskerke lohnt sich mehrfach, denn der kleine, rund 1.800 Einwohner zählende Ort ist wunderschön: Der **Kirchplatz** markiert die Ortsmitte und präsentiert uns die **Johanneskerk** mit ihrem gedrungen wirkenden Turm. Weißes Erdgeschoss, schwarze Obergeschosse und rote Mühlschaufeln – das alles in einer etwas erhöhten

Kartentipp:
ADFC-Regionalkarte Seeland / Rotterdam,
1:75.000, ISBN 978-3-96990-007-9, € 9,95
Digital für Smartphones und Tablets:
www.fahrrad-buecher-karten.de/rk-digital

... wie die Catharinakerk von Zoutelande

Lage: So malerisch empfängt uns die etwas außerhalb der Ortsmitte gelegene **Mühle** namens „De Jonge Johannes".

Auch eine große **Feriensiedlung** bestimmt das Ortsbild von Serooskerke. Während hier ein Ferienhaus fast so aussieht wie das andere, können die Gäste im alten **Landhaus** deutlich exklusiver übernachten – die stolze Ziegelfassade wird hier gekrönt von einem weißen und spitzen Türmchen. Wem das dann immer noch nicht außergewöhnlich genug ist, bezieht vielleicht sein Quartier im **Minicamping Veldlust**. Hier ist der Name Programm: Auf dem Gelände eines Bauernhofes gibt es einige wenige Parzellen und ein Sanitärhaus. Besuche im Stall sind hier ausdrücklich erwünscht. Und so gibt es inzwischen überall im Land immer mehr Landwirte, die ihren Hof für Touristen öffnen.

Auf unserer Rundtour kommen wir an einer ganzen Reihe von **Campingplätzen** vorbei, die teils in der Nähe der See, aber auch teils im Binnenland liegen. Eines ist allen gemein: Sie sind bestens ausgestattet und lassen kaum Annehmlichkeiten vermissen.

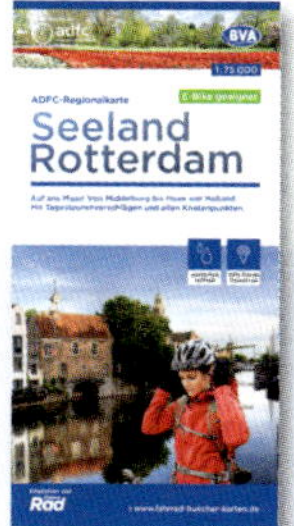

41 Zwei Traumstädte auf einen Streich

Rundtour von Vlissingen über Middelburg

Niederlande-Touren-Info 41

ca. 23 km ohne Abstecher, gute, regionale Radweg-Beschilderung, teils Beschilderung als Radweg LF Kustroute und LF13. Die Route führt meist über separate Rad- und Feldwege bzw. auf wenig befahrenen Nebenstraßen, einige Passagen auf losem Untergrund.

Start und Ziel: Bahnhof Vlissingen

Info: VVV Zeeland, Tel. +31 (0)118583484, www.zeeland.com

Wir starten zu einer echten Tour der Gegensätze auf der Insel Walcheren: Vlissingen hat zwar seine historischen Ecken, versprüht aber durch seine vorwiegend moderne Architektur mit glänzenden Hochhäusern Aufbruchsstimmung. Nach ein paar Kilometern an der Küste auf der LF Kustroute und dann ins Landesinnere gelangen wir nach Middelburg, das einem Ausflug ins Mittelalter gleich kommt: Rund um das unglaubliche Rathaus finden wir reichlich Geschichte zum Anfassen, ehe es immer geradeaus am Kanal entlang zurück geht.

Das Zeeuws Maritiem MuZeeum liegt natürlich direkt am Vlissinger Hafen

Unser Start- und Zielort Vlissingen verfügt über einen 12 m tiefen **Seehafen**, der durch zwei **Binnenhäfen** ergänzt wird. Außer Ijmuiden gibt es keine zweite Stadt in den Niederlanden mit einer derart idealen Anbindung an die Hochsee. Klar, dass sich hier eine florierende Metropole entwickeln konnte, die zudem noch mit dem **Kanaal von Walcheren** mit Middelburg verbunden ist.

Schon ein Blick auf die Skyline Vlissingens macht es deutlich: Die Stadt unterscheidet sich von vielen anderen, die wir auf unseren Touren durch die Niederlande kennenlernen, denn wir blicken auf eine ganze Reihe von **Hochhäusern**, die in der Sonne glitzern und sich im Wasser spiegeln.

Tipp: Wenn wir einen der weitläufigen Strände rund um Vlissingen ansteuern, können wir es uns auf der Picknickdecke oder in einem der **Beachclubs** bequem machen, während wir uns den regen Schiffsverkehr auf der **Westerschelde** ansehen.

Im Stadtzentrum Vlissingens können wir bestens shoppen und einkehren, aber auch den **größten überdachten Reptilienzoo Europas** besuchen. Wer keine Neurosen bezüglich einiger „Krabbeltiere" hat, taucht hier ein in eine exotische Welt als Insekten, Amphibien und Reptilien.

Aber natürlich bewahrt sich Vlissingen auch seine Geschichte, so z.B. im **Zeeuws Maritiem MuZeeum**, das sich direkt am Hafen befindet. Das Museum nimmt Bezug auf berühmte Seefahrer wie z.B. Admiral Michiel Adriaanszoon de Ruyter, der einst eine wichtige Rolle im Krieg gegen die Engländer spielte.

Den guten de Ruyter „finden" wir auch am Kaiser-Bollwerk, denn hier wurde er als Standbild verewigt. Das Bollwerk selbst wurde zum Schutze der Stadt erbaut und unter Napoleon nochmals deutlich verstärkt.

Gleich in der Nähe steht ein Gefängnisturm und eine Windmühle – alles zusammen ergibt tolle Fotomotive, denn auch das Meer ist hier gleich in der Nähe.

In den Dünen von Dishoek stehen gleich zwei Leuchttürme

Los geht's am Bahnhof von Vlissingen, den wir über den Veerhavenweg und die Schleusen hinweg zum Meer verlassen. Hier folgen wir dem Radweg LF Kustroute, der uns stets in der Nähe des Wassers nach Dishoek bringt. Am Schild 80 zweigen wir rechts ab und rollen durch Valkenisse bzw. Koudekerke den Schildern 6, 8, 9, 53 und 56 folgend nach Middelburg.

Gleich nach unserem Tourstart gesellen wir uns mit dem niederländischen Fernradweg LF Kustroute an die Küste. Nach wenigen Minuten auf bester Trasse erreichen wir das kleine Dorf Dishoek. Rund 170 Einwohner, zwei fotogene orange-rot-geringelte und unter Denkmalschutz stehende **Leuchttürme**, **Dünen** mit einer üppigen Vegetation und ein echter **Traumstrand**: Kein Wunder, das man hier von der „**Zeeländischen Riviera**" spricht. Urlauber beziehen gerne hier in den Pensionen und dem guten, direkt an der Düne gelegenen Campingplatz ihr Urlaubsdomizil.

Tipp: Der tolle LF Kustroute-Radweg verführt uns dazu, ihm noch weiter zu folgen. Am Wegesrand liegen zwei **Bunkermuseen**, ehe wir mit Zoutelande und dahinter Westkapelle zwei weitere Urlaubshochburgen erreichen.

Die Gemeinde Valkenisse gibt es seit 1966. Seinerzeit wurden mehrere kleine Orte der Region zusammengeführt, darunter auch Koudekerke, das wir durchradeln. Hier sehen wir uns die **Windmühle** namens „De Lelie", ein altes Bauernhaus und das Huis der Boede an. 1745 wurde es für den Vlissinger Bürgermeister im Stile eines Landhauses mit einem ansehnlichen Garten errichtet.

Middelburg: Wir sind in einer der ältesten niederländischen Städte angekommen, die zu Zeiten der Karolinger mit ausgeklügelten Wehranlagen geschützt wurde. Damals entstanden die Souburg im Süden, die Domburg am anderen Ende und die **Middelburg** natürlich mittendrin. Obwohl es im Zweiten Weltkrieg große Zerstörungen gab, konnte die historische Bausubstanz in bemerkenswerter Weise wiederhergestellt werden. Das gelang so gut, dass das Middelburg 1975 zur **Europäischen Denkmalstadt** geadelt wurde.

Ein Blick aus der Vogelperspektive zeigt, dass die Innenstadt von sternartigen **Grachten** und **Kanälen** umgeben ist, um den herum sich die ehemaligen Befestigungsanlagen schmiegen. Unser erster Anlaufpunkt ist das großartige **Rathaus**, deren älteste Teile bis 1452 zurückreichen. Der Bürgersaal ist eine ehemalige Tuchhalle, während sich darunter die **Vleeshal** befindet. Wo einst Fleisch verkauft wurde, finden heute Ausstellungen statt.

Die ältesten Teile des Middelburger Rathauses stammen von 1452

Wer seine Blicke von der tollen Fassade des Rathauses losreißen kann, erkundet die Umgebung, wo z.B. die raumgreifende **Abtei Unsere Liebe Frau** liegt. Sie entstand ab 1150 im Schatten der Karolingerburg. Nachdem Middelburg erst in spanischer Hand war und durch Wilhelm I. im Jahre 1574 zurückerobert wurde, war das Ende des Klosters beschlossen. Die **Abteikirche** „Koorkerk" und die nahe stehende **Nieuve Kerk** blieben als Gotteshäuser erhalten, die Abteigebäude aber völlig anders genutzt. Sogar Kanonen wurden seinerzeit hier gegossen.

Tipp: Die mühsamen 200 Stufen hinauf zum 91 m hohen Abteilturm, genannt der **Lange Jan**, lohnen sich, denn die Aussicht von hier oben ist einzigartig: Die herrliche Altstadt liegt uns zu Füßen, der **Grachtenring** wird sichtbar und in der Ferne sind die Dimensionen der Deltawerke erkennbar.

Kartentipp:
ADFC-Regionalkarte Seeland / Rotterdam,
1:75.000, ISBN 978-3-96990-007-9, € 9,95
Digital für Smartphones und Tablets:
www.fahrrad-buecher-karten.de/rk-digital

Nach dem „Pflichtprogramm" durchstreifen wir weiter die abwechslungsreiche Altstadt, schlendern an der Gracht „**Achter de Houttuinen**" vorbei und erreichen den **Kloeveniersdoelen**, auf Deutsch „Schützenhof". Hier können wir im Renaissance-Ambiente bestens speisen.

Weiter geht´s von Middelburg, das wir am Knoten 38 über den Vlissings Jaagpad verlassen, der direkt am Kanal entlang verläuft – verfransen ausgeschlossen. Am Schild 87 biegen wir links ab und überqueren den Kanal. Vorbei an 85 kommen wir zurück zum Bahnhof von Vlissingen, wo unsere Tour endet.

Wir folgen dem Verlaufe des **Kanaal door Walcheren**, der, wie der Name schon verrät, die Insel Walcheren einmal durchschneidet. So können die Schiffe vom Veerse Meer zur Westerschelde gelangen.

42 Zwischen Ooster- und Westerschelde

Rundtour von Goes über Yerseke

Niederlande-Touren-Info 42

ca. 44 km ohne Abstecher, gute, regionale Radweg-Beschilderung, teils Beschilderung als Radfernweg LF13. Die Route führt meist über separate Rad- und Feldwege bzw. auf wenig befahrenen Nebenstraßen, einige Passagen auf losem Untergrund.

Start und Ziel: Bahnhof Goes

Info: Bureau v. Toerisme Zeeland, Tel. +31 (0)118659965, www.vvvzeeland.nl

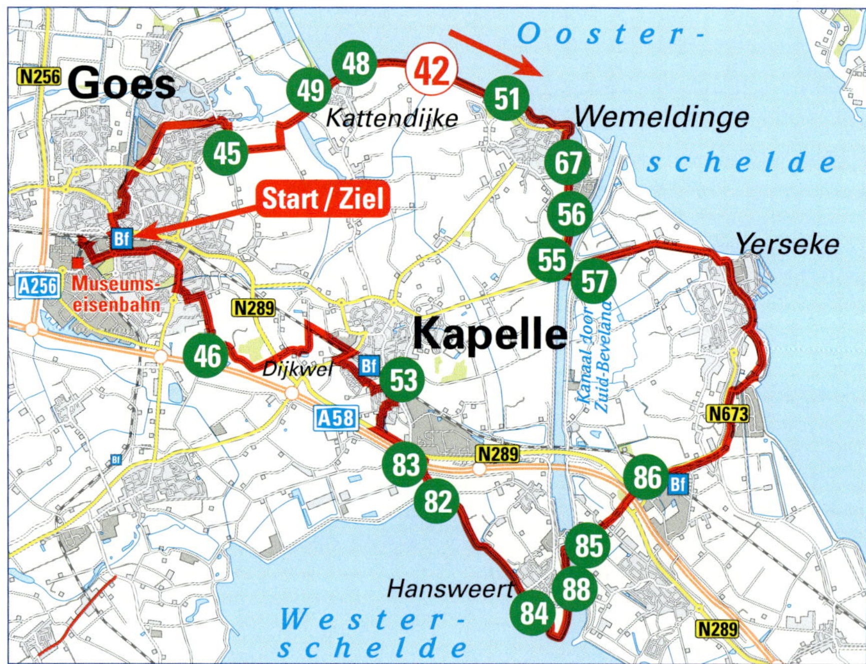

Auch auf dieser Tour ist Wasser das dominierende Element neben unseren Radwegen, denn wir sind in Zuid-Beveland unterwegs, das von der Ooster- und der Westerschelde umarmt wird. Auch der Kanaal door Zuid-Beveland liegt an unserem Wegesrand. Bei soviel Wasser wundert es uns nicht, dass die wohlschmeckenden Speisen, mit denen wir uns versorgen können, Meeresfrüchte sind.

Die Kleinstadt Goes ist vielen Touristen bestens bekannt von den Straßenschildern, allerdings rauschen viele nur vorbei auf dem Weg an die Küste. Ein echter Fehler, denn Goes empfängt uns mit einer wunderschönen Altstadt mit einer Vielzahl an Häusern aus dem 17. und 18 Jh., in deren Mitte sich die Grote Kerk emporhebt.

Der Stadshaven Goes wird von historischen Gebäuden umringt

Nicht minder imposant ist das gotische **Rathaus** mit seinem wunderbaren Turm. Der Rokoko-Saal mit seiner Stuckdecke verrät uns, dass das Gebäude im Jahre 1775 im Stil des Rokoko umgestaltet wurde.

Wer mehr über Goes und die umliegende Region erfahren möchte, besucht das 2005 eröffnete **Historisch Museum De Bevelanden** mit Kunst, Büchern, Trachten, archäologischen Funden und vielem mehr.

Direkt neben dem Rathaus können wir uns die **Vleeshal** und die Waage ansehen, bevor wir uns den übrigen historischen Fassaden am **Marktplatz** und den davon abgehenden Straßen widmen. Mit einer tollen Fassade glänzt auch das Gebäude der **Zeeuwse Koorschool** Goes. Wer zur rechten Zeit in der Grote Kerk ist, kann vielleicht ein Konzert oder eine Probe des Jungenchores miterleben.

Tipp: Wer das Rad mal eine Zeit lang stehen lassen möchte, steigt bei Goes in die **Museumsbahn**. Angetrieben von einer dampfenden Lok rollen originalgetreue Wagen der einfachen und der Luxusklasse von April bis Oktober quer durch Walcheren nach Baarland.

Egal ob vor oder nach der Tour: Ein Besuch des kleinen, aber feinen **Hafens** von Goes muss sein, denn hier finden wir schöne Fotomotive: Alte und neue, kleine und beeindruckend große Jachten wiegen hier sanft in den Wellen und werden von einer atemberaubend schönen Skyline der alten Häuser umringt.

Außerdem gibt es am Hafen auch beste Einkehrmöglichkeiten. Dabei ist es besonders empfehlenswert, in einem der Lokale in der Nähe des Hafens einzukehren, denn dann können wir ganz gemütlich bei Kaffee und Kuchen das quirlige Treiben auf dem Wasser beobachten. Viele **Wassersportler** haben hier in Goes ihre „Basisstation" für Aktivitäten auf dem Veerse Meer.

Los geht's am Bahnhof von Goes, den wir über den Vorplatz zur Wulfaertstraat verlassen, deren Radweg wir nach links folgen. Am ersten Kreisel geradeaus, Beim Westwall

42

Der Abstecher nach Yerseke lohnt sich auch für die guten Fischrestaurants

(Centrum) rechts in die Zusterstraat. Dann links Singelstraat, nach dem Rechtsknick geradeaus und dem Linksknick der Singelstraat folgen und geradeaus in den Opril Grote Markt. Nach dessen Linksknick rechts in die Koningstraat und am Stadthaven vorbei (Grote Kade). Später queren wir die Ringbaan Oost und zweigen rechts in den Zwembadweg ab. Der geht in den Kattendijksedijk über, führt einmal im Uhrzeigersinn um die Grünanlagen herum und trifft auf den Mannesweg. An dieser Ecke rechts und nach wenigen Metern bei Schild 45 links in den Bredeweg. Nächstmöglich links und wieder rechts und bei den Schildern 49 und 48 in Kattendijke geradeaus. Bei 51 und 56 geradeaus, bei 55 rechts den Kanal verlassen und links über den Kanal und dann geradeaus den Schildern folgend nach Yerseke. .

Gleich zu Beginn unserer Tour, am Kattendijksedijk Nr. 27. kommen wir vorbei am **Stadsrecreatiepark De Hollandsche Hoeve**. In historischem Ambiente gibt es für Alt und Jung vieles zu entdecken, wie altes Handwerk und Ateliers, aber auch schönes für die Kinder, wie z.B. einen Streichelzoo. Es ist aber auch eine Überlegung wert, sich dies für nach der Tour „aufzuheben".

In Kattendijke sind wir am Ufer der **Oosterschelde** angekommen, dem wir nun ein gutes Stück folgen.

Zwischen 1850 und 1866 baute man den fast 11 km langen **Kanaal door Zuid-Beveland**. Er wurde seinerzeit geplant, um eine Schiffsverbindung zwischen dem Rhein bei Rotterdam und Antwerpen zu ermöglichen. So ist es kein Wunder, dass der Kanal im 19. Jh. einer der meistbefahrenen Kanäle Europas war. Die Wichtigkeit ließ nach, als der Schelde-Rhein-Kanal fertiggestellt war. Die **Schleuse Wemeldinge**, an der wir auch vorbeikommen, wurde inzwischen geschlossen

Tipp: Wer abkürzen mag, folgt direkt dem **Radweg**, der am Kanaal door Zuid-Beveland entlang führt bis zur Westerschelde und steigt dort wieder in unsere Tour ein.

Wir allerdings fahren noch einen lohnenswerten „Schlenker": Bei Schild 57 geht es links vom Kanal weg in den herrlichen Ort Yerseke. Hier steuern wir direkt den Hafen an, wo sich Fischrestaurants aneinanderreihen. Neben den „üblichen" Fischspeisen können wir hier Gaumengenüsse mit **Miesmuscheln** und **Austern** erleben, denn die Region um Yerseke gilt als Hotspot der Muschelzucht. Die Zucht war auch seinerzeit der Grund, warum das Veerse Meer nicht komplett von der Nordsee abgetrennt und der Oosterscheldedam als „durchlässiger Damm" errichtet wurde

Weiter geht´s von Yerseke, das wir am Knoten 63 in Küstennähe verlassen. Später stoßen wir auf die N673, hier links. Bei Schild 86 geradeaus und bei 85 (ab hier auf der LF13) über den Kanal und dann links. Hinter 88 bis an die Landspitze und weiter am Ufer entlang via 84, dort links. Bei 82 rechts (hier verlassen wir die LF13), bei 83 geradeaus über die Autobahn, dann direkt links und wieder rechts und bei 53 links. Bei Dijkwel links, und nachdem wir die N289 gequert haben, an der 46 wieder rechts. Nun folgen wir den Schildern ins Zentrum von Goes, wo unsere Tour am Bahnhof endet.

Bei Hansweert haben wir das Ende des Kanaal de Zuid-Beveland erreicht, der hier den recht wenigen Schiffen, die ihn noch befahren, den Weg freimacht in die **Westerschelde**.

Kartentipp:
ADFC-Regionalkarte Seeland / Rotterdam,
1:75.000, ISBN 978-3-96990-007-9, € 9,95
Digital für Smartphones und Tablets:
www.fahrrad-buecher-karten.de/rk-digital

Die meisten steuern von hier den Hafen von Gent an. Der Ort selbst empfängt uns mit einer hübschen **Kirche**. Seit der Schiffsverkehr nachließ, wurde es auch in in Hansweert ruhiger.

Wer den Kanal besonders stimmungsvoll queren möchte nutzt die kleine **Fähre**, auf der es fast nur Fahrradfahrer gibt.

Tipp: Wer zu viel Austern gegessen hat oder einfach müde Waden hat, kann bei Kapelle in die **Bahn** steigen und sich nach Goes zurückfahren lassen.

In Kapelle können wir noch gut erkennen, was man hier unter einem „**Ring-Dorf**" versteht: Die Häuser wurden zwischen dem 14. und dem 16. Jh. kreisrund um die Kirche **Hervormde Kerk** errichtet.

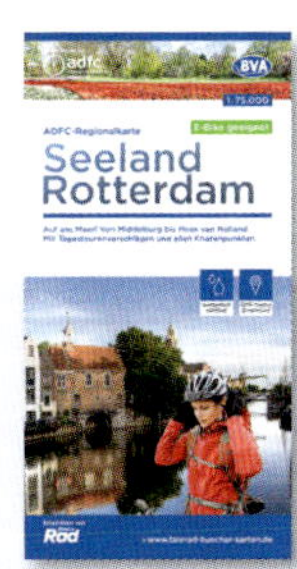

43 Rund um den Schelde-Rhijn-Kanaal

Rundtour von Bergen-op-Zoom über den Markiezaatskade

Niederlande-Touren-Info 43

ca. 42 km ohne Abstecher, gute, regionale Radweg-Beschilderung. Die Route führt meist über separate Rad- und Feldwege bzw. auf wenig befahrenen Nebenstraßen, einige Passagen auf losem Untergrund.

Start und Ziel: Bahnhof Bergen-op-Zoom

Info: vvv Brabantse Wal, Tel. +31 (0)164277482, www.vvvbrabantsewal.nl

Wir starten auf dem „Brabanter Wall". Da wir in den Niederlanden unterwegs sind, haben wir dennoch keine alpinen Strecken zu erwarten. Vielmehr starten wir in der liebenswerten Stadt Bergen op Zoom, um mit dem Schelde-Rhijn-Kanaal das nächste Wunder der Wasserbaukunst kennenzulernen.

Bergen op Zoom – ein Stadtname, der neugierig macht. „Auf dem Saum" würde man übersetzen, was darauf hinweist, dass die Stadt Bergen auf dem **Brabanter Wall** liegt. Was nach einem großen Berg klingt, fällt in den Niederlanden direkt am Meer natürlich etwas niedriger aus: Die höchste Stelle des „Walls" ist ganze 20 m hoch.

Im Mittelalter gab es hier drei kleinere Dörfer, die langsam zur Ortschaft Bergen zusammenwuchsen. Schon 1330 gab es eine **Stadtbefestigung** und 17 Jahre später die Stadtrechte. Nach mehreren Auseinandersetzungen mit den Spaniern wurde Bergen zu einer der bestgeschützten Anlagen des Landes.

Das Bergen op Zoom von heute wird gerne als Industriestadt angesehen, was natürlich stimmt, wenn wir uns nur an den Stadtgrenzen entlang bewegen würden. Hier bestimmen große Chemie- und Pro-

Schon ab 1330 war Bergen op Zoom befestigt

duktionsanlagen das Bild, unterbrochen von weiten Feldern, auf denen **Erdbeeren** oder **Spargel** wachsen. Ganz anders verhält es sich aber in dem wunderschönen Stadtzentrum, das auf eine lange Geschichte zurückblicken kann. Bergen op Zoom war einst einer der bedeutendsten Handelsplätze in Europa und hat sich heute zu einem Zentrum der Hummer- und Austernzucht entwickelt.

Tipp: Bei jedem Besuch von Bergen op Zoom gehört es dazu, auf den „**Pfefferstreuer**" hinauf zu steigen und die grandiose Aussicht zu genießen, die bis nach Antwerpen reichen kann. So wird der schlanke, hohe Turm der **Grote Kerk** nämlich auch gerne genannt. Ihr eigentlicher Name lautet Sint Getrudiskerk, wobei sie über eine reichhaltige Ausstattung und einige Grabmahle verfügt.

Eines der wichtigsten Ziele in Bergen op Zoom ist das **Staduis**, das uns in der Eingangshalle mit verschiedenen Wappen empfängt. Genau genommen besteht das Rathaus sogar aus zwei Häusern: Dem Huis Olifant und dem Huis Leeuwnborch.

Noch viel älter, und zwar aus dem Jahre 1475, ist der Markiezenhof. Damit gilt er als ältester Stadtpalast der ganzen Niederlande. Im Innern finden wir ein abwechslungsreiches Museum: Neben der Geschichte von Bergen op Zoom und der umliegenden Gegend begeistert uns das exotische **Krimesmuseum**. Nachdem wir uns auch das Gefangenentor angesehen haben, können wir uns den zahlreichen Einkehr- und Shoppingmöglichkeiten ergeben, die Bergen op Zoom für uns parat hält.

Los geht's am Bahnhof von Bergen-op-Zoom, den wir am Ostausgang nach links über den Parallelweg verlassen. An der nächsten Ecke links und hinter den Schienen direkt wieder rechts in die Buitenvest und kurz darauf wieder links in den Park. Hinter dem See geradeaus über die Ravelstraat, dann gesellen wir uns neben die Straße „Zuiszijde Zoom". Bei

Tholen wird sternförmig von Wasser umschlungen…

Schild 72 und 79 geradeaus, durch den Park und an dessen Ende rechts und gleich wieder links neben den Van Gorkumweg. In der Kurve nach rechts die Straße queren, dann links in den Nordlandseweg und auf diesem über den Deich auf die Molenplaat.

Und einmal mehr erleben wir, wie sich Mensch und Natur in diesem Land gut arrangieren können: „De Molenplaat" ist ein herrlich ruhiges Refugium für seltene Vogelarten, während drum herum die Landschaft mit Dämmen und Kanälen nachhaltig verändert wurde.

Tipp: Es macht einfach Spaß, mal von den Rädern zu steigen und die Blicke über das Wasser schweifen zu lassen. In halsbrecherischer Weise vergnügen sich die **Windsurfer** hier, denn die Windverhältnisse sind ideal.

In der Nähe der Molenplaat finden wir mit dem **Broekerhaven** ein echtes Eldorado für Wassersportler. Gute Liegeplätze und ein erstklassiges Revier ziehen viele Freizeitskipper an.

Weiter geht´s von der Molenplaat, wo wir am Wasser entlang auf den Deich fahren, der dem Schelde-Rhijnkanaal folgt. So gelangen wir zu den mächtigen Schleusenanlagen, wo wir bei nächster Gelegenheit rechts auf die Brücke über den Kanal und bei Schild 77 abermals rechts abbiegen. Nun radeln wir auf der anderen Seite des Schelde-Rhijnkanaal entlang. Unsere Strecke führt entlang der N659 auch über die Speelmanplaten. Nun geht's wie folgt den Schildern nach: kurz hinter 40 rechts, 38 links, 37 rechts, 36 links und im Zick-Zack durch Tholen. Den Ort verlassen wir am Hafenbecken entlang über den Eendrachtsdijk, der uns mit einer Rechtskurve über die Brücke ans andere Ufer führt. Dort ein Stück geradeaus, dann bei 59 rechts und wenig später links. Bei 11 geradeaus, bei 12 rechts, bei 79 geradeaus (hier kreuzen wir unseren Hinweg) und bei 76 rechts-links. Nun folgen wir den Schildern zurück zum Bahnhof (Station) von Bergen-op-Zoom, wo unsere Tour endet.

Wir sind auf der **Markiezaatskade** unterwegs, einem 4 Kilometer langen Damm, der 1983 fertiggestellt wurde. Dabei ist er ein weiterer Baustein des Deltaplans, der die Niederlande vor Überschwemmungen schützen soll. Von der Markiezaatskade haben wir beste Sicht auf den stark befahrenen **Schelde-Rhijnkanaal**.

auf ein Hospital zurück, das 1312 an dieser Stelle gestiftet wurde. Nachdem die Kapelle zunächst umgestaltet wurde, fand sich zur Zeit der Reformation keine kirchliche Verwendung dafür – sie wurde zum Magazin, später zum Wohnhaus. Erst ab 1975 wurde die Kapelle wieder als Gotteshaus genutzt.

Die Innenstadt von Tholen verführt zu einem langen Aufenthalt, denn es gibt viel zu sehen, wie z.B. die Kirche mit dem langen Namen „**de Grote of Onze Lieve Vrouwekerk**" oder das ehemalige **Rathaus**. Das liegt in einer recht engen Gasse und gesellt sich in weitere historische Fassaden ein, Etwas außerhalb steht die schneeweiße Mühle „**De Hoop**", die sich malerisch im Wasser spiegelt.

Kaum an den Spelmanplaten angekommen, passieren wir den Surfspot Oesterdam – hier können wir nochmals rasten und den Wellenakrobaten zusehen.

Tholen ist die einzige Stadt auf unserer Rad-Runde außerhalb Bergens. Rund 8.000 Einwohner genießen die fantastische Lage, denn Tholen wird **sternförmig** von Wasser umschlungen. Diese Anordnung stammt aus der Zeit, als wir hier noch eine klassische Festungsstadt vorgefunden hätten – heute ist man in Tholen deutlich entspannter unterwegs.

...und die Windmühlen sorgen für trockene Füße

Tipp: Das wichtigste Ziel in Tholen ist die **Gasthuiskapel St. Laurens**. Sie geht

Kartentipp:
ADFC-Regionalkarte Seeland / Rotterdam,
1:75.000, ISBN 978-3-96990-007-9, € 9,95
Digital für Smartphones und Tablets:
www.fahrrad-buecher-karten.de/rk-digital

44 An der grünen Grenze zu Belgien

Rundtour von Breskens über Cadzand-Bad

Niederlande-Touren-Info 44

ca. 47 km ohne Abstecher, gute, regionale Radweg-Beschilderung, teils Beschilderung als Radfernweg LF Kustroute. Die Route führt meist über separate Rad- und Feldwege bzw. auf wenig befahrenen Nebenstraßen, einige Passagen auf losem Untergrund.

Start und Ziel: Großparkplatz am Hafen von Breskens

Info: VVV Breskens, Tel. +31 (0)117381888, www.zeeland.com

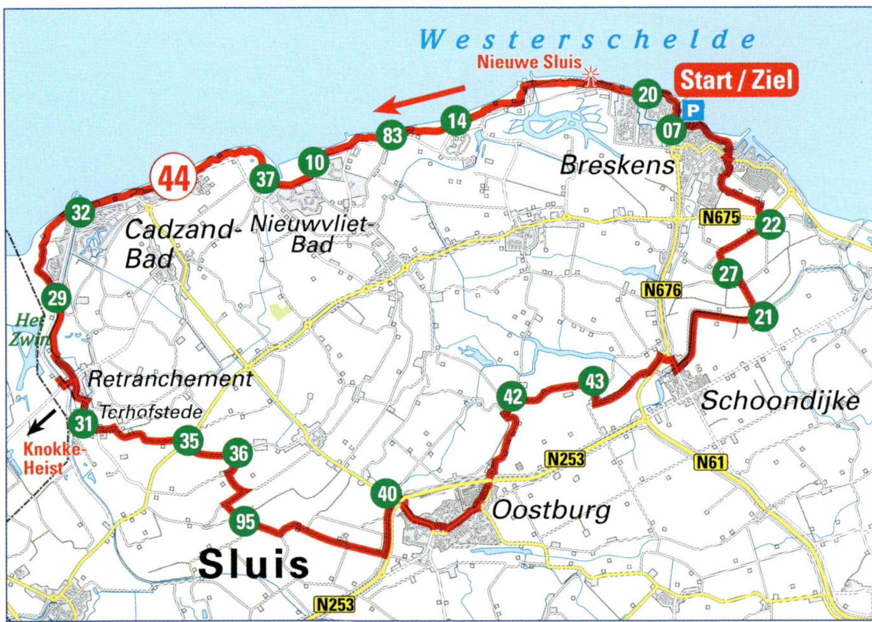

Bei dieser Rundtour ist Urlaubsfeeling pur angesagt, denn wir rollen durch eine überregional beliebte Ferienregion, die sich im niederländischen Zeeuws Vlaanderen unmerklich an der grünen Grenze zu Belgien entlang schlängelt. Dreh- und Angelpunkt ist das kleine Städtchen Breskens, das uns mit einer einladenden Innenstadt und einem trubeligen Hafen empfängt. Auf unserem Weg entlang der Küste erleben wir an einige Stellen den auch reizvollen Touristen-Trubel, der abrupt aufhört, wenn wir uns ins Landesinnere verabschieden.

Schon um 900 herum gab es an der Stelle des heutigen Breskens eine Siedlung, die sich eher um Agrarthemen kümmerte. Erst viel später kam ein kleiner **Hafen** hinzu. Erst nachdem der Fischfang für klingelnde Kassen sorgte, wuchs Breskens zu der heute rund 4.500 Einwohner zählenden Stadt heran. Heutzutage sind die Fischgründe ziemlich geplündert, und so besinnt man sich hier lieber auf den **Tourismus**. Das wird am schönen **Jachthafen** besonders sichtbar, denn hier schunkeln einige stolze Boote im Wasser. Gleich in der Nachbarschaft reckt sich ein

An Breskens Hafen geht´s immer geschäftig zu…

großer Hotelkomplex in die Höhe und neben dem Hafen können wir uns im **Vissereijmuseum Breskens** über die zuvor geschilderte Vergangenheit informieren.

Tipp: Wer rechtzeitig bucht, kann bei Breskens ein ganz besonderes Urlaubsfeeling erleben: Mitten in den weiten Dünen stehen mit direktem Blicks auf´s Meer kleine, aber wunderschöne **Ferienhäuser**. Da die komplette Front verglast ist, steht der ungetrübten Fernsicht nichts im Wege. Überhaupt ist der Blick bei klarer Sicht grandios und reicht mit etwas Glück über die **Scheldemündung** hinweg nach Westkapelle, das auf der Insel Walcheren liegt.

Das Wahrzeichen von Breskens ist ohne Frage der schwarz-weiß geringelte Leuchtturm mit dem Namen „**Nieuwe Sluis**“, der etwa 3 km außerhalb des Ortes liegt.

In der Innenstadt, die im 2. Weltkrieg leider weitegehend zerstört wurde, bietet sich ein anderes Bild: Typische niederländische Wohnhäuser ziehen sich entlang der Straßen und mit „Arkaden“ wurden die Terrassen der Cafés und Restaurants getrennt, die um unsere Gunst buhlen.

Los geht's auf dem Großparkplatz am Hafen von Breskens, den wir am Hafenbecken vorbei verlassen. Die ersten Kilometer gestalten sich sehr einfach: Wir folgen dem Verlaufe des Fernradwegs LF Kustroute und rollen daher an den Radschildern 7, 20, 14, 83, 10, 37 und 32 jeweils geradeaus nach Cadzand-Bad.

Wir radeln vorbei an großen Anlagen mit komfortablen **Ferienhäusern** wie dem Droompark bei Schonefeld und gelangen nach Nieuwvliet-Bad, wo sich das Bild kaum ändert: Weitläufige Sandstände, urige Dünen und jede Menge Ferienunterkünfte.

Auch Cadzand-Bad ist voll und ganz auf die Touristen eingestellt und nun wird es auch Zeit, das „Geheimnis des Erfolgs“ zu lüften: Die Region, durch die wir radeln, liegt nicht nur westlicher und südlicher als alles andere in den Niederlanden, nein, auch die **Sonne** scheint hier statistisch gesehen mehr als irgendwo sonst in dem schönen Urlaubsland!

...während es rund um den Leuchtturm deutlich ruhiger ist

In **Cadzand-Bad** wohnen nur rund 180 Menschen. Und in der Saison kommen viele Menschen hinzu, um den Gästen das Leben so angenehm wie möglich zu gestalten., besonders gut gelingt das auf dem **Boulevard de Wielingen**, der als Hauptstraße durch den Ort führt. Hier und am **Jachthafen** mit seinen 125 Liegeplätzen finden wir gute Möglichkeiten, unseren Kalorienhaushalt aufzufüllen.

Tipp: Von Cadzand-Bad aus ist es nur noch ein Katzensprung nach Knokke-Heist, einem der renommiertesten **Badeorte** Belgiens. Ob die Hotelburgen, die sich am Strand entlang ziehen, sehenswert sind, sei dahingestellt. Aber Knokke ist mit seinem **12 km langen Sandstrand**, dem kreisrunden Casino und seiner endlos wirkenden **Stadtpromenade** einfach Kult und gilt als der mondänste Badeort des ganzen Landes. Die teils gut betuchten Badegäste logieren eher in den **Villen** abseits des Trubels,

Ein ganz anderes Bild ergibt sich im nur wenige Radel-Minuten entfernten Cadzand-Dorf. Rund um die frühgotische **Mariakerk** geht es eher beschaulich zu. Wenn wir nach oben blicken, entdecken wir einen in dieser Region eher untypischen Zwiebelturm und auch die Giebel der umliegenden Häuser sind diesen Blick wert. Ein echtes Gedicht ist auch die Windmühle mit dem Namen „**Nooitgeacht**".

Weiter geht´s von Cadzand-Bad, wo wir auf dem Fernradweg links abzweigen von der Küstenlinie, um an Schild 29 nach links die LF Kustroute verlassen. An Schild 30 geht es geradeaus und an 31 links nach Terhofstede. Bei 35 geradeaus, 36 rechts, links-rechts-links, an 95 geradeaus und danach wieder links, an der N253 ein Stück nach links und bei 40 dann rechts in die City von Oostburg, das wir über die Bredestraat verlassen. Am Ortsende verlassen wir den Kreisel nach links und queren kurz danach die N253 geradeaus. An Radschild 42 rechts, bei 43 wieder rechts und direkt links. Bei Schoondijke an der N676 links und gleich wieder rechts, vor dem Ort links. Im Zick-Zack durchs Feld und bei 21 links, 27 rechts, zweimal links und über die N675 hin-

Tipp: Ein Aufenthalt im Ortskern von Oostburg lohnt sich, denn hier finden wir schöne Restaurants und Cafés. Auf einem Sockel „wiehert“ ein kupfernes **Einhorn** – und macht damit Werbung für das gleichnamige Hotel. Rund um den **Centrumplaan**, den zentralen Platz mit seinem Wasserspiel, entdecken wir typisch-niederländische Hausfassaden. Deutlich auffälliger ist der alte **Wasserturm** von Oostburg.

Der 1.300 Einwohner zählende Ort Schoondijke tauchte in den Geschichtsbüchern auch als „Sconendike“ oder „Vulendike“ auf. Nach schweren Zerstörungen im 2. Weltkrieg musste Schoondijke komplett neu aufgebaut werden – dadurch entstanden die **schnurgeraden Straßen**, die das Ortsbild heute noch prägen. Die wunderbare Windmühle **„De Hulster“** ist ohne Frage das Schmuckstück des Ortes – bis 1963 verrichtete sie noch ihre Dienste und wurde später renoviert.

weg, wieder links und zurück in die Innenstadt von Breskens. Hier steuern wir vorbei an der 25 den Hafen an, wo unsere Rundtour auf dem Großparkplatz endet.

Knokke ist ein beliebtet Ferienort - aber auch ein schöner?

Nachdem wir die Küste verlassen haben, rollen wir am **Naturschutzgebiet Het Zwin** vorbei. Ursprünglich war der Wasserlauf eine Flussmündung, die irgendwann versandete. Das Gebiet liegt sowohl auf niederländischem als auch auf belgischem Territorium und bietet seltenen Seevögeln eine geschützte Heimat.

Kartentipp:
ADFC-Regionalkarte Seeland / Rotterdam,
1:75.000, ISBN 978-3-96990-007-9, € 9,95
Digital für Smartphones und Tablets:
www.fahrrad-buecher-karten.de/rk-digital

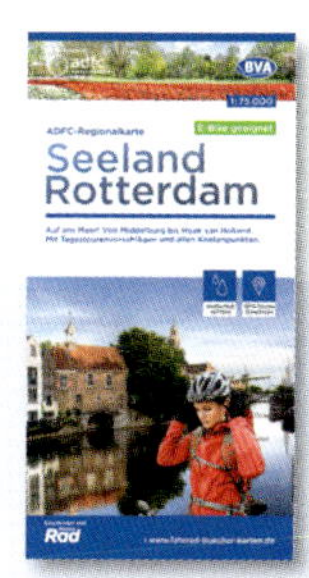

45 Viel Schiffsverkehr an der Westerschelde

Rundtour von Terneuzen über Lamswaarde

Niederlande-Touren-Info 45

ca. 59 km ohne Abstecher, gute, regionale Radweg-Beschilderung. Die Route führt meist über separate Rad- und Feldwege bzw. auf wenig befahrenen Nebenstraßen, einige Passagen auf losem Untergrund.

Start und Ziel: Parkplatz am Binnenhaven / Binnenvaartweg Terneuzen

Info: Tourist Terneuzen, Tel. +31 (0)115760122, www.zeeland.com

Wir sind an der Westerschelde unterwegs, dem südlichsten Mündungsarm der Niederlande. Erst seitdem die Anreise durch den Westerscheldetunnel bequemer und schneller wurde, haben die Touristen diese Region entdeckt, die sich Zeeuws Vlaanderen nennt. Die meisten Besucher rollen weiter an die Nordseeküste mit ihren endlos wirkenden Stränden. Wir hingegen erkunden auf dieser Runde die ruhige Region rund um die Hafenstadt Terneuzen.

Rund 55.000 Einwohner leben in unseren Start- und Zielort Terneuzen, der von deutschen Urlaubern gar nicht allzu oft besucht wird. Eigentlich schade, denn es gibt hier viel zu erleben – immerhin ist Terneuzen die **größte Stadt der Provinz Zeeland**. Und der **Hafen** wirkt nicht nur groß, er ist es auch, immerhin ist es der **drittgrößte des Landes**! Nur die Häfen von Amsterdam und Rotterdam sind größer. Folgerichtig hat sich im Verlaufe der Jahre hier viel Industrie angesiedelt, darunter die

Nach wenigen Minuten kommen wir am Terneuzen Jachthaven vorbei

chemische Industrie, aber auch eine große Papierfabrik.

„Neus" bedeutet im Niederländischen so viel wie „Nase" – und ein Blick auf die Karte zeigt uns rasch, dass die Landzunge, auf der Terneuzen errichtet wurde, mit etwas Fantasie wie eine Nase geformt ist. Diese strategisch gute Lage war der Anlass, die Stadt schon 1491 mit einer **Befestigung** zu schützen. Diese sollte sich noch als erforderlich erweisen, denn im 80-jährigen Krieg gehörte die Region zu den schwer umkämpften Gegenden – immerhin lag es an der Grenze zwischen dem katholischen Flandern und den protestantischen Niederlanden. Als beide Staaten für einige Zeit ein gemeinsames Reich formten, entstand auch der 43 km messende **Zeekanaal** zwischen Terneuzen und Gent, auf dem seit 1827 die Schiffe fahren. Erst durch ihn wurde das belgische Gent an den internationalen Seeverkehr angeschlossen.

Tipp: Die drei riesigen Meeresschleusen müssen wir uns unbedingt ansehen, wenn wir Terneuzen besuchen. Es ist ein ungemein beeindruckendes Erlebnis, am **Schleusenkomplex „Portaal van Vlaanderen"** zu stehen und zuzusehen, wie sich die großen Schiffe durch die Schleusen zwängen und an beiden Seiten nur eine Handbreit freibleibt. Die richtig großen Pötte werden mit **Schleppern** durch die engen Passagen gezogen.

Wie so viele Orte in den Niederlanden, so war auch Terneuzen immer wieder von verheerenden Überschwemmungen betroffen, die bisher letzte im Jahre 1953. Und so überrascht es nicht, dass wir in der Innenstadt viele moderne Gebäude entdecken – einen der zentralen Plätze zieren ein großer **Teich** und das futuristische Gebäude einer Bank. Die einladende **Fußgängerzone** hält neben einigen kleinen Geschäften die üblichen Filialisten für uns bereit. Überregional bekannt ist der 2003 fertiggestellte **Westscheldetunnel**, der auf 6,6 km Länge die Wasserstraße unterquert und damit für wirtschaftlichen und touristischen Aufschwung in der Gegend sorgte.

Los geht's am Parkplatz am Binnenhaven / Binnenvaartweg Terneuzen, den wir auf dem

45

Viel Schiffsverkehr an der Westerschelde – aber auch weite Strände

separaten Radweg parallel zum Binnenvaartweg zum Meer hin verlassen. Am Kreisel fahren wir geradeaus vorbei, folgen der langgezogenen Rechtskurve und nutzen die Möglichkeit, vor dem Scheldeboulevard links auf die andere Seite abzubiegen. So kommen wir an den Strand von Terneuzen, wo wir rechts abbiegen. Nun wird´s deutlich einfacher: Wir bleiben einfach immer in der Nähe des Wassers, radeln an den Radwegeschildern 28, 70, 40, 10, 08, 18, 7 und 9 jeweils geradeaus. Unseren Radweg neben der vielbefahrenen N689 können wir schon bald nach links verlassen, um bei Walsoorden wieder ans Wasser zu gelangen. Dieses verlassen wir dann endgültig bei Schild 16, wo wir rechts abbiegen. Die Schilder 17 und 13 passieren wir geradeaus, um dahinter an der 55 rechts abzuzweigen, so dass wir Lamswaarde erreichen.

Bei Knuitershoek sind wir fast genau auf der Spitze unserer „Halbinsel" gelandet – die **Schelde** vollzieht hier einen kunstvollen und nicht wenig gefährlichen Bogen. Weite Wanderungen am Wasser sind hier eine der Hauptbeschäftigungen der vielen Gäste, die es sich im feinen **Resort Knuitershoek** gut gehen lassen.

An der Stelle, wo wir kurz vor dem Radschild 09 eine Rechtskurve fahren, können wir hinüber zur Nachbarinsel Zuid-Beveland blicken. Dabei erkennen wir auch, dass die **Westerschelde** den Kapitänen alles abverlangt: Es gibt große Sandbänke, die teils Namen tragen. Die, die gerade vor uns liegt, wurde Platen van Ossenisse getauft.

Tipp: Bei Walsoorden können wir einen kleinen Umweg fahren und uns den schönen Ortskern von Kloosterzande mit seinen **historischen Häusern** ansehen. Wichtigstes Anlaufziel ist „**De Swaen**", in dem seit weit über 100 Jahren Malz produziert wird. Mit immer wieder modernisierter Technik werden rund 9.000 MT Malz pro Jahr geröstet.

Der kleine Ort Lamswaarde zählt gerade einmal 310 Einwohner, die in 125 Häusern leben.

Die Corneliuskerk von Lamswaarde

Ja, wir sind hier in einem sehr dünn besiedelten Landstrich unterwegs und können uns so bestens auf die ruhige Landschaft und auf die **Sint Corneliuskerk** von Lamswaarde konzentrieren.

Weiter geht´s von Lamswaarde, das wir über die Straße „Dreef" verlassen. Bei Schild 14 schräg links, dann zweimal rechts. Bei Schild 68 und 58 jeweils rechts und durch Terhole, wo wir die N290 queren, bei 57 geradeaus, an den Schildern 15 rechts, 54 links, 53 rechts-links, bei Hoek van de Dijk rechts, in Reuzenhoek am Schild 41 rechts und an der T-Kreuzung noch einmal rechts, an der nächsten T-Kreuzung links in den Valweg. In Val rechts und zurück ans Ufer der Westerschelde zum Knotenpunkt 40. Von hier radeln wir auf derselben Strecke wieder nach Terneuzen retour, auf der wie herkamen. Immer in der Nähe des Wassers entlang kommen wir auf den Binnenvaartweg, der uns zu unserem Parkplatz zurück bringt.

Wir radeln durch den kleinen Ort Terhole, in dem wir die putzige **Sint Gerardus Majiellakerk** entdecken. Die Geschichte des Dorfs reicht weit zurück. Es wurde einst Brandershole genannt, was darauf hinweist, dass hier einst Torf in Pfannen verbrannt wurde, um Salz zu gewinnen.

Tipp: In Terhole können wir einen kurzen Abstecher nach **Hulst** unternehmen. Hier haben wir auch Anschluss an die nachfolgende Tour dieses Buches und können beide Routen miteinander verbinden.

Am Wegesrand liegt der Ort Vogelwaarde, der 1936 durch den Zusammenschluss mehrerer Gemeinden entstand. Mit heute 1.900 Einwohnern ist daraus aber immer noch keine Metropole geworden.

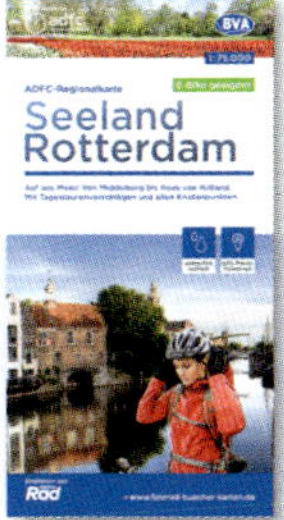

Kartentipp:
ADFC-Regionalkarte Seeland / Rotterdam,
1:75.000, ISBN 978-3-96990-007-9, € 9,95
Digital für Smartphones und Tablets:
www.fahrrad-buecher-karten.de/rk-digital

46 Einst eine stark bewehrte Region

Rundtour von Hulst über Axel

Niederlande-Touren-Info 46

ca. 32 km ohne Abstecher, gute, regionale Radweg-Beschilderung. Die Route führt meist über separate Rad- und Feldwege bzw. auf wenig befahrenen Nebenstraßen, einige Passagen auf losem Untergrund.

Start und Ziel: Großparkplatz am Oranje Bolwerk von Hulst

Info: VVV Inspiratiepunt Hulst, Tel. +31 (0)90604001784734, www.zeeland.com/de

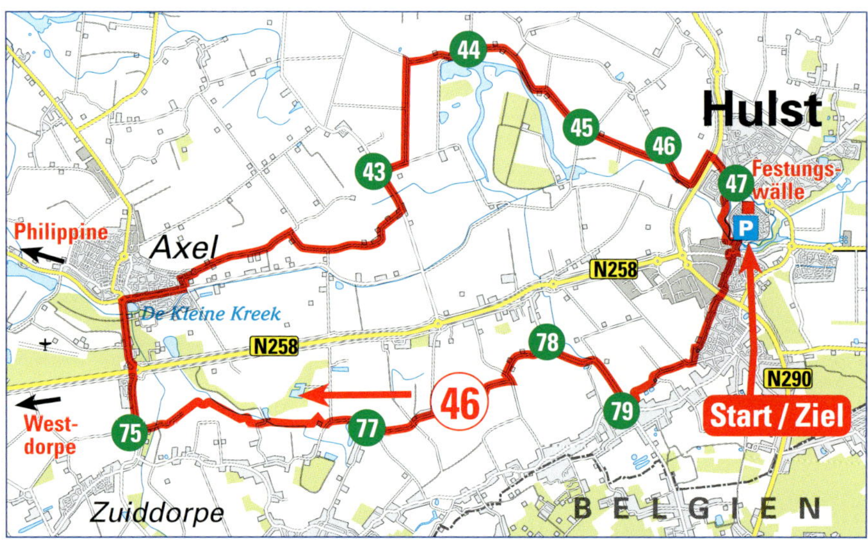

Bei dieser Tour fällt das Losradeln schwer, denn wir starten in einer der schönsten Festungsstädte der Niederlande. Hulst begeistert uns mit bestens erhaltenen Festungswällen, auf denen wir sogar herumspazieren können. Unsere Rad-Runde führt uns durch ruhige Landschaften, vorbei an einigen Forts und am sehenswerten Ort Axel, das uns mit gleich drei Museen Abwechslung bietet.

Ach, wie schön wäre es, wenn wir einmal die Perspektive der Vögel einnehmen könnten – oder vielleicht eine Drohne hätten? Dann würden wir erst so richtig erkennen, wie großartig Hulst aussieht: Ein umlaufender Wassergraben, Verteidigungswälle, die wie Speerspitzen aussehen und Baumreihen, in denen drei Bäume schnurgerade hintereinander gewachsen sind.

Ja, Hulst ist noch heute in einer unglaublichen Verfassung – und das hat Geschichte: Schon 1180 wurden die Stadtrechte verliehen, später kam Geld in die Kassen, als **Salz** aus **Torf** gewonnen wurde, das durch den hohen Salzgehalt des Torfs wegen des nahen Meeres möglich wurde. Nach wechselhaften Jahrhunderten wollte sich der einstige Wohlstand nicht wieder einstellen, was zum einen an der Nähe zu Flandern lag und vor allem daran, dass der Hafen versandete und nicht mehr nutzbar war. Erst als ab den 1950er Jahren

Wälle und Wassergräben…

die Infrastruktur für den **Tourismus** geschaffen wurde, blühte Hulst wieder auf.

Tipp: Es gehört zu jedem Hulst-Besuch einfach dazu, über die **Festungswälle** zu spazieren, um die Einzigartigkeit der Anlage zu entdecken. Gute Schuhe sind Pflicht, denn wir sind rund 3 km unterwegs.

Aus dem Meer der teils schmucken historischen Häuser ragt der Turm der Sint Willibrordusbalsiliek empor, die 1534 fertiggestellt wurde. Deutlich kleiner, aber auch schön anzusehen ist de **Gentse Poort**, ein altes Stadttor, das sich nahtlos in den Erdwall einfügt. Auch das Bollewerckpoort und das Dubbele Poort sollten wir uns angesehen haben,

Einladend gestaltet sich die **Gentse Straat**, wo wir in den kleinen Häuschen außergewöhnliche Läden, aber auch Einkehrmöglichkeiten finden.

Wer mehr über Hulst, seine Geschichte und die umliegende Region erfahren möchte, besucht **de 4 Ambachten**, ein Heimatmuseum, das in einem ehemaligen klösterlichen Ausweichhaus untergebracht ist.

Wer genau hinsieht bei der Stadtbesichtigung, entdeckt einen Fuchs aus Kupfer,

…beschützen die Altstadt von Hulst

der ein Kreuz trägt. Es ist eine Hommage an das Werk „**Van den vos Reynaerde**", das in unseren Landen als das Epos „Reineke Fuchs" bekannt ist.

Los geht's am Großparkplatz am Oranje Bolwerk von Hulst, den wir über die gleichnamige Straße verlassen, um an der nächsten Ecke rechts in die Gentsestraat einzubiegen, die in den Stationsweg übergeht. Nachdem wir den Kanal überquert haben, rechts in den

46

Wasser, Schilf, Bäume und noch viel mehr begleiten unsere Tour

Absdaleweg und gleich wieder links über den Parkplatz. Dahinter weiter geradeaus entlang des Steendijks. Kurz vor der querenden N290 müssen wir links in den Weg namens Tragel abzweigen, um mit diesem die N290 zu unterqueren. Nachdem wir an Fort Ravot vorbeigeradelt sind, geht's geradeaus auf der Straße, die sich immer noch Tragel nennt und in den Clingedijk übergeht. An dessen Ende rechts in den Oude Drydijk. Dieser trifft auf eine 5er Kreuzung mit dem Radwegeschild 79. Hier biegen wir an der ersten Straße rechts in die Nieuwe Ellestraat ab, die ab der Linkskurve Oud Ferdinandusdijk heißt. Bei Schild 78 schräg links, an der nächsten Ecke links-rechts, bei 77 schräg rechts. So radeln wir an gleich vier Forts vorbei und treffen auf das Radschild 75, bei dem wir rechts abbiegen, die N258 geradeaus überqueren uns hinein in den Ort Axel fahren.

Direkt nachdem wir das Stadtgebiet von Hulst verlassen und auch die Umgehungsstraße N290 gequert haben, kommen wir am Fort Ravot vorbei, wo es für die Kinder einen kleinen **Abenteuerspielplatz** gibt. Direkt am Wegesrand liegen dann hintereinander Fort Nicolaas, Fort Livinius, Fort Sint-Jakob und Fort Sint-Jozef.

Tipp: In Axel finden wir gleich mehrere interessante Museen: **„Het Warenhuis Museum he Land van Axel"** und **„Witte´s Museum voor Fotografie en Radio"**. Das Heimatmuseum erzählt uns mehr zur Vergangenheit dieses interessanten Ortes.

Der Ortskern von Axel gefällt uns mit seinen kleinen **historischen Häusern** im Ortskern. Etwas außerhalb liegt der See namens **„de Kleine Kreek"**, der umflossen wird vom Kanal namens **„de Grote Kreek"**.

Weiter geht´s von Axel, das wir ab dem Kreisel entlang der Kanaalkade verlassen. Am Ortsedne links in die Sint Maartenlaan und kurz darauf rechts in den Liniedijk. Nun ein ganzes Stück geradeaus, bevor wir mit dem Liniedijk bei einem Bauernhof rechts abzweigen. Auch auf den nächsten Kilometern bleiben wir dem Liniedijk treu, der ab und an abknickt und uns durch die Felder geleitet.

Schließlich treffen wir auf den querenden Kijkuit, wo wir links abbiegen. An Radschild 43 rechts und direkt dahinter links. An der nächsten Ecke rechts und bei Schild 44 wieder rechts. Bei 45 geradeaus, bei 46 rechts, an der N290 links und kurz darauf wieder rechts in den Oude Zoutdijk. Noch vor dem Kanal an Schild 47 rechts und dann immer am Wasser entlang. Schließlich brauchen wir nur noch zweimal links abbiegen und kommen zurück zum Großparkplatz am Oranje Bolwerk von Hulst, wo unsere Rad-Runde endet.

Nachdem wir Axel verlassen haben, tauchen wir wieder ein in weite Landschaften, die vor allem aus Feldern und Wiesen bestehen, die meist landwirtschaftlich genutzt werden. Bei Luntershoek entdecken wir neben uns große **Wasserflächen**, die uns daran erinnern, dass wir hier durch feuchtes Land rollen.

Kartentipp:
ADFC-Regionalkarte Seeland / Rotterdam,
1:75.000, ISBN 978-3-96990-007-9, € 9,95
Digital für Smartphones und Tablets:
www.fahrrad-buecher-karten.de/rk-digital

Tipp: Bei Axel können wir einen etwas längeren Umweg über Philippine fahren und dabei überlegen, die Tour dann vielleicht in Terneuzen zu beenden. Der Abstecher nach Philippine ist aber nicht nur für Muschel-Liebhaber ein echter „Leckerbissen", wenngleich diese ganz besonders auf ihre Kosten kommen: Von Juli bis Februar ist der Ort überregional bekannt für seine ausgezeichneten **Muschelgerichte**. Hier haben wir bei den zahlreichen Restaurants die Qual der Wahl.

Gar nicht weit entfernt von unserer Rad-Runde liegen Westdorpe mit dem **Naturschutzgebiet Canisvlietse Kreel** und Zuiddorpe mit seinen malerischen **Lindenalleen**, die einen schönen Kontrast zu den weiten **Spargelfeldern** darstellen.

47 Wehrhaftes Willemstad

Rundtour von Willemstad über Dinteloord

Niederlande-Touren-Info 47

ca. 42 km ohne Abstecher, gute, regionale Radweg-Beschilderung. Die Route führt meist über separate Rad- und Feldwege bzw. auf wenig befahrenen Nebenstraßen, einige Passagen auf losem Untergrund.

Start und Ziel: Parkeersplaats am Jachthafen von Willemstad

Info: VVV Hoeksche Waard, Tel. +31 (0)186616000, www.vvvhoekschewaard.nl

Wir sind am Hollands Diep unterwegs, der in all´ seiner Breite das Wasser des Rheins zur Nordsee transportiert. An einer strategisch guten Stelle wurde um 1583 eine außergewöhnliche Festung mit gleich sieben Bastionen und Wassergräben angelegt. Willemstad lautet der Name des bis heute erhaltenen Wunders aus dieser Zeit. Die beste Möglichkeit, eine Radtour zu beginnen oder ausklingen zu lassen. Von hier brechen wir auf zu einer entspannten Radtour. Die ist mit 42 km zwar recht lang, aber wie immer in den Niederlanden bestens zu fahren. Unterwegs bekommen wir auch noch Abwechslung geboten, wie beispielsweise im Zuckermuseum.

Nein, wir sind nicht in der Hauptstadt von Curacao unterwegs! Aber wir sind zumindest vom Sinn her gar nicht so weit weg, denn Willemstad auf **Curacao** ist mit 125.000 Einwohnern die größte Stadt in

Willemstad beeindruckt aus der Nähe...

den ehemaligen niederländischen Kolonien der Karibik.

Damit sei auch genug geschrieben über das „falsche" Willemstadt – die Stadt, in der wir unsere Tour beginnen und beenden hat mindestens genauso viel zu bieten, auch wenn hier nur 2.500 Menschen leben!

Das Hollands Diep ist einer Mündungsarme des Rheins und zugleich einer der ganz großen Ströme der Niederlande. Bis 1970 gab es einen breiten Abfluss in die Nordsee, der schon Ausmaße einer Bucht annahm. Um die Niederlande vor Überschwemmungen zu schützen, wurden die Deltawerke errichtet. Eines der zentralen Schutzbauten ist der **Haringvlietdam**, der dafür sorgte, dass die offene See von hier aus nur noch über Schleusen zu erreichen ist.

Hollands Diep teilt sich kurz vor seiner Mündung noch einmal in zwei Flüsse auf, die die **Insel Goeree Overfklakke** umspülen. Eine strategisch günstige Stelle also, die auch Wilhelm der Schwieger erkannte. Und so wurde auf seinen Befehl hin ab 1583 eine **Festung** angelegt, die zwei Jahre später die Stadtrechte erhielt und die es so kein zweites Mal im Land gibt. Aus unserer Perspektive lässt sich die planvoll angelegte Anlage nur erahnen: Schützende Grachten umspülen die **sieben Bastionen** und hinter den beiden **Stadttoren** verbirgt sich eine stark geschützte Stadt, deren Straßen nicht minder planvoll angelegt wurden. Der damalige Statthalter Maurits entschied nach der Ermordung von Willem I. von Oranien, dass die Stadt nach ihm benannt werden sollte.

Tipp: In Willemstad steuern wir den **Hafen** an, denn von hier haben wir einen besonders schönen Blick auf die Altstadt.

Dem schon erwähnten Statthalter wurde 1623 ein prachtvolles Jagdhaus errichtet. In dem nach ihm benannten **Mauitshuis** finden wir heute verschiedene Veranstaltungsräume. Ganz in der Nähe steht das ehemalige **Raadhuis**, welches etwa aus derselben Zeit stammt und bis heute unverändert blieb. Mit seinem Türmchen reiht es sich ein in eine schöne Häuserfront, vor der auch Stühle und Tische stehen, an denen wir speisen können.

...und aus der Vogelperspektive

Ansehen müssen wir uns natürlich auch die vielen anderen Gassen mit den historischen Hausfassaden sowie die achteckige **Koepelkerk**. Sie war 1607 die erste Kirche der Niederlande, die für Protestanten errichtet wurde, und sieht tatsächlich so aus, als hätte sie eine Kuppel zum Dach. Wer schon Sehnsüchte hat, natürlich gibt es auch in Willemstad eine Windmühle: Eine schnurgerade Baumreise führt zur schneeweiß getünchten **d´Orangemolen**.

Los geht's am Parkeersplaats am Jachthafen von Willemstad, den wir über den Radweg am Hellegatsweg an einem weiteren Parkplatz vorbei verlassen. Auf den nächsten Kilometern bleiben wir einfach immer neben dem Wasser, bis wir von diesem am Radschild 63 weggeleitet werden. Bei Radschild 29 links, bei Helwijk rechts, über die Autobahn hinweg und dahinter am Schild 62 links. Bei Heijningen queren noch zweimal die A4, bevor wir nach Dinteloord kommen, wo wir an Schild 71 links abbiegen.

Helwijk entstand rund um einen Hof bzw. um ein Fort. Erst als man 1954 in Willemstad entschied, hier eine Siedlung zu errichten, wuchs die Ortschaft zur heutigen Größe heran. Gar nicht weit entfernt liegt **Fort Sabina Henrica**, das die Franzosen bei der Erbauung bestens in die Landschaft integriert hatten.

Tipp: Nur rund 3 km von Willemstad entfernt liegen die **Volkeraksluisen**. Diese Schleusen gehören genau wie der **Volkekakdam** zu den gewaltigen Deltawerken, die das Land vor neuen Überschwemmungen schützen sollen.

Der Ort Dinteloord liegt eingebettet in weite Felder, auf denen vielfach **Zuckerpflanzen** angebaut werden. Der Name stammt vom Fluss Dintel, der ganz in der Nähe vorbeifließt.

Weiter geht´s von Dinteloord, wo wir ab dem Schild 71 dem Molendijk folgen. Nun fahren wir immer in grober Richtung geradeaus, auch am Schild 25, bis wir bei 28 links abbiegen können. Direkt dahinter bei 27 rechts, bei 11 rechts und bei 12 geradeaus, bei 32 rechts, dann links über die Autobahn und hinter dieser durch Noordhoek, wo wir mitten im Ort erst links und danach rechts abbiegen. Bei

34 links, durch Klundert (Schild 41) hindurch und in Noordschans links. Nun fahren wir einfach immer geradeaus und kommen vorbei an Schild 30 wieder zurück nach Willemstad, wo unsere Rundtour am Parkeersplaats vorm Jachthafen endet.

Wir kommen durch Noordhoek, und müssen uns nochmals vor Augen führen, dass wir in den Niederlanden sind und nicht in deren ehemaligen Kolonien: Südlich von Kapstadt gibt es auch einen Ort mit diesem Namen.

Im benachbarten Noordschans können wir den **Jachthafen** ansteuern und den Skippern zusehen, die hier in einem der 650 Liegeplätze ihr Boot auf Vordermann bringen.

Tipp: In Klundert schauen wir einmal, ob das **Nationaal Vlasserij-Suikermuseum** geöffnet hat, denn ein Besuch lohnt sich. Ja, hier geht es in der Tat um Zucker. Auf eindrucksvolle Weise können wir hier den Weg vom Bestellen des Feldes über die Ernte der Zuckerrübe und deren Aufbereitung bis hin zu den vielseitigen Darreichungsformen des Zuckers verfolgen.

Das nur etwa 7.500 Einwohner zählende Klundert begeistert uns mit seinem fantastischen **Radhuis**. Eine elegante Doppel-Freitreppe führt hinauf in das mit Stufengiebeln und bunten Fensterläden verfeinerte Gebäude. Gar nicht weit entfernt steht die Kirche von Klundert mit ihrem ungewöhnlich spitzen Turm.

Kartentipp:
ADFC-Regionalkarte Seeland / Rotterdam,
1:75.000, ISBN 978-3-96990-007-9, € 9,95
Digital für Smartphones und Tablets:
www.fahrrad-buecher-karten.de/rk-digital

48 Rosige Aussichten um Roosendaal

Rundtour von Roosendaal über Oudenbosch

Niederlande-Touren-Info 48

ca. 34 km ohne Abstecher, gute, regionale Radweg-Beschilderung, teils Beschilderung als Radfernweg LF2. Die Route führt meist über separate Rad- und Feldwege bzw. auf wenig befahrenen Nebenstraßen, einige Passagen auf losem Untergrund.

Start und Ziel: Bahnhof Roosendaal

Info: Tourist Roosendaal (VVV Roosendaal), Tel. +31 (0)165554400, www.bezoek-roosendaal.nl

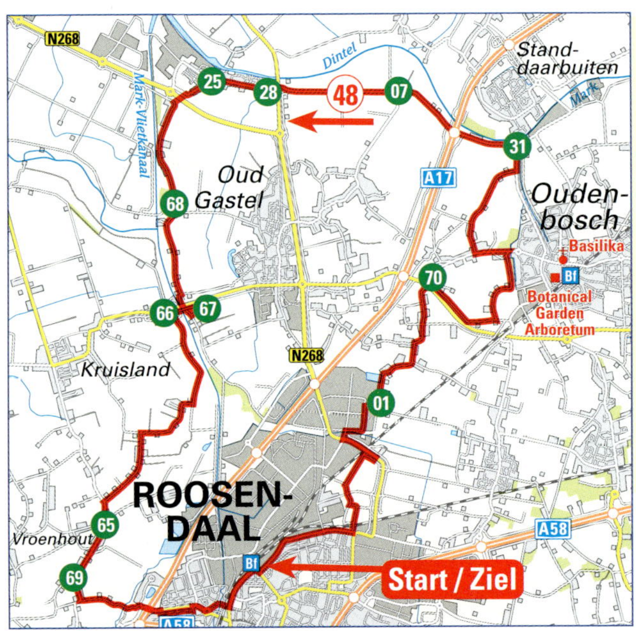

Tipp: Das **Museum** des im Jahre 1762 errichteten **Tongerlohuys** liegt in der Kerkstraat und nimmt uns mit auf eine Zeitreise in die Vergangenheit von Rooseldaal. Dabei wird sowohl die Geschichte der Kirche anhand von Exponaten erzählt, also auch die industrielle Entwicklung beleuchtet. Wir lernen, dass es hier einst eine Kaffee- und Teefabrik gab und dass die Bürstenfabrik VERO überregional bekannte Waschbürsten aus Holz fertigt.

Im hübschen Ortskern von Roosendaal schauen wir und das **Rathaus** an, das im 16. Jh. erbaut wurde.

Unsere kurze, aber schöne Rad-Runde startet und endet im beschaulichen Dorf Roosendaal, wo wir in einer schmucken alten Villa die Vergangenheit der Region kennenlernen. Der erste Teil unserer Tour führt uns geradewegs zum Petersdom, oder zumindest zu einer tollen Kopie desselben.

Nachdem es im 13. Jh. eine erste Kapelle gab, wuchs nach und nach das Dorf Rossendaal heran. Später boomte der **Torfhandel**, was Geld in die Stadtkasse spülte.

Los geht's am Bahnhof von Roosendaal, den wir nach links über die Spoorstraat verlassen, die später rechts abknickt und geradeaus in die Christian Huijgenstraat übergeht. Wir folgen bereits dem Fernradweg LF2, der an der Zwaanhoefstraat links abbiegt und geradeaus in der Puitenbroekstraat weiterläuft. An deren Ende links und gleich wieder rechts – der Anfang von mehreren Zick-Zack-Manövern, die wir radeln müssen, um dem LF2 aus der Stadt hinaus zu folgen. Hinter dem Radschild 1 ist es geschafft, wir rollen an einem Campingplatz vorbei, biegen bei Schild 70 rechts ab und kurven weiter mit stetigen Richtungswechseln nach Oudenbosch.

In Oudenbosch reiben wir uns verwundert die Augen, denn wir wähnen uns mitten in Rom. Die **Basilika der Heiligen Agatha und Barbara** zwar „nur" eine „kleine" Abbildung des Petersdoms, aber sie strahlt in einer so herrlichen Pracht, dass wir unsere Blicke kaum davon lösen können. Die Begeisterung setzt sich auch beim Betreten des Inneren fort, denn auch hier herrscht verschwenderischer Luxus.

Die Basilika von Oudenbosch ist sehr filigran gearbeitet

Tipp: Unbedingt einen Besuch wert ist der **Botanical Garden Arboretum Oudenbosch**. In der herrlichen Umgebung eines ehemaligen Klostergartens entdecken wir hier mehr als 2.500 Pflanzen und Bäume. Das weitläufige, 4 ha. große Gelände vermittelt nicht nur viel Wissenswertes über die Natur, sondern auch viele richtig ruhige Ecken.

Der **Radfernweg LF2** bringt uns auf guter Trasse durch ruhige Natur und vorbei an einem schön gelegenen Campingplatz

Weiter geht´s von Oudenbosch, das wir am Hafen vorbei bzw. am Kanal entlang verlassen. Bei Radschild 31 links und am Dintel Mark entlang. Nachdem wir die Autobahn gequert haben bei Schild 7 und 28 jeweils geradeaus und bei 25 links. So fahren wir parallel zum Mark-Vlietkanaal. Bei 68 geradeaus, bei 67 in einer Schleife über den Kanal, dahinter bei 66 direkt wieder links zurück ans Ufer. Dann schweift unser Radweg ab vom Wasser, verläuft bei 65 geradeaus durch Vroenhout, bei 69 nochmals geradeaus und kurz darauf links. Nachdem wir wieder die Autobahn gequert haben, kommen wir zurück nach Roosendaal. Hier folgen wir den Schildern zum Bahnhof, wo diese Tour endet.

Kartentipp:
ADFC-Regionalkarte Seeland / Rotterdam,
1:75.000, ISBN 978-3-96990-007-9, € 9,95
Digital für Smartphones und Tablets:
www.fahrrad-buecher-karten.de/rk-digital

Hinter Oudenbosch radeln wir in der Nähe des Flüsschens **Mark**, der später in die **Dintel** übergeht und bei Rotterdam in den Volkerak mündet.

Später rollen wir entlang des **Mark-Vlietkanaals** durch einige Dörfer, in denen die wenigen Häuser weit verteilt beiderseits der Straße liegen.

49 Beste Stadt der Niederlande

Rundtour von Breda über Prinsenbeek

Niederlande-Touren-Info 49

ca. 27 km ohne Abstecher, gute, regionale Radweg-Beschilderung. Die Route führt meist über separate Rad- und Feldwege bzw. auf wenig befahrenen Nebenstraßen, einige Passagen auf losem Untergrund.

Start und Ziel: Bahnhof Breda

Info: VVV Breda, Tel. +31 (0)09005222444, www.welkominbreda.nl

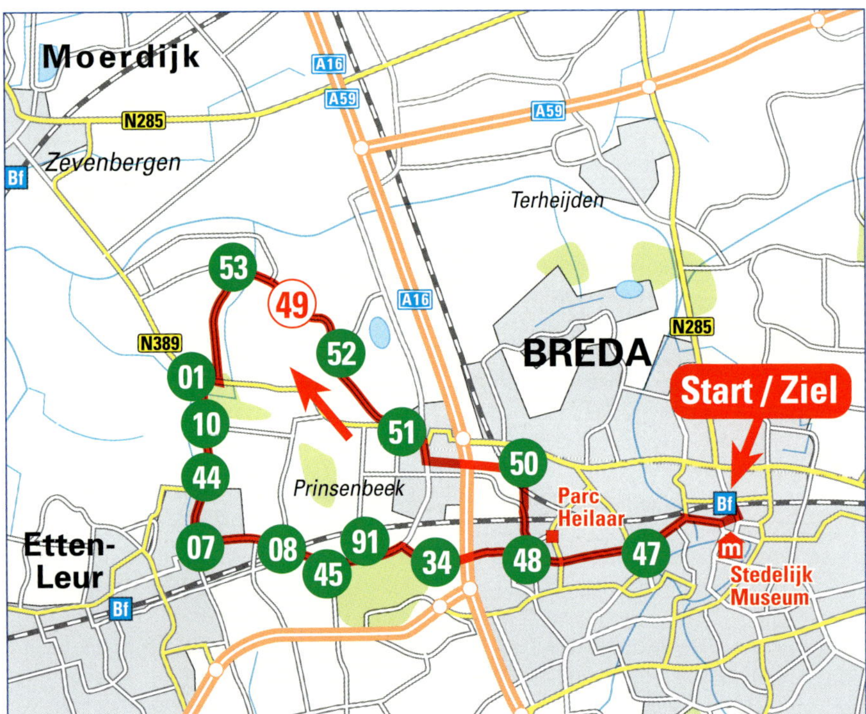

Von einem herrlichen Grüngürtel wird die Innenstadt von Breda umschlungen. Mittendrin liegt eine wunderschöne Altstadt mit erstklassigen Sehenswürdigkeiten. Da fällt es schwer, sich aus der „Besten der Stadt der Niederlande" zu verabschieden, um eine Rad-Runde durch das Umland zu drehen. Zum Glück endet unsere Tour auch wieder hier, so dass Zeit für weitere Entdeckungen bleibt.

Wenn einer Stadt der Titel „**Beste Stadt der Niederlande**" verliehen wird, sind einige Dinge ganz klar: Es muss hier etwas ganz Besonderes geben und natürlich müssen wir diese Stadt in unserem Buch berücksichtigen!

Es war im Jahr 2019, als die rund 180.000 Einwohner zählende Stadt Breda mit diesem Titel geadelt wurde. Schon im 12. Jh. stand hier eine Burg, um die herum eine Siedlung

Schnell wird uns klar, warum Breda „Beste Stadt der Niederlande" ist…

wuchs, die im 13. Jh. die Stadtrechte erhielt. Später wurde Breda mit starken **Befestigungsanlagen** versehen, denn immer wieder gab es hier kriegerische Auseinandersetzungen. Legendär wurden die Grafen von Hoorn und von Egmond, die einen Abzug der spanischen Truppen und ein Ende der Inquisition forderten. Zur Strafe wurden beide hingerichtet. Pfiffiger war da Prinz Moritz von Nassau, der in einem **Torfschiff** Soldaten in die Stadt schmuggelte und so die Spanier besiegen konnte.

Heute ist Breda einer der wichtigsten Firmenstandorte der Niederlande, wobei das Historische dennoch gut erhalten werden konnte.

Tipp: Mehr über die Geschichte von Breda erfahren wir im **Stadelijk Museum**, das noch mit Exponaten aus der bildenden Kunst und grafischem Design ergänzt wird. Standesgemäß wurde es im **Oude Mannenhuis** eingerichtet, das zu den ältesten Häusern der Stadt zählt.

Nun schauen wir aber einmal was Breda zur „Besten Stadt der Niederlande" gemacht hat und steuern die historische Innenstadt an, die einmal komplett von Kanälen umflossen wird, die als „Singel" bezeichnet werden. Ein Grüngürtel, der zur Naherholung einlädt, begleitet die Kanäle einmal um die Stadt. Unübersehbar ist die filigran gearbeitete **Grote Kerk** mit

49 ihrem 95 m hohen Turm. Die Adeligen von Oranien-Nassau gaben seinerzeit den Auftrag zum Bau des großartigen Gotteshauses, das nach nur 40 Jahren fertig war. Die reichhaltige Innenausstattung lässt uns erahnen, dass hier berühmte Persönlichkeiten beigesetzt wurden.

Zu Füßen der Kirche pulsiert das Leben von Breda auf dem **Grote Markt** – und zwar jeden Tag und nicht nur während der Marktzeiten, denn auf den sonnigen Außenbereichen der Cafés und Restaurants fühlen sich Einheimische wie Besucher wohl.

Auch das **Stadthuis** mit seiner großen Halle steht hier am Grote Markt. Im Innern finden wir ein tolles Gemälde, das den alles erklärenden Titel „Die Übergabe von Breda" trägt. Nicht vergessen dürfen wir den Garten und den Kutschensaal aufzusuchen.

Gar nicht weit ist es hinüber zum **Havermarkt** mit weiteren Einkehrmöglichkeiten und hübschen Häusern sowie zum ehemaligen Hafen. Hier reihen sich schmucke **Patrizierhäuser** aneinander und in den Biergärten direkt am Wasser lässt es sich bestens speisen.

Ansehen müssen wir uns auch noch das pompöse **Renaissanceschloss** und den **Begijnhof**, der einst als eine Rückzugsmöglichkeit für Frauen erschaffen wurde. Rund 300 Kräuter zählt der gepflegte Garten, der noch heute eine herrliche Ruhe ausstrahlt. Noch ruhiger, weil noch weitläufiger ist der **Valkenbergpark**, der einst zum Schloss gehörte.

Los geht's am Bahnhof von Breda, den wir geradeaus über die Menno-van-Coehoornstraat zum Fluss Mark hin verlassen. Vor dem Flussufer halten wir uns rechts, dann stets in Flussnähe auf dem Delpratsingel, der in den Academiesingel und dann in den Transingel übergeht. Bei Radschild 47 rechts in die Lunetstraat und kurz darauf links in die Meidornstraat, später jeweils geradeaus weiter auf dem Tijmblauwtje, Weerschijnvlinder und Heilaarparc. Anschließend biegen wir rechts in die Heilaarstraat, fahren bei Radschild 48 geradeaus, bei 50 links. Dann queren wir die Autobahn und gelangen nach Prinsenbeek.

Schon direkt nach dem Losradeln wird es schön, denn wir rollen am **Academiesingel** vorbei. Hier gibt es nicht nur die gewohnt gute Rad-Trasse, sondern auch neben uns beruhigendes Wasser in einer Gracht, ein Singel halt. Am Wegesrand huschen einige schöne Bürgerhäuser vorbei und mitten im Wasser steht ein lustiger, eckiger und rot-weißer **Leuchtturm**.

Tipp: In den Niederlanden wird in vielen Fällen anders gedacht und geplant, als in Deutschland. An einem guten Beispiel dafür kommen wir direkt vorbei: Der **Parc Heilaar** entstand als moderner Wohnpark, der komplett **autofrei** ist. Mittendrin gibt es viele Grünzonen und „genau" 68 Bäume sorgen für gute Luft.

Der Ort Prinsenbeek tauchte als Prinsenhoeve im 14. Jh. erstmals in den Geschichtsbüchern auf. Wir steuern den Markt an und entdecken eine alte **Pumpe**, die genaugenommen ein Nachbau des Originals ist. Die „**Chapel of Peace**" gibt es in Prinsenbeek seit 1980. Es ist die ehemalige Mariachapel, die umbenannt

...denn schön gelegene Gaststätten finden wir hier überall!

wurde, um den Opfern des 2. Weltkriegs zu gedenken.

Weiter geht´s von Prinsenbeek, das wir über Vaaldijk, geradeaus Schoolstraat, rechts Molenstraat und links Schutsestraat durchfahren. Bei Radschild 51 schräg recht, bei 52 geradeaus, bei 53 links, an der querenden N389 rechts und beim Punkt 1 gleich links. Bei 10 und 44 jeweils geradeaus, bei 7 links und dann jeweils bei 8, 45, 91, 34 und 48 geradeaus. So gelangen wir wieder ins Stadtgebiet von Breda und wir erkennen, dass wir hier auf dem Hinweg schon herkamen. Also radeln wir einfach auf derselben Route wieder zurück zum Bahnhof und beenden dort unsere Tour.

Zurück in Breda widmen wir uns nochmals der tollen **Altstadt**, die einmal vom Wasser umschlungen wird. Der Zutritt zum Stadtschloss, das auch **Kasteel van Breda** genannt wird, bleibt uns leider verwehrt, denn hier ist die Niederländische Militärakademie eingezogen.

Tipp: An den Academiesingel, den wir bereits kennen, schließen sich im Uhrzeigersinn Oranje-, Nassau-, Chasse-, Vredenburch-, Nijverheid- und Tramsingel an. Und auch das Bild, das wir schon kennen, setzt sich an diesen **Grachten** fort, so dass sich ein richtiger **Grüngürtel** ergibt. Wir können also eine schöne Runde mitten in der Stadt und doch mitten in der Natur drehen.

Bevor wir uns in einem der **Restaurants** niederlassen, um das Erlebte nochmals Revue passieren zu lassen, sehen wir uns noch das **Spanjaardsgat** an. Dieses schöne Wassertor ist eines der Überbleibsel der einstigen Stadtbefestigung.

Kartentipp:
ADFC-Radtourenkarte NL2 Niederlande-Süd,
1:150.000, ISBN 978-3-87073-947-8, € 9,95

50 Herrlich, die Ruhe in der Natur von Biesbosch!

Rundtour von Werkendam über Biesbosch

Niederlande-Touren-Info 50

ca. 24 km ohne Abstecher, gute, regionale Radweg-Beschilderung, teils Beschilderung als Fernradweg LF - Maasroute. Die Route führt meist über separate Rad- und Feldwege bzw. auf wenig befahrenen Nebenstraßen, einige Passagen auf losem Untergrund.

Start und Ziel: Hafen von Werkendam

Info: Biesbosch Museum, Tel. +31 (0)183504009, www.biesboschmuseumeiland.nl

Eine ganz besondere Tour haben wir hier vor uns, denn nach nur wenigen Kilometern rollen wir durch teils urwüchsige Landschaften. Der Nationaal Park De Biesbosch bietet uns wundervolle Ruhe, unzählige Wasserläufe, dichte Wälder und eine reiche Tierwelt, die uns immer wieder anhalten und genießen lässt. Unser wichtigster Stopp unterwegs ist das Biesbosch MuseumEiland. Hautnah können wir hier alles über die wechselhafte Geschichte der Region und natürlich über diese großartige Natur erfahren.

Etwa 27.000 Einwohner zählt unser Start- und Zielort Werkendam, der seit 2019 nicht mehr eigenständig ist, seit er mit zwei anderen zur neuen Gemeinde namens Altena zusammengeschlossen wurde.

Nicht nur die Wildpferde fühlen sich am Biebosch wohl

Das Flüsschen **De Werken** war wohl der Namensgeber des Ortes, der im 13. Jh. an dieser Stelle heranwuchs. Während die Bewohner einst ihr Geld als Binsenschneider oder Fischer verdienten, sind heutzutage viele als Binnenschiffer oder in einer der **Werften** tätig. Gleich mehrere Binnenhäfen und gute Anbindungen zu den **Wasserstraßen** machen aus Werkendam einen bedeutenden Standort.

Tipp: Ein kleiner Abstecher führt nach Dussen, einem Stadtteil von Werkendam. An dieser Stelle stand schon 1393 ein **Schloss**, um das eine Ortschaft heranwuchs. Die St-Elisabethen-Flut machte Ort und Schloss im Jahre 1421 dem Erdboden gleich. Die Herrschaften Van der Dussen ließen die Anlage direkt wieder aufbauen, so dass sie lange Zeit als Rathaus genutzt werden konnte.

Aufgrund seiner guten Lage gewinnt Werkendam auch immer mehr an Beliebtheit bei Freizeit-Kapitänen. Es macht Spaß, sich bei einer der **Marinas** ans Ufer zu setzen und dem geschäftigen Treiben auf dem Wasser zuzusehen.

Los geht's am Hafen von Werkendam, den wir nach links entlang der Straße „Bandijk" verlassen. Beim Fort zweigen wir rechts und gleich wieder links ab, um uns ans Ufer der Nieuwe Merwede zu gesellen. Immer am Wasser entlang radeln wir den Schildern 27, 04, 02 und 08 folgend zum Biesbosch-Museum. Dabei sind auch die Schilder des Fernradwegs LF12 hilfreich.

Kaum haben wir Werkendam verlassen, kommen wir an **Fort Steurgat** vorbei. Hinter einer dichten und hohen Baumreihe entdecken wir eine eckige Insel, auf der sich die ehemalige Verteidigungsanlage befindet. Wer noch eine Unterkunft sucht – hier können wir besonders „beschützt" übernachten.

Hinter Fort Steurgat tauchen wir ein in grüne Landschaft. Das haben natürlich auch

Bei Werkendam radeln wir über den Schenkeldijk…

die **Camper** schon entdeckt. Doch auch beim Natuurcampeerterrein de Knotwilg und beim Camping Buschhove wurde darauf geachtet, dass sich alles möglichst harmonisch in die Natur einfügt.

Wir rollen durch einen ganz außergewöhnlichen **Nationalpark**: Der **Hollands Biesbosch** blickt zurück auf eine große Katastrophe: Am 19.11.1421 brach ein Deich an der Maas und ging als **St.-Elisabethen-Flut** in die Geschichtsbücher ein. Über 40.000 ha. wurden überschwemmt – das Land war nicht mehr das, was es vorher war!

Und auch die Landschaft war komplett verändert, denn mit viel Mühen mussten die Regionen wieder vom Wasser befreit werden. Möglich war das aber erst ab dem 18. Jh., als die Technik diese enorme Wiederaufbauleistung ermöglichte.

Tipp: Eng umschlungen vom Wasser liegt auf einer kleinen Insel das **Biesbosch MuseumEiland**. Schon von außen merken wir, dass dies kein gewöhnliches Museum ist. Das Dach besteht aus teils pyramidenartigen Kegeln, die ebenso wie der Eingangsbereich komplett begrünt sind. So passt sich das Museum perfekt in die umliegende grüne Landschaft und natürlich auch in den Nationalpark ein. In dem Museum erfahren wir alles Wissenswerte über die Elisabethenflut, aber auch über die **Wasserbewirtschaftung** des Gebietes. Besonders interessant ist ein 30 x 30 m großes Modell, in dem das „spürbar" gemacht wird.

Um die Natur aus einer ganz anderen Perspektive kennenzulernen, steigen wir beim Museum Biesbosch auf eines der **Ausflugsboote**. Auf dieser „Mini-Kreuzfahrt" geben uns vor allem die Wasserbewohner einen Einblick in ihre Art des Lebens.

Ganz in der Nähe liegt auch das **Freilichtmuseum De Pannekoek**, das uns mehr über die Menschen erzählt, die in dieser Region seit Jahrhunderten leben. Auch darüber, wie sie einst ihren Lebensunterhalt bestritten, erfahren wir so einiges.

...und auch von den anderen Deichen ist der Blick bestens

Weiter geht´s vom Biesbosch-Museum den Schildern des Fernradwegs LF12 sowie den Schildern Nummer 20, 19, 17, 13, 29 und 10 folgend wieder zurück nach Werkendam, wo unsere Tour am Hafen endet.

Der Biesbosch, den wir auf dieser Rundtour erleben dürfen, ist ebenfalls eine Veränderung, durch die Flut. Nur hier entschloss man sich 6.000 ha. nicht zu verändern. So entstand eine einzigartige Landschaft mit **Flüssen, Bächen,** Wäldern und dem **größten Süßwassergezeitengebiet Europas.** Obwohl das Meer recht weit entfernt liegt, sorgen Ebbe und Flut am Biesbosch für einen Tidenhub von bis zu 30 cm.

Viele seltene Tierarten haben es sich in diesem weitläufigen **Naturschutzgebiet** gemütlich gemacht. Dieses wird von vielen Wander- und Radwegen durchzogen, ist aber in weiten Teilen für den Autoverkehr gesperrt. So wird vor allem der zweite Teil unserer Tour zu einem besonders ruhigen Radlerlebnis. Die drei **Seen** im Biesbosch wurden übrigens alle künstlich angelegt, um neue Refugien für die Tierwelt zu schaffen.

Kartentipp:
ADFC-Radtourenkarte NL2 Niederlande-Süd, 1:150.000, ISBN 978-3-87073-947-8, € 9,95

Tipp: Wenn die Zeit reicht, können wir weiter dem Fernradweg LF12 folgen. Die sogenannten „**Maas en Verstingroute**" verläuft, wie der Name verrät, stets in der Nähe zum breiten Fluss Maas. Die Strecke bringt uns vorbei an vielen sehenswerten Orten und Festungen und endet erst im Bereich der deutschen Grenze.

Zum Ende der Tour hin kommen wir am **Fort Bakkerswijl** vorbei. Hier können wir einkehren und speisen, aber auch in einem ganz besonderen Ambiente übernachten. Da es komplett von oben bewachsen ist, fügt es sich bestens in die Landschaft ein.

Das Flüsschens **Steurgat** geleitet uns dann auf den nächsten Kilometern zurück zu unserem Startort Werkendam.

51 Pure Natur und hoher Puls

Rundtour von Tilburg über Alphen

Niederlande-Touren-Info 51

ca. 39 km ohne Abstecher, gute, regionale Radweg-Beschilderung, teils Beschilderung als Fernradweg LF13. Die Route führt meist über separate Rad- und Feldwege bzw. auf wenig befahrenen Nebenstraßen, einige Passagen auf losem Untergrund.

Start und Ziel: Bahnhof Tilburg

Info: VVV Tilburg, Tel. +31 (0)135323720, www.vvvtilburg.nl

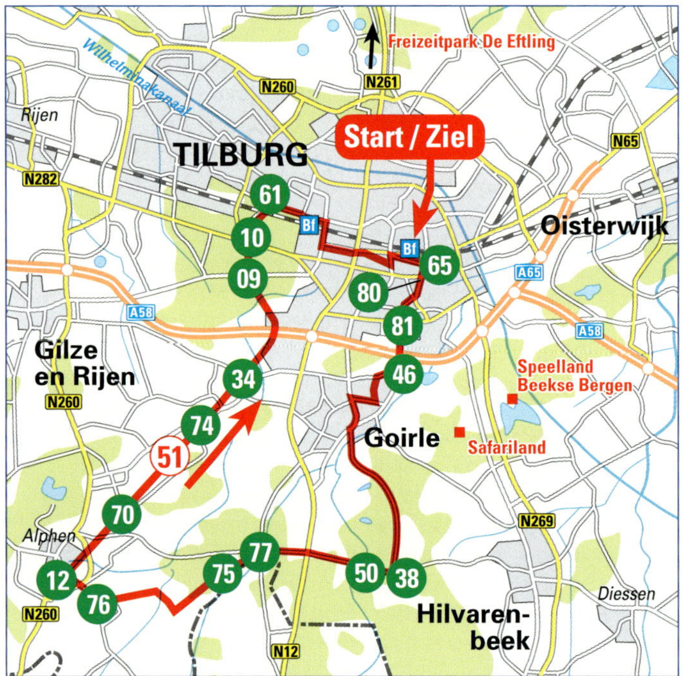

Die quirlige Innenstadt von Tilburg hat eine ganze Menge zu bieten – wir haben die Wahl zwischen mehreren Museen, bevor wir uns der Petruskerk widmen, die zurecht als „Perle von Brabant" bezeichnet wird. Dann rollen wir hinaus aus der Stadt und entdecken das grüne Umland. Dabei gibt es auch immer wieder ganz außergewöhnliche Einkehrmöglichkeiten, in denen wir unseren Kalorienbedarf decken können.

Willkommen in der „Weinstadt Tilburg"! Wer nun ins Grübeln gerät und sonnige Weinberge mit bekannten Reben sucht, liegt nicht ganz richtig. Vielmehr hat sich Tilburg zu „der" Weinmetropole der ganzen Niederlande entwickelt. Nirgendwo anders wird so viel Wein, vorwiegend aus Europa, gehandelt.

Die wirtschaftliche Geschichte Tilburgs ist hingegen eng mit der Woll- und Tuchindustrie verbunden, die so lange Bestand hatte, bis in Großbritannien die automatischen Webstühle erfunden wurde. In jener Zeit wurden interessante Begriffe kreiert, wie z.B. der des „Ballenfrutters", mit dem ein Arbeiter in der Weberei bezeichnet wurde. Auch vom „Tilburger Kruikezeiker" war damals die Rede, übersetzt „Krugpinkler". Der Hintergrund dazu klingt schon fast absurd: Für die Stoffveredlung wurden große Mengen Ammoniak benötigt, was damals ein teures Produkt war. Aber es war auch n menschlichem Urin enthalten und so brachten die Angestellten stets einen Krug mit Urin mit zur Arbeit und bekamen dies auch noch

Doppelt spitze: Tilburg

gut bezahlt. Montags war der Urin übrigens meist nicht zu gebrauchen, da er zu viel Alkohol enthielt.

Viel mehr als dies unappetitliche Geschichte erfahren wir im **Textilmuseum**, das natürlich in einer alten Textilfabrik untergebracht ist. Spinnräder, Webstühle und vieles mehr vermitteln uns einen guten Eindruck über die damals schweren Arbeitsbedingungen.

Tipp: Wer genügend Zeit im Gepäck hat, besucht den nördlich von Tilburg gelegenen **Freizeitpark De Efteling**. Die 1952 gegründete Anlage bietet Unterhaltung und reichlich Nervenkitzel. So fliegen wir in einer Pagode, besuchen Musicals und kreischen in der größten Schiffsschaukel Europas. Sowohl in den Niederlanden als auch in den angrenzenden Regionen gibt es vermutlich kaum jemanden, der nicht schon einmal hier war. Auf dem weitläufigen Gelände kommt auch in der Hochsaison nie das Gefühl der Enge auf, aber man braucht reichlich Zeit, um den Park einigermaßen kennenzulernen.

Es gibt noch zwei andere Museen in Tilburg zu entdecken: Das **Museum De Pont** hat ebenfalls die Räume einer alten Textilfabrik bezogen und zeigt uns zeitgenössische Kunst. Der Name stammt von Jan de Pont, der der während seiner Berufsjahre der Generalvertreter von Mercedes Benz in den Niederlanden war und dort offenbar nicht schlecht verdiente, denn seine Sammlung bildete die Grundlage für das Museum.

Das **Natuurmuseum Brabant** ist etwas für Freunde der Flora und Fauna. Die Wissenschaften Zoologie, Geologie und Botanik stehen hier im Fokus.

Wer die Tour noch deutlich erweitern möchte, fährt einen größeren Schlenker über Oisterwijk, das uns mit seiner **St. Petruskerk** überrascht, die im Innern ein herrliches Wandgemälde versteckt. Zurecht wird die Kirche als „**Perle von Brabant**“ bezeichnet. Bei der kirchlichen Schönheit dürfen wir aber nicht vergessen, uns auch den **Bahnhof** anzuschauen. Er stammt aus dem Jahr 1865 und wurde inzwischen unter Schutz gestellt,

Aus viel Wald und Heide besteht das **Naturschutzgebiet Oisterwijkse Vennen**,

Warum nicht mal paddeln statt radeln

das gern als Naherholungsgebiet der Städter besucht wird. Auf der 600 ha. großen Fläche verlaufen sich die Besucher, so dass der Idylle nichts im Wege steht.

Los geht's am Bahnhof von Tilburg, den wir nach links entlang der Spoorlaan verlassen. Am Radschild 65 fahren wir rechts in den Heuvelring, bei 80 geradeaus über den Piusplein in die Piusstraat, dann schräg links in die Bischop Zwijsenstraat und direkt wieder rechts in die Voltstraat, der wir durch den Rechtsknick am Transvaalplein entlang folgen. Bei 81 radeln wir geradeaus über die mehrspurige Straße und gerade über den Kreisel weiter. Nachdem wir die Autobahn gekreuzt haben, fahren wir bei Schild 46 rechts und gleich wieder links. An den nächsten Ecken rollen wir rechts-rechts in die Van Haestrechstraat dann links in den Tilburgsewegund und dann rechts auf die Bergstraat. Hier angekommen, müssen wir Acht geben - hier biegen wir beim Park rechts in die Watermolenstraat ab.

Nachdem wir an den Industriehallen vorbei sind und das Flüsschen überquert haben, zweigen wir links ab in den Radweg, der uns schnurgerade durch Felder und dann durch teils dichten Wald bringt. Beim kleinen Landhaus Estate Gorp & Roovert treffen wir auf einen Querweg, wo wir bei Schild 38 links abbiegen. Hier gelangen wir auch auf den Fernradweg LF13. Von diesem Weg namens Gorp zweigen wir bei Schild 50 kurz darauf rechts in den Weg Gorp aan de Ley ab. Nun fahren wir ein gutes Stück geradeaus – über die querende Straße hinweg und an den Schildern 77 und 75 ebenfalls. Am Schild 76 zweigen wir rechts ab und gelangen nach Alphen.

Nachdem wir Tilburg verlassen und die Autobahn hinter uns gelassen haben, radeln wir am Boschkens vorbei und kommen ins Örtchen Goirle.

Tipp: Ein kleiner Abstecher Richtung Osten führt zum **Safariland** und zum **Speelland Beekse Bergen**. Mit einer Bus- oder Bootstour können wir hier in eine exotische Welt abtauchen und auf „Tuchfühlung" mit Giraffen, Elefanten, Affen, Löwen und anderen wilden Tieren gehen. Ein wirklich tolles Erlebnis für alle Altersgruppen!

Weg ist leicht zu finden, denn es geht immer geradeaus - ebenso bei den Schilden 70, 74, 34, 09 und 10. Wenn wir bei Schild 61 rechts abbiegen rollen wir schon auf die Innenstadt von Tilburg zu. Hier steuern wir den Bahnhof an, wo unsere Tour endet.

Tipp: Der Fernradweg LF13 führt uns weiter durch eine herrlich ruhige Natur, in der sich Wälder, Wiesen und Felder abwechseln. Der LF 13 ist die sogenannte **Schelde-Rheinroute**, einer der längsten Themenradwege der Niederlande. Von Venlo aus führt dieser über 285 Kilometer einmal quer durch´s Land bis Vlissingen.

Alphens Rijnkade ist Alphens Schmuckseite

In wundervoll idyllischer Lage (am Punkt 38) entdecken wir das kleine Landhaus namens **Estate Gorp & Roovert** mit seinen verspielten Türmchen an den Hausecken. Gleich gegenüber finden wir einen Park mit exakt geometrisch angelegten Wegen.

Unweit unseres Weges durch die dichten Wälder liegt das **Party-Restaurant De Nieuwe Hoef**. Auch wenn wir als Radler nicht auf eine Party aus sind, so können wir doch an den Wochenenden einkehren und uns stärken.

Weiter geht´s von Alphen, das wir ab dem Radschild 12 nach rechts über den Weg Bels Lijntje verlassen, der schon bald uns Radlern vorbehalten ist und schnurgerade über die Umgehungsstraße hinweg führt. Der weitere

Kartentipp:
ADFC-Radtourenkarte NL2 Niederlande-Süd,
1:150.000, ISBN 978-3-87073-947-8, € 9,95

Natürlich haben auch schon die Camper entdeckt, dass es hier so schön ist, denn auf dem **Natuurkamperterrein Landgoed de Hoevens** lässt es sich, wie der Name schon verrät, besonders naturnah übernachten. Einen kleinen **Badesee** gibt es auch noch.

52 Da geht uns ein Licht auf!

Rundtour von Eindhoven über Valkenswaard

Niederlande-Touren-Info 52

ca. 36 km ohne Abstecher, gute, regionale Radweg-Beschilderung. Die Route führt meistens über Rad- und Feldwege bzw. auf wenig befahrenen Nebenstraßen, einige Passagen auf losem Untergrund.

Start und Ziel: Hauptbahnhof Eindhoven

Info: Tourist Office of Eindhoven, Tel. +31 (0)402979115, www.thisiseindhoven.com

Obwohl Eindhoven eher den Ruf einer Industriemetropole hat, entdecken wir so einiges Historisches in der Innenstadt. Bei unserer Rad-Runde durch das Umland stellen wir fest, dass es hier nicht nur viel Grünes gibt, sondern dass auch alte Schlösser und Seen auf uns warten.

Verkehrsknotenpunkt, Handelsplatz, Industriestandort – das sind die Attribute, die gerne genannt werden, wenn man über Eindhoven spricht. In der Tat ist der Wirtschaftsstandort Eindhoven schon seit langer Zeit eine feste Größe in den Niederlanden. Nicht umsonst wird es auch „**Lichtstad**" genannt – eine Hommage an die Herstellung von Glühbirnen, die hier für klingelnde Kassen sorgte. Auch Tuchweber, Schreiner und Zigarrenmacher sorgten in der Vergangenheit für Wohlstand in der Stadt.

Tipp: Das Philips-Museum ist eines der Museen von Eindhoven, das wir gesehen haben müssen. Hier erfahren wir alles Wissenswerte von der Gründung im Jahre 1891 bis in die Neuzeit - und bei den vielen Leuchtmitteln geht uns bestimmt auch ein Licht auf! Eine Zeitreise der ganz anderen Art unternehmen wir im **preHistorisch Dorp**, das im Süden von Eindhoven zu finden ist. Funde aus der Eisenzeit gibt es hier ebenso zu sehen wie auch Mittelalterliches. Wer Fragen hat, stellt die einfach einem der Angestellten, die hier an den alten Gewändern zu erkennen sind.

Topmodernes in Eindhoven

Der Philips-Konzern war es übrigens auch, der 1966 das technische-naturwissenschaftliche Museum stiftete. Damals wurde das sogenannte „**Evoluon**" in einer futuristischen Form gebaut. Heute dient es als Tagungshaus.

Doch es gibt auch „Altes" zu entdecken in Eindhoven, denn die Ursprünge der Stadt gehen auf eine alte Festung zurück, die mit starken Mauern und Wassergräben bewehrt war. Große Katastrophen sorgten leider immer wieder für Zerstörungen. Auch im 2. Weltkrieg wurde leider viel verwüstet. So freuen wir uns zwei schöne **Wassermühlen** und einen noch gut erhaltenen Seitenflügel des **Klosters Marienhage** aus dem 17. Jh. zu entdecken. Unübersehbar ist auch die Catharinenkirche, die von spätgotischen Zügen geprägt wird.

Los geht's am Hauptbahnhof von Eindhoven, den wir geradeaus über die mehrspurige Straße und den Stationsplein verlassen, um an dessen Ende links in die Dommelstraat einzubiegen. Nachdem wir den Fluss Dommel überquert haben, biegen wir rechts in die Parklaan und direkt dahinter rechts in die Nachtegaallaan ein. Hier kann auch das Radschild 95 helfen. Ein wenig später biegen wir an Schild 94 links ab und folgen auf dem Kanaaldijk-Zuid dem Verlauf des Eindhovensch Kanaal. Nachdem wir die Eisenbahnbrücke unterquert haben, zweigen wir bei Schild 77 rechts ab. Bei Fahrradschild 85 fahren wir geradeaus und am querenden Eindhovenseweg links nach Geldorp. Hier an Schild 30 halten wir uns beim Kreisverkehr rechts und wenig später bei 17 wieder rechts. Bei 31 links rollen wir hinter der Autobahn bei 76 geradeaus weiter, bei 50 schräg rechts, bei 52 links, bei 20 und 80 jeweils geradeaus und auf der querenden Straße rechts, um ins Herz von Valkenswaard zu gelangen, wo wir bei Schild 95 schräg rechts weiterfahren.

Es ist einfach herrlich, in diesem Land Rad zu fahren! Der Eindhovensch Kanaal wurde zwischen 1843 und 1846 ausgehoben, um das industriell wachsende Eindhoven an das bestehende Wasserstraßennetz anzubinden.

Tipp: Unterwegs gibt es die Gelegenheit, linkerhand ins **DAF Museum** zu gehen, das jenseits des Kanals liegt. Hier machen wir eine Zeitreise in die Vergangenheit der

52 Mobilität mit dem Verbrennungsmotor und entdecken den Geburtsort des Fahrzeugherstellers. Hub van Doorne begann hier im Jahre 1928 mit einer kleinen Werkstatt, aus der sich später eine riesige **Fabrik** entwickelte, die rechterhand unseres Radwegs liegt. Während früher auch PKW gebaut wurden, hat sich DAF inzwischen zu einem der führenden Hersteller für LKW entwickelt.

In Geldorp können wir uns das nicht ganz am Wegesrand liegende **Kasteel Geldorp** ansehen. In dem repräsentativen Schloss finden Events wie z.B. Konzerte statt. Wir können aber auch in der Farbenpracht des Blumenhofes schwelgen, den Streichelzoo oder den Sinnesgarten besuchen.

Kasteel Geldop – wohnt man schöner hier...

Auf unserem Weg Richtung Valkenswaard kommen wir durch eine weitläufige **Seenlandschaft** mit unzähligen großen und kleinen Wasserflächen, die auch zur Fischzucht dienen.

Weiter geht´s von Valkenswaard, das wir am Alten Friedhof (Oude RK Begraafplaats) vom Kreisverkehr aus über den Nieuwe Waalreseweg verlassen. Bei Schild 94 und 45 geradeaus, kurz auf der Heikantstraat bleiben und dann darauf rechts in den Gildebosweg. Dann fahren wir rechts in die Bolksheuvel und bei 61 links auf die Oude Spoorbaan. Bei dem Fahrradschild 62 biegen wir rechts ab, bei 64 links und bei 60 sowie 71 fahren wir jeweils geradeaus. Dann an der querenden Straße links und bei Schild 29 rechts. Ab hier folgen wir dem Verlauf des Flusses Dommel, des sich hier durch die Vororte windet und von viel Grün begleitet wird. Wir können das Radeln wieder in vollen Zügen genießen, denn unser Radweg verläuft meist durch die flussbegleitenden Parks. Der Dommel bringt uns wieder zurück in die Innenstadt, wo wir nur noch den Schildern zum Hauptbahnhof folgen müssen, um die Rundtour zu beenden.

...oder in der Dienstwohnung?

Nachdem wir Valkenswaard verlassen haben, tauchen wir ein in weite Landschaften. Die ist rund um den kleinen **See Meertjesven** mit den vielen Spazierwegen besonders ruhig.

Tipp: Wer Kinder bei der Radtour dabei hat, die zwischendurch den Spaß am Radeln oder Mitradeln verloren haben, zweigt zwischendurch links Richtung Waalre ab. Dort liegt der **Speeltuin de Klimbim**. Auf diesem tollen Abenteuerspielplatz können sich die Kleinen nach Herzenslust austoben. Auch für alle anderen lohnt sich der kleine Abstecher, denn in der Ortsmitte können wir uns im **Supermarkt** mit Proviant eindecken oder in einem der Restaurants einkehren.

Den kleinen Fluss namens **Dommel** haben wir sehr schnell ins Herz geschlossen, denn er wird von einem guten **Radweg** begleitet, der meist fernab des Straßenverkehrs durch grüne Natur verläuft. Die Dommel nimmt in einem belgischen Heide- und Moorgebiet ihre Reise auf, ehe sie nach 120 km in die Maas mündet.

Kartentipp:
ADFC-Radtourenkarte NL2 Niederlande-Süd, 1:150.000, ISBN 978-3-87073-947-8, € 9,95

53 Grenzenloses Radvergnügen in der Venloer Heide

Rundtour von Venlo über Kaldenkirchen

Niederlande-Touren-Info 53

ca. 37 km ohne Abstecher, gute, regionale Radweg-Beschilderung, teils Beschilderung als Fernradweg LF-Maasroute bzw. gegen Ende LF13. Die Route führt meist über separate Rad- und Feldwege bzw. auf wenig befahrenen Nebenstraßen, einige Passagen auf losem Untergrund.

Start und Ziel: Bahnhof Venlo

Info: VVVToeristische Informatie Venlo, Tel. +31 (0)773543800, www.vvvkantoorvenlo.nl/

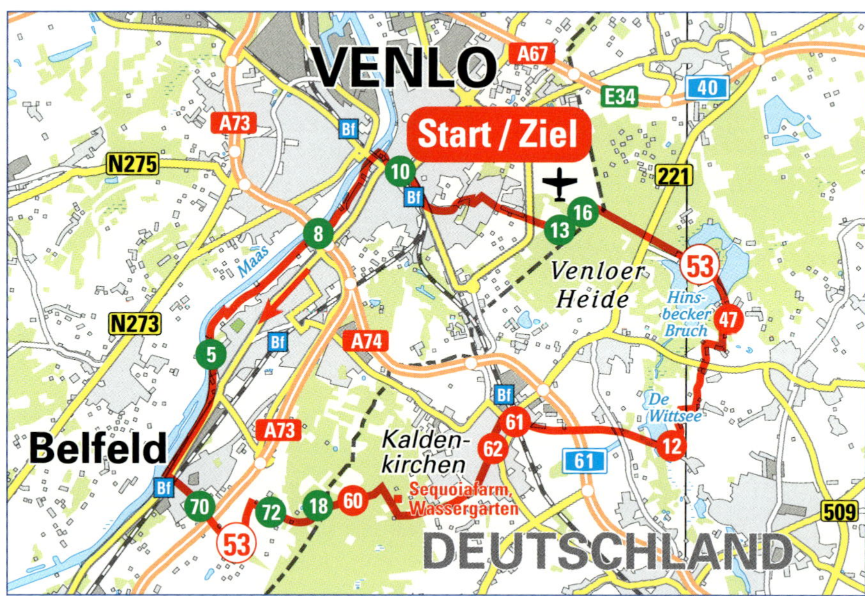

Die wunderschöne Stadt Venlo ist eines der beliebtesten Ausflugsziele der Niederlande. Vor allem, wenn am Samstag Markt ist, treffen wir gefühlt das halbe Ruhrgebiet bzw. das Rheinland hier. Die Gäste kaufen gerne auf dem Markt oder dem über die Grenzen bekannten Supermarkt nebenan ein. Viele genießen danach das Flair der historischen Altstadt. Wir wollen noch mehr Genuss und folgen zunächst dem Ufer der Maas. Dann stellen wir fest, dass es auch in dieser Region Steigungen gibt, für die aber attraktive Ziele auf deutschem Gebiet entschädigen. Durch viel Natur verabschiedet sich unsere Rundtour und geleitet uns wieder ins Herz von Venlo.

Als der tolle **Maasboulevard** angelegt wurde, fand man durch Grabungen heraus, dass es an dieser Stelle einen Logistikstandort der Römer gab. Später entwickelte sich am Ufer der Maas eine Hansestadt, die im

Schöner Schlemmen in Venlos Fußgängerzone

Jahr 1343 die Stadtrechte erhielt. Heute fühlen sich hier über 100.000 Einwohner wohl, die eine sehr gute Infrastruktur mit perfekten **Radwegen** vorfinden.

Tipp: Viele Besucher aus Deutschland kommen immer wieder gerne nach Venlo. An den Wochenenden sind das Ruhrgebiet und das Rheinland hier „bestens vertreten". Ziel ist vor allem der mittwochs und samstags stattfindende **Markt**. Blumen, Kurzwaren, Kleidung, Backwaren, Fisch, Geflügel, Fleisch und vieles mehr gibt es hier – und vieles direkt zum Verspeisen. Am Markt beginnt die Fußgängerzone mit einem der bekanntesten Discounter, bevor wir uns den zahlreichen anderen Shoppingmöglichkeiten widmen können. Und natürlich gibt's überall gute Einkehrmöglichkeiten. „**Kibbeling**" oder „**Frikandel spezial**" sind zwar nicht gerade etwas für eine Diät, aber in Venlo besonders begehrt. Probieren ist fast schon Pflicht!

Nur ein paar Minuten zu Fuß durch die Fußgängerzone und schon stehen wir vor dem sensationellen **Stadhuis**. 1601 im Stil der Renaissance fertiggestellt, blickt es mit seiner Freitreppe und den beiden mächtigen Türmen auf dem **Marktplatz**. Hier pulsiert das Leben, denn zahlreiche Cafés und Restaurants laden zur Einkehr vor der tollen Kulisse historischer Hausfassaden ein, viele von Ihnen stammen aus der Zeit des Jugendstils.

Noch älter ist das **Römerhaus**, das wir bei unserem Rundgang auf dem Kwartelenmarkt finden. Weitere Höhepunkte der Stadt sind die **Sint Martinuskerk** mit der „Schwarzen Madonna von Venlo", das **Missionsmuseum Steyl** im gleichnamigen Klosterhof und das **Limburgs Museum**, das uns die Geschichte der Region näherbringt.

Los geht's am Bahnhof von Venlo, den wir zum Kreisel hin und dort nach einer fast kompletten Runde neben der Straße „Koninginnesingel" verlassen. Der breite rote Radweg

Schloss Krickenbeck...

bringt uns zum nächsten Kreisel, den wir geradeaus entlang des Prinsessesingel verlassen. Nach dem Linksknick ein Stückchen geradeaus und wir sind am Ufer der Maas, dem wir nach links unter die Brücke hindurch folgen. Nun bleiben wir stets in Flussnähe, die Radwegschilder des Fernradwegs LF-Maasroute können bei der ohnehin einfachen Orientierung zusätzlich helfen. Wo der Fernradweg das Ufer wechselt, bleiben wir diesseits der Maas, bis der Radweg endet und mit einem Bogen auf einen Kreisel trifft, den wir nach links auf der Straße „Markt" verlassen. Den Vorort Belfeld durchradeln wir fast geradlinig auf Koninginneplein, Wilhelminastraat, Broekstraat. Dann geradeaus unter der A73 hindurch und im Örtchen Melder links in den Korteweg. Am querenden Maalbekerweg rechts und dann dem Radweg folgend geht es etwas aufwärts und auf teils unbefestigter Strecke um das Freizeitzentrum Maalbek herum. Beim Radschild 18 geradeaus auf deutsches Staatsgebiet und im Zick-Zack ins Zentrum von Kaldenkirchen.

Wir rollen entlang des bekannten und gleichsam begehrten **Droompark Maasduinen** und dem **Strandbad Maalbek**. Wer das kühle Bad so richtig genießen möchte, kann sich im benachbarten Park einen der schicken Bungalows mieten.

Nachdem wir ausgiebig durch ruhige Natur geradelt sind, passieren wir die **deutsche Grenze**. Wo wir heute die europäische Einheit in vollen Zügen genießen können, gab es verschlungene Schmugglerpfade – hier und auch andernorts wurden lange Zeit Waren von Deutschland in die Niederlande und umgekehrt transportiert.

Tipp: Bevor wir die Innenstadt von Kaldenkirchen erreichen, kommen wir an der **Seqouiafarm** vorbei. Das Ehepaar Ernst und Illa Martin waren Zahnärzte und Dendrologen, beschäftigten sich also mit Zähnen und Holz. Und sie legten 1946 diesen 3,6 ha. großen forstbotanischen Garten an, um alle drei Arten von Mammutbäumen zu züchten. Gleich in der Nähe liegt der **geo-hydrologische Wassergarten**, der uns den Weg des Wassers von der Quelle bis zur Mündung nachzeichnet. Auch einen ausgezeichneten Premiumwanderweg gibt es hier durch das vom Namen her gar nicht mal so einladende **Galgenvenn**.

Weiter geht´s von Kaldenkirchen, das wir um die Kirche bzw. um den Kirchplatz herum auf

…ist eingebettet in eine weitläufige Seenlandschaft

der Bahnhofstraße verlassen. Direkt, nachdem wir auf dieser beim Bahnhof die Schienen gequert haben, fahren wir bei Radschild 61 rechts. Auf diesem Radweg bleiben wir bis zum Wittsee, hinter dem wir bei Schild 12 links abbiegen. Ziemlich „zackig" verläuft der Radweg, der später auf die Krickenbecker Allee trifft, wo wir bei Schild 47 links in die Schlossallee abzweigen. Nun einige Kilometer auf schnurgerader Straße, bis wir beim Mahnmal der Stille wieder niederländischen Boden unter den Pneus haben. Hier links und gleich wieder rechts in den Hinsbecker Weg. Nun geht's in entspannter Fahrt hinunter nach Venlo. Hier folgen wir den Schildern zurück zum Bahnhof, wo unsere Tour endet.

Auch hinter Kaldenkirchen bleiben wir in naturnaher Umgebung: Rund um den Wittsse gibt es ruhige Wanderwege und auf dem Wasser sind verschiedenste Aktivitäten möglich.

Kartentipp:
ADFC-Regionalkarte Niederrhein Süd,
1:75.000, ISBN 978-3-87073-973-7, € 9,95
Digital für Smartphones und Tablets:
www.fahrrad-buecher-karten.de/rk-digital

Tipp: Wir rollen durch die herrlichen **Krickenbecker Seen**, die das Herzstück des Naturparks Schwalm-Nette bilden. Mittendrin liegt **Schloss Krickenbeck**, das aus einer alten Wasserburg hervor ging und 1902 im Stil der Neo-Renaissance gestaltet wurde. Das Schloss wird als Ausbildungszentrum genutzt, so dass uns der Zutritt verwehrt bleibt. Aber wir können uns in der Nähe ein **Textilmuseum** ansehen oder am **Strandbad** in die kühlen Fluten springen.

Die Natur bleibt uns auch zum Ende der Tour hin erhalten: Der **Hinsbecker Bruch** ist nur einer von vielen Seen in der Umgebung.

An der Grenze zu den Niederlanden radeln wir durch die Venloer Heide. Am Wegesrand steht das „**Mahnmal der Stille**", das an den Wahnsinn des 2. Weltkrieges erinnern soll.

54 Wasserreiche Tour entlang der Maas

Rundtour von Roermond über Maaseik

Niederlande-Touren-Info 54

ca. 66 km ohne Abstecher, gute, regionale Radweg-Beschilderung, teils Beschilderung als Radfernweg LF-Maasroute. Die Route führt meist über separate Rad- und Feldwege bzw. auf wenig befahrenen Nebenstraßen, einige Passagen auf losem Untergrund.

Start und Ziel: Bahnhof Roermond

Info: VVV Roermond, Tel. +31 (0)475335847, www.visitnoordenmiddenlimburg.nl

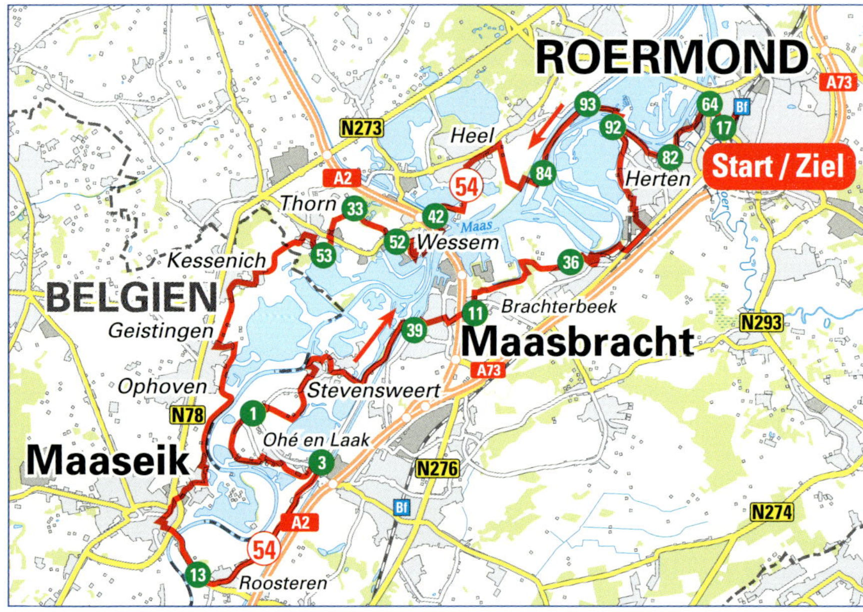

Unser Start- und Zielort Roermond ist überregional für eines der größten Outlet-Centers Europas bekannt. Obwohl es nur ein kurzer Spaziergang vom Shoppingparadies durch eine Unterführung ist, vergessen viele Besucher, sich die historische Innenstadt von Roermond anzusehen. Nachdem wir uns das nicht haben entgehen lassen, rollen wir am Ufer der Maas entlang und verlieren vor lauter Wasser um uns herum fast schon den Überblick: Ist es die Maas oder einer der zahllosen Seen? Und zu sehen gibt es auch noch unterwegs einiges, wie z.B. den pittoresken Ortskern von Thorn.

Roermond liegt ganz in der Nähe, wo die Rur („Roer") in die Maas mündet und doch kommt der Name nicht komplett aus diesem Zusammenhang. „Monte", also Erhebung oder Burgberg, dürfte den zweiten Teil des Ortsnamens ergeben haben. Die Römer kannten den Ort jedenfalls auch

Bester Anlegeplatz mitten in Roermond

schon, denn sie dokumentieren hier eine „Villa Optima", was nicht weniger bedeutet wie „bester Wohnplatz".

Tipp: Egal, ob vor oder nach der Tour: Wir müssen unbedingt das **Ufer der Roer** in der Innenstadt von Roermond ansteuern, denn der Anblick ist herrlich: schmucke **Sportboote** schaukeln im Wasser, **historische Häuser** spiegeln sich darin, eine alte **Brücke** überspannt den Fluss und neben Blumenschmuck lässt es sich bestens einkehren.

Wer mit dem PKW nach Roermond kommt, merkt sehr schnell, wo das Ziel der meisten Gäste liegt: Sie steuern den Parkplatz vom **Outlet Center** an, das sich zu einem der größten Stores Europas entwickelt hat. Viele verpassen leider die paar Meter durch die Fußgängerbrücke in die Innenstadt zurückzulegen. Hier tauchen wir in eine ganz andere Welt ein, denn rund um den **Marktplatz** erblicken wir gleich mehrere historische Gebäude. Unter ihnen das **Rathaus** mit seinem Glockenturm und die aus dem 15. Jh. stammende **Kathedrale St. Christopherus**. Ansehen müssen wir uns auch die **Munsterkerk** aus dem 13. Jh. mit dem prachtvollen Grab von Graf Gerhard IV. von Geldern, der einst das Gotteshaus stiftete.

Am Massufer zeigt Roermond ein ganz anderes Gesicht: Hier recken sich topmoderne Gebäude in die Höhe, die teils ein sehr spannendes Aussehen erhalten haben, wie z.B. „**de Natalintoren**", ein Rundbau mit viel Glas und einer Doppelspitze auf dem Dach.

Los geht's am Bahnhof von Roermond, den wir nach links am Wilhelm II Singel entlang verlassen. An der großen Kreuzung rechts und kurz darauf wieder rechts in die Zwartbroekstraat. An deren Ende links in die Molenstraat. Den Kreisel verlassen wir nach rechts, um dann mit der kleinen Brücke die Roer zu überqueren. Hinter der Brücke direkt wieder links entlang der Straße namens Voorstad Sint Jacob. Von nun an bleiben wir einfach immer in der Nähe des Flusses, umkurven den Jachthafen und den Campingplatz, um bei Radschild 92 mit der Fähre überzusetzen. Am anderen Ufer angekommen, wenden wir uns nach links und bei Schild 93 nochmals nach

Hinter der Stadtmauer von Thorn…

links. Nun sind wir auf dem Radfernweg LF-Maasroute. Bei Schild 84 verlassen wir den Radfernweg aber wir fahren immer weiter am Wasser entlang vorbei an Heel, Wassen, Thorn und dann über belgisches Gebiet via Kessenich, Heistingen sowie Ophoven nach Maaseik geleitet.

Wir haben Roermond noch gar nicht richtig verlassen, da können wir schon am ersten **Yachthafen** anhalten und uns die herrlichen Boote ansehen. Es muss ein richtig gutes Revier sein bei der großen Anzahl von Freizeitkapitänen, die hier anlegen. Auch die Camper haben ein Näschen für die Schönheit der Natur und lassen sich auf dem **Campingplatz** nieder. Eine großartige Lage: Direkt am Wasser und doch in der Nähe der Innenstadt!

Tipp: Ein kleiner Abstecher ins Zentrum von Thorn lohnt sich, denn hier gibt es reichlich zu entdecken. Der Ort ging aus einer 975 gegründeten Abtei hervor, wovon noch heute die ehemalige Abteikirche zeugt, die inzwischen als Pfarrkirche St. Michael benannt wurde. Rund um die Kirche finden wir idyllische Gassen mit Kopfsteinpflaster und weiß getünchten Häusern, deren rote Dächer und der Blumenschmuck einen tollen Kontrast ergeben.

Völlig unmerklich haben wir die Grenze zu Belgien passiert und sehen uns in Maasseik um. Auf dem **Marktplatz** bekommen wir eine Idee zur Namensgebung, denn hier blicken uns die Gebrüder van Eyck als **Denkmal** von ihrem Sockel an. Rund um den Grote Markt entdecken wir gleich mehrere Häuser, die noch aus dem 17. Und 18. Jh. stammen. Eines der farbenfrohsten ist das **Rathaus**. Typisch maasländische Renaissance-Fassaden dominieren die Bosstraat.

Weiter geht´s von Maaseik, das wir vom Kreisel aus zur Maas hin verlassen. Nachdem wir den Fluss überquert haben, treffen wir wieder den Radfernweg LF-Maasroute, dem wir nach rechts folgen. So radeln wir via Roosteren, Ohé en Laak, Stevensweert, Maasbracht und Brachterbeek, nach Herten. Hier entdecken wir wieder das Radwegeschild 92. Von hier aus radeln wir einfach auf unserem Hinweg wieder retour in die Innenstadt von Roermond. Hier steuern wir den Bahnhof an, wo diese Rad-Runde endet.

Auch nachdem wir das Ufer der Maas gewechselt haben, bleiben die Naturgenüsse gleich:

Kartentipp:
ADFC-Regionalkarte Niederrhein Süd,
1:75.000, ISBN 978-3-87073-973-7, € 9,95
Digital für Smartphones und Tablets:
www.fahrrad-buecher-karten.de/rk-digital

...finden wir eine kleine, aber feine Altstadt

Um uns herum ist Wasser, wohin wir sehen. Ist es die Maas, einer ihrer **Altarme** oder ein **See**? Eigentlich völlig egal, denn die Aussichten sind herrlich und es gibt immer wieder die Möglichkeit, ins Wasser zu springen.

Rund um den kleinen Ort Ohé on Laak standen einst mehrere Burgen, die die Region rund um die Maas bewachen sollten. Heute ist das Dorf eher für seinen gut gelegenen **Yachthafen** bekannt.

Tipp: Das Kraftwerk Clauscentrale ist in der Nähe von Maasbracht zwar weithin sichtbar, deutlich schöner anzusehen sind aber die imposante **Leonardus-Windmühle** und die **Kirche St. Gertrudis**.

Die Gegend um Maasbracht war schon zu prähistorischer Zeit besiedelt. Die Ortschaft kann heute auf rund 7.000 Einwohner und eine gute Infrastruktur verweisen, was auch im Hafen begründet liegt. Erst durch den um 1920 fertiggestellten Julianakanal war es möglich, dass sich einer der **größten Binnenhäfen der Niederlande** entwickeln konnte.

55 Maastrichter Klettertour

Rundtour von Maastricht über Valkenburg aan de Geul

Niederlande-Touren-Info 55

ca. 35 km ohne Abstecher, gute, regionale Radweg-Beschilderung. Die Route führt meist über separate Rad- und Feldwege bzw. auf wenig befahrenen Nebenstraßen, einige Passagen auf losem Untergrund. Wenige kurze, kräftige Steigungen auf 150 Hm.

Start und Ziel: Hauptbahnhof Maastricht

Info: Maastricht Visitor Center - VVV Maastricht, Tel. +31 (0)433252121, www.bezoekmaastricht.nl

Auf dieser Tour sind wir im Dreiländereck unterwegs: Die wunderschöne Universitätsstadt Maastricht liegt in der südlichsten Ecke der Niederlande – genau dort, wo Belgien zum Greifen nah ist. Wir rollen aber in die andere Richtung, und zwar in die, wo Deutschland liegt. Dabei stellen wir fest: Es gibt doch tatsächlich Erhebungen in den Niederlanden, die unseren Waden viel abverlangen! Zur Belohnung rollen wir durch schöne Natur und durch Valkenburg aan de Geul, das über- und unterirdisch Sehenswertes bereithält.

Die Römer legten um 50 v. Chr. den Grundstein für das heutige Maastricht. Schon sie erkannten die erstklassige Lage an einer Furt über die Maas. Um diese Lage zu sichern, wurde Maastricht später mit mächtigen Stadtbefestigungen gesichert. Schon der Hauptbahnhof von Maastricht weiß uns zu begeistern: Die lange **Backsteinfassade** wird vom hohen **Turm** unterbrochen und nebenan gesellt sich ein modernes Bürogebäude mit **Arkaden** hinzu.

Tipp: Vom Bahnhof aus gelangen wir über die **St. Servaasbrug** in die Altstadt – aber bitte mit der gegebenen Würde, denn es ist die älteste Brücke der Niederlande! Auf der anderen Seite liegt die **St. Servaasbasiliek** deren Bau ca. 1000 n. Chr. Begonnen wurde. Was für ein Auftakt nach Maß an der Maas!

Insgesamt **sechs Brücken** überspannen auf dem Stadtgebiet die Maas und mit dem König-**Willem-Alexander-Tunnel** kam 2016 noch ein Straßentunnel hinzu. Das alles

Die Altstadtgassen von Maastricht laden zum Shoppen ein

zeugt davon, dass hier ein reger Verkehr herrscht.

Die meisten Besucher zieht es in die wunderschöne, schon mediterran wirkende **Altstadt**. Beste Einkehrmöglichkeiten vor strahlend weiß getünchten **historischen Häusern**, die Blumenkästen als Farbtupfer ihr Eigen nennen. In den engen Gassen tummeln sich alt und jung und genießen das Leben – herrlich! Darüber dürfen wir nicht vergessen, dass wir uns noch das **Stadhuis** mit seinem Glockenspiel, die begehbare **Stadtmauer**, die St. Janskerk, die Dominicanerkerk und die **Onze Lieve Vrouwebasiliek** ansehen müssen. Wer genügend Geld dabei hat, geht zum Abschluss noch auf der noblen **Stokstraat** shoppen.

Los geht's am Hauptbahnhof von Maastricht, den wir nach links über den Parallelweg und die anschließende Spoorweglaan verlassen. Am Ende des Bahnhofs schräg rechts in den Heugemerweg, der direkt wieder links abknickt. An der nächsten Ecke rechts in die Sphinxlunet und vor der mehrspurigen Straße (Avenue Ceramique) links. Vor dem Kreisel rechts-links und mit dem Radweg unter der John F. Kennedybrug her. Dem Straßenverlauf folgen wir bis zum Radschild 04, wo wir links abzweigen, die Autobahn queren und der Linkskurve folgen. Bei Radschild 05 rechts, dann geht es deutlich bergauf in den Ort Cadier en Keer, den wir bei Schild 66 mit Linksversatz geradlinig durchfahren. Hinter dem Ortsausgang geht's unter der N278 her und nochmals etwas bergauf. An den Radschildern 71 links, 70 geradeaus, 69 links, 68 rechts, dann rollen wir entlang des Dahlemerwegs hinunter nach Valkenburg aan de Geul.

Nachdem wir das Stadtgebiet von Maastricht verlassen haben, machen wir eine „erstaunliche Feststellung": Es gibt doch **Berge** in den Niederlanden, denn wir müssen schon

Aussichtsreiches Valkenburg

ordentlich in die Pedale treten, um den kurzen, aber kräftigen Anstieg zu meistern. Kurz darauf kommt sogar eine weitere Steigung auf uns zu, bevor wir nach Margraten gelangen. Einen Schauer den Rücken hinunter treibt uns das **Netherlands American Cemetery and Memorial** mit seinen unzähligen weißen Kreuzen,

Tipp: Etwas außerhalb der Altstadt von Valkenburg finden wir die gleichnamige **Burgruine** auf einem Berg. Damit ist sie eine von nur zwei Höhenburgen der Niederlande. Richtig spannend sind die unterirdischen **Fluchtgänge**, die seinerzeit angelegt wurden.

Dass es rund um Valkenburg gleich ein ganzes Touristendorf mit Campingplätzen, Pensionen und anderen Unterkünften gibt, lässt schon erahnen, dass es im Ort reichlich zu sehen gibt. Das Stadtzentrum gefällt uns auf Anhieb durch das Nebeneinander von alten und modernen Fassaden, vor denen es **Einkehrmöglichkeiten** gibt. Das herrliche, **mittelalterliche Stadtbild** wird durch die „**Kleine Geul**" noch schöner, denn der Fluss umarmt liebevoll die Altstadt.

Unsere zentrale Anlaufstelle ist das ehemalige **Rathaus**, das heute ein Museum für die Region beherbergt. Zwei **Stadttore** zeugen von der ehemals starken Befestigung, zu der auch die Reste der **Wehrmauer** gehörten. Den nötigen Überblick über die Szenerie erhalten wir vom **Aussichtsturm Wilhelminatoren**, bevor wir uns unter Tage begeben und die „Grotten" entdecken, die aus der Zeit des Bergbaus stammen.

Weiter geht´s von Valkenburg, welches wir ab Radschild 60 über die Plenkertstraat verlassen. Nachdem die Bebauung geendet hat, tauchen wir ein in ruhige Natur, queren den Fluss Geul und haben idyllische Momente vor uns, bevor wir nach Strabeek kommen, das

Maastrichts Schokoladenseite

in Houthem übergeht. An Radschild 61 ein Stück an der Straße, dann direkt wieder links, bei 64 geradeaus. Bei Schild 09 rechts unter der Autobahn hindurch und im Ort Rothem links. Nun radeln wir immer geradeaus an der Straße entlang zurück ins Zentrum von Maastricht. Hier endet unsere Radtour am Hauptbahnhof.

Direkt hinter Valkenburg gibt es viele Gründe, sein Rad an der Plenkerstraat abzustellen, wie z.B. an den **Prehistorische Vuursteemijnen Valkenburg**. Wie der Name erahnen lässt, wurden hier von unseren Urahnen etwa 3.300 Jahre vor Christus Feuersteine abgebaut. Zu sehen sind gleich sieben ehemalige Feuersteinminen, die praktischerweise direkt gegenüber der **Bierbrauerei De Leeuw** liegen. Das **Museum Romeinse Katakomben** zeigt uns Nachbildungen von römischen Grabkammern und im **Natuurpark Pollerbosch** gibt es eine Freilichtbühne.

Kartentipp:
ADFC-Regionalkarte Aachen/Dreiländereck,
1:75.000, ISBN 978-3-87073-966-9, € 9,95
Digital für Smartphones und Tablets:
www.fahrrad-buecher-karten.de/rk-digital

Tipp: Einen „Pflicht-Stopp" legen wir im **Shimano Experience Center** ein. Hier können wir mit der VR-Brille in virtuelle Welten eintauchen und die neuesten Fahrräder ausprobieren. Mechaniker beantworten uns Fragen zur Technik an unseren Bikes und wem das alles zu technisch ist, der lässt sich zu einem Tässchen Kaffee nieder.

Zwischen Strabeek und Houthem liegt das **Chateau St. Gerlach**. Das raumgreifende und üppig verzierte Schloss bietet heute Übernachtungen der Extraklasse an. Natürlich können wir hier auch einkehren oder die gepflegten **Parkanlagen** bestaunen.